特许经营
实战指南

文志宏·著

電子工業出版社
Publishing House of Electronics Industry
北京·BEIJING

图书在版编目（CIP）数据

特许经营实战指南/文志宏著. —北京：电子工业出版社，2020.11
ISBN 978-7-121-39786-8

Ⅰ. ①特…　Ⅱ. ①文…　Ⅲ. ①特许经营—指南　Ⅳ. ①F713.3-62

中国版本图书馆 CIP 数据核字（2020）第 198126 号

责任编辑：刘　殊　文字编辑：袁桂春
印　　刷：北京七彩京通数码快印有限公司
装　　订：北京七彩京通数码快印有限公司
出版发行：电子工业出版社
　　　　　北京市海淀区万寿路 173 信箱　　邮编：100036
开　　本：787×1 092　1/16　印张：15.25　字数：307 千字
版　　次：2020 年 11 月第 1 版
印　　次：2024 年 7 月第 2 次印刷
定　　价：65.00 元

凡所购买电子工业出版社图书有缺损问题，请向购买书店调换。若书店售缺，请与本社发行部联系，联系及邮购电话：（010）88254888，88258888。

质量投诉请发邮件至 zlts@phei.com.cn，盗版侵权举报请发邮件至 dbqq@phei.com.cn。

本书咨询联系方式：（010）88254199，sjb@phei.com.cn。

前言

特许经营是连锁经营的一种高级形式，也是21世纪的主导商业模式。特许经营在中国具有30多年的发展历程，当前已进入蓬勃发展时期。数据显示，目前在我国商务部备案的特许经营体系（品牌）已超过5 000个，特许加盟店上百万家，我国已经成为世界上拥有特许经营体系最多的国家，并且仍然有巨大的发展空间。互联网和电子商务的发展，虽然给部分传统实体连锁特许经营带来一定的冲击和影响，但也给特许经营带来了更大的发展和创新的机会与空间，我国的特许经营又进入了一个新的发展阶段。

本书定位为特许经营实战指南，是在作者从事特许经营20多年的实战、研究的基础上，从企业开展特许经营实际出发，建立清晰的方法论和逻辑框架，理论结合实际，辅以必要的基础知识，并提供大量实操方法和案例，旨在为已开展特许经营或准备开展特许经营的企业提供有效的指引。

在本书写作过程中，作者非常注重特许经营基本原理和方法论在实践中的具体应用。总体来说，本书具有专业性、系统性、实务性、时效性四个突出的特点。

1. 专业性

作者自20世纪90年代开始从事特许经营实践，是中国本土第一批特许经营实战人士，在特许经营领域拥有超过20年的实战、研究经历，既有特许经营的实际操作经验，又为上千家连锁经营或特许经营企业提供过专业培训和咨询。因此，本书的专业性不是简单停留在特许经营的基本理论层面上，而是落实到特许经营的具体运作策略、思路、方法等实务层面上。

2. 系统性

对于连锁经营和特许经营来说，系统决定成败。开展特许经营必须进行系统思考和规划，本书的内容结构也是基于开展特许经营的系统思考和规划而展开的。除了第1章内容作为基础知识，其余8章分别围绕战略规划、组织建设、模式设计、推广运营等从规划到落地的特许经营实际运行的步骤而展开。其中，考虑到特许经营法律实务的重要性和特殊性，将其单列一章放在最后，这样使读者既能了解特许经营运行的全景，又能掌握核心模块的关键环节。本书的系统框架如图0-1所示。

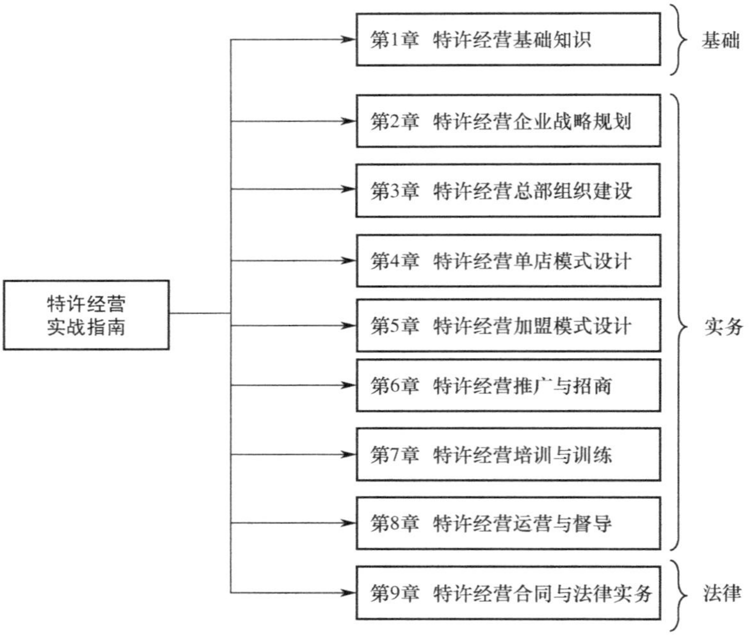

图 0-1 本书的系统框架

3. 实务性

本书中的很多思想、理念、方法和案例，来自作者基于一线实战与研究的总结和提炼。本书还紧密配合各个章节的具体内容，选编了 50 多个具有代表性的特许经营案例，使读者能够通过这些典型案例，加强对特许经营实务操作的理解。

同时，本书采取模块化的编写方式，既考虑了内容的系统性，又方便不同层次的读者根据各自的基础进行选读。另外，本书还紧密结合连锁与特许经营企业内部培训和院校连锁经营专业教学要求，设计了职业指导、案例分析、实训等内容，使读者能够通过理论学习及实习、实训，在实际的专业技能上得到锻炼和提高，以更好地适应特许经营企业发展的需求。

4. 时效性

特许经营的市场环境在不断发生变化，特许经营的运作也必须与时俱进。本书的时效性主要体现在三个方面：第一是结合了我国特许经营相关法律法规的修订，使读者能在最新的法律法规框架下掌握特许经营运作的方法；第二是选取了不同发展阶段的特许经营案例，其中包括最新、最具有代表性的特许经营成败案例，充分反映特许经营实战的最新进展和前沿问题；第三是采用了有关特许经营的最新统计数据和信息等。这三个方面使读者能够获得有关特许经营的最新、最有效的知识、信息和方法。

需要说明的是，本书所参阅的文献除本书附录所列外，还有少量案例或信息资料来自网络，无法一一核实来源出处，在此谨向原作者们致谢。

本书的写作和出版要感谢众多连锁与特许经营领域的专家、朋友及企业的大力支持，并特别感谢电子工业出版社编辑为本书出版的辛勤付出。

本书既可以作为已经开展特许经营或准备开展特许经营的企业系统了解特许经营的学习指南，也可以作为连锁特许经营企业的内部培训教材，还可以作为连锁经营相关专业学生的教材。

由于作者水平有限，诚恳欢迎各位专家和读者对本书的疏漏、不足或错误之处提出批评和宝贵意见，以期在本书再版时进行改正。如有任何意见或建议，欢迎与作者联系，邮箱：ahwen820@163.com。

欢迎有兴趣更深入地研究连锁和特许经营的读者关注我们的微信公众号“文志宏谈连锁”并将相关文章作为延伸阅读内容，也欢迎读者以此为平台进行更广泛的交流。

目录

第1章

特许经营基础知识

从中国特许加盟展看特许经营在中国的发展

2018年5月4日，一年一度的中国特许加盟展北京站在国家会议中心拉开帷幕。本届加盟展聚集了来自全球20多个国家和地区的600多个优质加盟项目参会，比2017年增长了20%，创历史新高。这次展会的展出范围涵盖餐饮、零售、服务三大板块以及70多个细分行业业态。除了中西餐饮、快餐小吃、零售专卖、教育培训等各种常见业态，还有抹茶甜品、冻酸奶、分子冰激凌、无人超市、自助零售机、养老保健等当下正流行的业态。

特许加盟呈现三大风向

从展会现场来看，参展品牌呈现出健康化、体验化、跨界化三大风向。

中式快餐市场，新流行的“极致单品”是清爽不油腻的酸菜鱼。休闲饮品市场，以抹茶为特色的茶饮等成为年轻人的新宠；新鲜营养的鲜榨果汁、果茶则不仅在本品类里红火，还走进了许多奶茶店，成为标配产品之一。休闲健身除了常见的游泳、健身房，还出现了室内滑雪等更多运动类型。此外，养生保健、医疗健康、医药零售等品类也显著升温。

在竞争激烈的当下，如何吸引和留住顾客？不少品牌选择了“体验化”作为突破口，个性化、温度感、沉浸式、虚拟现实等越来越多地成为产品和服务的关键词。主题化的店面、艺术化的包装和造型、故事化的产品、表演化的现场制作过程、个性化的贴心服务、真实化的体验……纷纷成为品牌吸引顾客目光的利器。

此外，各式各样的跨界模式也成为本次展会上一道亮丽的风景线。“西餐+早教”为主题的亲子餐厅，“咖啡+恋爱社交”为主题的爱情咖啡馆、“餐饮+音乐”为主题的桃花洛音乐餐厅……这些跨界业态未来走向如何，令人好奇。

加盟创业投资者年轻化

年轻化成为本届展会的一大特色。主办方的统计数据显示，前来参加本次展会的投资人中，26～35岁的投资人占比达到56.7%。其次是36～45岁的投资人，占比约28%，25岁以下投资人和46岁以上投资人占比均不足10%。

与此同时，随着年轻消费者成为消费主力及年轻投资者数量的增加，也促使特许加盟行业出现了很多明显的变化。展会的主办方盟享加发布的报告显示，为适应80后、90后更加多元化的消费需求，2017年参展细分业态从2015—2016年的60多个增长到70多个。年轻投资者的加入，带动了低门槛、小投资、快回本行业的升温，也造成了小吃、茶饮行业的井喷；教育行业方面，也因为80后、90后成为父母主力，素质教育项目越来越多。

第三代特许经营时代来临

“中国的特许经营已进入第三代——数字化特许经营阶段。”中国连锁经营协会会长裴亮博士在会上预言，“经过了20多年的发展，中国的特许经营在很多行业和业态方面已成为全球领先，如教育培训领域、洗衣服务、汽车服务等。我相信在特许经营的全球化范围之内，我们中国的特许经营有可能利用数字化的工具实现在全球的领先。”

第三代特许是中国连锁经营协会率先提出的新概念，“第一代特许是产品品牌的特许，第二代特许是经营模式的特许，随着移动互联和大数据等技术的广泛应用，让特许经营进入第三代阶段，也就是数字化特许经营阶段”。数字化对特许经营的许多基本原理、模式都提出了新的挑战，也带来了创新机遇和条件。

职业指导

我国的特许经营人才培养

特许经营是21世纪全球最为流行的商业模式，像美国等发达国家，有近50%的产品或服务是通过特许经营的方式来实现销售的。特许经营创造了大量的就业机会，也提供了良好的职业发展空间。例如，麦当劳的全球总裁等高级管理人员，很多都是从普通的麦当劳餐厅的小时工成长起来的。

特许经营在我国正处于快速发展时期，但我国的特许经营专业人才尤其是中高层人才比较匮乏。目前，我国主要通过三个渠道培养特许经营人才：

一是现在有不少大学开办了连锁（特许）经营相关专业，但由于实践经验较少，毕业后大多需要在特许经营企业经过一段时间的实践和磨炼，才能发挥更大的作用。

二是相关行业协会举办特许经营的短期研修与培训，这类培训在一定程度上缓解了对特许经营人才的需求，但是这类培训周期较短，很难个性化地为特许经营企业培养人才。

三是特许经营企业进行自身人才培养，目前一些大型的特许经营企业建立了自己的培训中心，通过自身完善的培训系统来培养所需人才。但由于是企业自身的人才培养系统，具有一定的封闭性。

从我国特许经营人才市场需求及人才培养的渠道和方式来看，连锁（特许）经营专业未来具有较好的发展机会和前景。

▼ 阅读指南

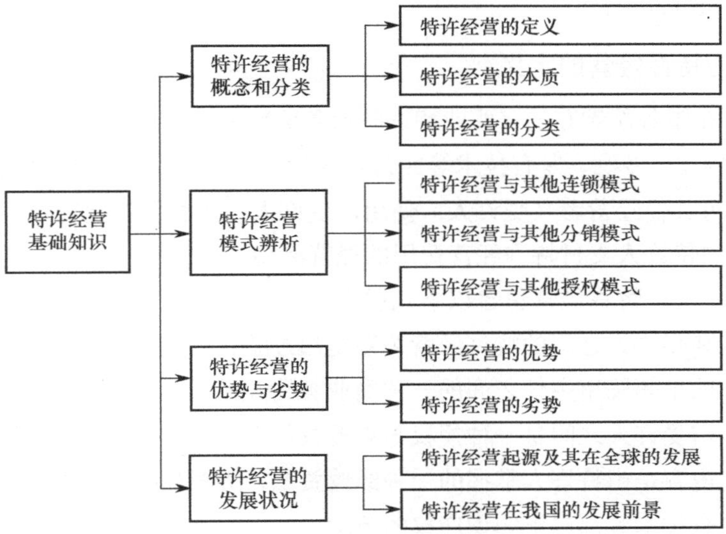

1.1　特许经营的概念和分类

1.1.1　特许经营的定义

1. 特许经营概念的起源

特许经营原为法文单词“Franchise”，意思是免于奴隶、苦役的身份。“Franchise”的英文含义源于欧洲封建时期君王授予个人的某些特殊的权利，即国王授予贵族领地，贵族享有领地内的管理和征税等权利，贵族要将税收或经营利润的一部分上交给王室。在中国古代，政府也很早就将盐、铁、茶、对外贸易等生意授予民间商人来经营，实行“特殊许可经营”制度。

由此可见，特许经营概念最早起源于政府机构将某些专属权利授予私人或商家使用，本质上是一种政府的行政许可，也就是“政府特许经营”。现在，包括我国在内的很多国家，仍然采取政府特许经营的方式，吸引民间资本投入公用事业经营及公共资源开发，通过市场化机制使公用资源得到优化配置，节约政府开支，加快发展速度。

后来，特许经营的概念逐渐为商家所借用，成为“商业特许经营”，也就是商家将其某些专属权利授予他人使用而从中获利。特许经营还跨出一般的商业领域，进入非营利组织的市场化运作中，如奥运特许经营，奥组委授权企业生产或者销售带有奥运会标志、吉祥物和奥委会商用标志等奥林匹克知识产权的产品，同时被授权企业要向奥组委支付一定的特许经营费用，这是最典型的非营利组织特许经营。

本书研究的对象是商业特许经营，简称“特许经营”或“特许”，不包括政府特许经营和非营利组织特许经营。

2. 我国对特许经营的定义

2007 年，在国务院颁布的《商业特许经营条例》中，对特许经营的定义为：拥有注册商标、企业标志、专利、专有技术等经营资源的企业（特许人），以合同形式将其拥有的经营资源许可其他经营者（受许人）使用，受许人按照合同约定在统一的经营模式下开展经营，并向特许人支付特许经营费用的经营活动。

根据以上定义，特许经营包含以下几层含义：

- 特许人和受许人之间的特许经营关系是通过签订合同确立的，因此特许经营是两个独立的平等民事主体之间的一种商业契约关系。
- 特许人与受许人之间是一种授权与被授权的关系。
- 授权的内容是由特许人掌握的一种经营资源，所罗列的注册商标、企业标志、专利、专有技术等都属于知识产权的范畴。
- 特许人和受许人之间是一种非股权性质的且非商品买断性质的商业契约关系。
- 受许人必须在合同的约束下，按照统一的经营模式经营。
- 受许人必须支付特许经营费，有偿使用合同规定的授权。

3. 特许经营的基本术语

为了更好地掌握特许经营的基本概念和含义，并更好地理解本书后面的内容，需对特许经营的一些基本术语进行以下介绍。

（1）特许经营关系。特许人与受许人之间的授权与被授权的关系的总和称为特许经营关系。

（2）特许人。特许经营关系中授权的一方为特许人，也称盟主，指在特许经营活动中，将自己所拥有的商标、商号、产品、专利和专有技术、经营模式等授予受许人使用的一方。

（3）受许人。特许经营关系中被授权的一方称为受许人，也称加盟商。受许人是使用特许人的商标、标志、商号及经营模式等来经营一项被授权的业务的一方。

（4）特许经营体系。特许经营体系是指由特许人、受许人及相关合作方一起整合形成的相对统一和稳定的经营系统。总部和单店是特许经营体系中基本的组织形态。

（5）特许经营总部。特许经营总部是指由特许人自己建立或受特许人的委托建立并代表特许人来建立、发展、运营和管理整个特许经营体系的机构，简称总部。

（6）单店。单店是特许经营体系中不可再分割的基本业务单元。单店可以是一家超市、一家品牌专卖店甚至一个小摊位，也可以是一个不讲究选址和店面装潢的批发商，还可以是一家医院等。

（7）特许经营权。特许经营权简称特许权，是特许人向受许人授权的内容总和，构成特许权的每一项内容称为特许权要素。

（8）加盟。受许人向特许人购买一份特许权，也称为受许人加盟一个特许经营体系。

（9）加盟费。加盟费指受许人为获得特许权而向特许人支付的一次性费用。

（10）特许权使用费。特许权使用费通常也称管理费、权益金，指受许人在使用特许权过程中按一定的比例或标准向特许人定期支付的费用。

（11）特许经营合同。狭义的特许经营合同专指特许经营主合同，广义的特许经营合同指特许人和受许人之间签订用于规定双方权利和义务、确定双方特许经营关系的所有法律契约，包括特许经营主合同和辅助合同。

（12）特许业务。特许业务是指受许人或加盟商经特许人授权使用特许人的名称和标志，以特许经营合同所规定的方式经营的具体业务。

1.1.2　特许经营的本质

1．特许经营是企业的一种营销模式

特许经营是许多企业销售产品的一种选择，通过特许经营的模式来扩大自己的市场资源、占领更多市场份额并最终销售更多产品。不管特许人是制造商、批发商还是零售商，采取特许经营的模式发展，最基本的目的是营销，在更大范围内更快地销售产品和服务。

2．特许经营是一种企业扩张的模式

企业的发展扩张需要大量的人力、财力、物力等资源的投入，然而并不是所有企业都具备或通过短期积累具备这些资源，通过特许经营能借助受许人的资源，使特许经营企业能够在短期内以极少的投入实现企业的快速扩张。因此，特许经营企业的这种扩张模式，也被称为虚拟经营模式，耐克、美特斯邦威等服装品牌，均属于虚拟经营的成功典范。

美特斯邦威的虚拟经营

美特斯邦威是一家知名快时尚潮流服饰企业，在全国有数千家门店，并于2008年8月在A股上市。

令人吃惊的是，美特斯邦威没有生产过一件成衣，全部由国内200多家服装厂代加工；公司本身也不卖衣服，而是由分散在全国的加盟店销售。其在国内服装行业率先采取虚拟经营模式。所谓虚拟经营，即公司只负责品牌经营，而将生产、销售外包。生产找服装加工厂接单，销售则以特许经营的方式找加盟商合作。

作为面向年轻群体的一个服装品牌，它的最大附加值就是品牌，做好品牌经营和服装设计，就能使美特斯邦威变成在虚拟链条中处于核心地位的管理型企业。该集团还投资一亿元打造IT管理系统，实现了对上游生产商和下游专卖店的全流程“掌控”。

美特斯邦威的成功之处在于资源整合和充分利用资源的方式，即在有限资源下，为取得竞争优势，保留核心功能，把自己不擅长、自己经营成本高或没有优势的通过联盟分化出去，组织上突破有形界限，管理上突破功能界限，将非核心功能虚拟化，借助外力整合弥补。

3. 特许经营是一种资本运营模式

特许经营的核心是知识产权的授权使用，特许经营涉及的知识产权主要有商标、商号、专利、商业秘密、著作权等智力劳动成果。因此，特许经营其实就是一种产权资本运营，因为特许经营特许权的内容就是特许人的知识产权资本。特许人将无形资本出租或出售并实现产权与经营权的分离，这既是典型的特许经营模式，也是典型的资本运营模式。

4. 特许经营是一种创业、投资方式

从受许人的角度来说，特许经营也是一种创业、投资的方式。由于特许经营有成熟的经营模式基础，并且有强有力的支持系统，比独立创业投资的成功率要高很多，因此成为许多个人或中小企业进行创业或投资的重要选择。很多个人或企业甚至通过获得某一特许经营权而取得了巨大的成功。味千拉面（以下简称“味千”）在中国就是一个非常成功的例子。

味千是日本九州岛的一个区域性拉面品牌，尽管口味独特，但是影响有限。1996年，原来从事国际贸易的潘慰女士购买了味千在中国内地和中国香港的特许经营权，将这样一个并不太知名的拉面品牌引进中国，使其成为一个为人熟知的品牌。后来，味千（中国）在香港成功上市，市值高达90亿港元，潘慰占该公司股份超过51%，个人身价近50亿元。上市后的味千，更加快了其发展速度，截至2018年5月底，味千拉面遍布中国120个主要城市的商业地段，共设有708家分店。

1.1.3　特许经营的分类

按照特许经营权要素的不同组合，特许经营可以分为生产型特许经营、商品商标型特许经营、经营模式型特许经营三大类型。

1．生产型特许经营

生产型特许经营是指经过特许人授权，受许人自己投资建厂，使用特许人的专利、技术、设计和生产标准来加工或制造取得特许权的产品，然后向分销商或零售商出手，一般不与产品的最终消费者直接交易。特许人有权维护其企业的信誉，要求受许人按规定的技术和方法从事生产加工，以保护其商标及商号的信誉。同时，特许人有权过问受许人对产品的广告宣传及推销方法。生产型特许经营往往涉及专利或专有技术诀窍的使用许可。

可口可乐灌装厂、Nike 运动服装及奥运标志产品的生产，都属于生产型特许经营。

生产型特许经营中，特许人一般都是产品专利或强势品牌的拥有者。生产型特许经营权的内容以商标、标志、专利技术、特种工艺、技术标准等知识产权为主，有的还包括产品分销权。特许人对受许人产品的生产组织、工艺流程及产品的分销价格有较高、统一的要求。受许人主要靠产品生产利润和分销利润获利。

可口可乐的特许经营之路

可口可乐是世界第一品牌，品牌价值达 700 亿美元。目前可口可乐公司在全球 180 多个国家和地区销售其碳酸饮料系列产品。可口可乐公司通过向全球各地区扩大生产和销售，建立起操作规范和内涵丰富的特许经营网络，使可口可乐系列品牌在当地茁壮成长，取得品牌的飞速发展和扩张。

1904 年，可口可乐公司已经在国内 379 个城镇销售其碳酸饮料——可口可乐。由于从生产基地运输到各地的运输费用较高，产品也不能以最快时间到达，于是公司决策层考虑与经销商在产品销售地联合设厂，共同承担生产基地建设费用。这是可口可乐特许装瓶系统的雏形。

第二次世界大战时期，在条件艰苦的前线，代表美国文化和美国生活的可口可乐饮料让在世界各国参战的美国士兵有了一点点“家”的感觉——当他们喝了一口清凉可口的可口可乐饮料后，马上能体会到在家的舒适安逸，他们觉得自己仍旧过着美国式的生活。所以可口可乐公司运输到前线的可口可乐饮料在战区特别受欢迎。可口可乐管理层猛然醒悟：一定要充分利用这次世界大战的机会拓展国外市场和向全球进军！他们确立了建立特许装瓶系统为企业和品牌扩张的思路。

第二次世界大战尚未结束，世界各地的可口可乐装瓶厂已增加到 64 家。至今可口可乐已经在全球借本土之力建起了 1 200 多家装瓶厂。以特许装瓶理念为基础，可口可乐的全球化策略获得了极大的成功。如果不实施特许装瓶厂进行生产经营，可口可乐可能仅仅是美国的一个本土品牌，当然也就创造不出可口可乐百年屹立不倒的品牌头号霸主！

2. 商品商标型特许经营

商品商标型特许经营也称产品和品牌特许经营，是指受许人使用特许人的品牌和营销方法来批发或销售特许人的产品。商品商标型特许可细分为商标特许、产品特许和品牌特许三类。

商品商标型特许授权的内容以产品商标、标志、产品销售方法（包括售前和售后服务）等知识产权为主，同时加上产品的经销权。此类特许经营中维系特许人与受许人之间关系的重要纽带是产品和产品价格；受许人可能是批发商或零售商，受许人生要通过产品的进销价差获利。

商品商标型特许经营在汽车、石油产品等商品流通领域被普遍采用。例如，我国的中石化和中石油即通过特许经营方式，让加盟商使用其商标和标志，按照其服务标准，出售石油产品，如果加盟的加油站出售非中石化或中石油的产品将受到查处和关停。

3. 经营模式型特许经营

经营模式型特许经营是指受许人完全按照特许人设计好的单店经营模式来经营。在经营模式型特许经营中，受许人完全以特许人的形象在公众中出现；特许人对受许人的单店运营管理、市场营销等方面实行统一管理，具有很强的控制力。受许人不仅有义务维护特许人的商标、标志等不受侵犯，还有义务服从特许人的统一管理。大家所熟知的肯德基、麦当劳、如家酒店、英孚教育等就是典型的经营模式型特许经营。

经营模式型特许经营中受许人经营一个或多个单店，直接向消费者提供有形商品的零售服务或提供其他无形服务，其实质是特许人将自己所拥有的品牌、商标、产品、单店管理系统、经营诀窍、对消费者的服务等内容开发组合成独特的具有竞争力的特许权，然后再经特许经营合同的形式授权给加盟商使用。

经营模式型特许经营是特许经营的高级形式，是知识和技术含量非常高的一种商业模式。由于市场竞争层次的提高，经营模式型特许经营在全球范围内正为越来越多的行业所采用，过去许多采用商品商标型特许经营模式的企业也开始向经营模式型特许经营转型。

1.2 特许经营模式辨析

特许经营是连锁经营模式的一种，也是一种营销模式，同时是一种授权模式。为了更好地了解和把握特许经营的本质与特征，我们将特许经营与其他模式进行比较分析。

1.2.1　特许经营与其他连锁模式

1．连锁经营的基本概念与分类

连锁经营是指经营同类商品或服务的若干单店，以一定的形式组成一个联合体，在整体规划下进行专业化分工，并在分工基础上实施集中化管理，使复杂的商业经营活动简单化以获得规模效益的一种组织形式和经营模式。连锁经营可以分为直营连锁、特许经营、自由连锁三种主要形式（见图 1-1）。

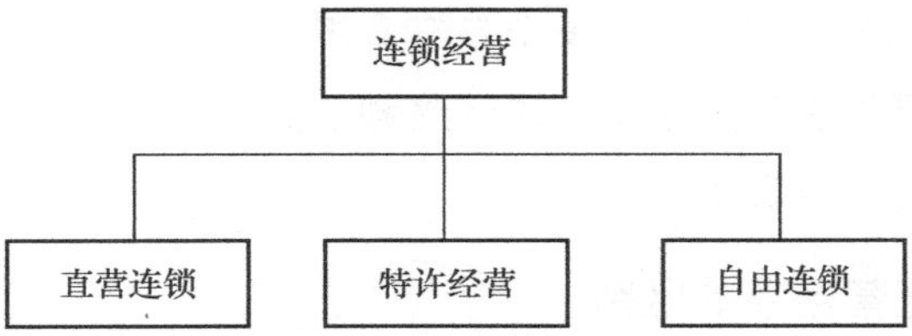

图 1-1　连锁经营的分类

直营连锁也称正规连锁，是指店铺均由公司总部全资或控股开设，并且总部直接对各店铺实施统一经营管理。直营连锁利用连锁组织集中管理、分散销售的特点，充分发挥了规模效应。沃尔玛、家乐福等全球零售巨头，主要采取直营连锁方式进行发展。

自由连锁也称自愿连锁，各店铺均为独立法人，各自的资产所有权关系不变，在总部的指导下共同经营。各成员与总部订立有关购、销、宣传等方面的合同，并按照合同开展经营活动。在合同规定的范围之外，各成员店可以自由活动。根据自愿原则，各成员店可自由加入或退出连锁体系。其在组织上主要表现为商品采购的联购分销和业务经营的互利合作，主要集中于中小零售企业。SPAR、IGA 等国际知名自由连锁组织每年销售额均达到数百亿美元。

IGA 的四重角色

IGA（国际独立零售商联盟）于 1926 年在美国成立，是目前世界上最大、最早的自愿连锁组织。IGA 提供的是 IGA 标准的零售管理、技术、培训和 IGA 自有品牌，并根据不同区域零售商特点来调整零售管理方案，使之适合维护成员特色的要求。目前在全球 40 多个国家和地区，有 6 000 家多业态的店铺、100 多家配送中心。

2004 年 IGA 正式进入中国，至 2019 年 6 月已有湖南步步高、武汉中百、河北惠友、信誉楼等 13 家成员企业，涉及百货、大型综合超市、超市、仓储会员店、便利店、家电专业店等多种零售业态，门店数达到 1 600 家。

作为自由连锁组织，IGA 扮演着以下几种角色。

（1）谈判专家：IGA将世界各地的中小连锁商联合起来进行全球采购，就能获得与沃尔玛、家乐福等国际零售巨头相同的待遇，IGA专门负责帮它们与供应商谈判，获取更优价格。

（2）超市医生：IGA利用连锁网络优势，吸取众家之长，形成一套完整的连锁店铺评估体系，小到一块肉的新鲜度，大到整个超市的安全网络建设，每个季度都会派专家“上门问诊”，逐一指出问题所在。

（3）人才教练：IGA兴办了零售培训学院，组织成员可随时“拿到”国际上成熟的经营模式和先进的管理案例。

（4）品牌中介：IGA拥有2 000多个自有品牌，品种丰富，很多是独有的产品，加盟IGA，这些商品就可以在门店销售。通过这种差异化的战略，使商品具有竞争力，有效避免价格战，保证利润的获取。

2. 特许经营与直营连锁的区别

（1）产权关系。特许经营和直营连锁的主要区别在于产权关系上，即直营连锁的店铺是由总部直接投资的，而特许经营的店铺是由受许人投资的。

（2）法律关系。直营连锁体系中，总部和分店之间是直接隶属关系，由公司内部的管理制度进行调整。而特许经营体系中，总部和分店是平等的合作关系，双方权利义务在合同中进行规定。

（3）管理方式。在直营连锁中，总部对各分店拥有所有权，对各分店具体事务均有决定权。而在特许经营中，加盟店的日常经营管理是由受许人自行负责的，加盟店的人事和财务等决策权在受许人。当然，受许人需要遵照合同约定按照特许人的统一模式规定来经营加盟店。

3. 特许经营和自由连锁的区别

特许经营和自由连锁的相同点在于分店与总部不属于统一投资主体，在法律上都属于平等的民事主体关系。两者的区别主要有以下几点。

（1）品牌使用。在特许经营中，分店经授权使用总部的品牌开展经营活动；在自由连锁中，分店一般都使用自己的品牌进行经营。

（2）经营模式。在特许经营中，分店需要按照总部的统一模式来进行经营管理；而自由连锁体系中，对分店的日常经营管理没有统一化的强制性要求。

（3）总部功能。在自由连锁中，总部为各连锁店提供相关的管理、服务或协调，更多的是对成员店日常经营管理促进的服务，其强制性的管理力度比较小。而特许经营的总部除了服务支持，还具有监督、管理的功能，其管理更具强制性。

特许经营和直营连锁、自愿连锁的比较如表1-1所示。

表 1-1　特许经营和直营连锁、自愿连锁的比较

	直营连锁	特许经营	自愿连锁
店铺投资	总部	加盟方	加盟方
法律关系	总部分支	独立法人	独立法人
管理模式	统一	统一	不一定统一
品牌效应	高	高	低
品牌风险	低	较高	低
扩张速度	慢	快	较快
管理效率	高	较高	中
控制力度	强	较强	中

1.2.2　特许经营与其他分销模式

1．特许经营与经销的区别

经销是指从厂家或上游分销商处进货，并获得商品所有权后再出售商品的经营模式。一般来说，经销商是所有权独立、财务自主的批发商或零售商，不受给他经销权的企业和个人约束，并承担销售中的全部风险。

特许经营中，受许人也可能经销特许人的提供的商品，但这只是特许经营活动的一部分，并非特许经营的本质。特许经营的本质是知识产权的授权使用。

2．特许经营和特许经销的区别

特许经销主要是指经过特别许可认定的产品经销方销售产品，许可认定方一般为产品生产厂家。特许经销与特许经营有十分相似之处，即都是经过许可认定的。但是，它们的区别也非常明显。

（1）授权范围。一般来说，特许经销主要是产品销售权的授予，特许经销商只是获得产品专卖的权利，并不一定有其他的权利。而在特许经营中，产品销售权的授予仅仅是授权一部分而不是全部。

（2）销售模式。在具体的销售模式上，特许经销一般不会有太严格的规定，但特许经营中一般都会有更具体的规定。

3．特许经营与直销的区别

直销是指厂商通过媒体广告、人员推销、电话销售、网络销售、直销店等方式直接向客户销售产品的一种销售方式。直销与特许经营的区别在于：

（1）直销是厂商直接面对最终客户进行销售，而特许经营是通过受许人来销售产品和服务的。

（2）直销主要是产品销售，而特许经营不是简单的销售商品，它包括商标、商号、专利等无形资产或某种商业模式的授权使用。

4．特许经营与传销的区别

传销是一种金字塔式销售模式，是传销商从销售产品及销售传销资格中获得利润，其发展途径基本上是通过他人介绍。在我国，传销不受法律保护。特许经营和传销的主要区别在于：

（1）经营核心。传销的核心是销售某种产品的传销资格，传销商通过发展下级传销人员或从下面多级传销人员的销售业绩中获得利润。而特许经营的核心是知识产权的许可使用。

（2）法律文件。传销往往无须签署合同。而特许经营关系须建立在特许经营合同基础上。

（3）信息披露。我国《商业特许经营管理条例》规定，开展特许经营的特许人必须按照规定对意向加盟者披露真实的有关信息。而在非法传销组织中，为了诱导人们的加入，往往夸大宣传或进行有意的误导。

（4）经营资格。传销主要面对的是个人。而特许经营的受许方要经营加盟店业务，必须具备相关的经营条件，并在工商部门申请注册办理相关的营业手续。

1.2.3 特许经营与其他授权模式

1．特许经营与代理的区别

代理是指代理人受被代理人的委托，以被代理人的名义或代表被代理人同第三方订立合同或办理与交易有关的其他事宜，被代理人向代理人支付一定数额的佣金作为报酬。特许经营和代理的主要区别在于：

（1）在代理模式中，代理人只是为被代理人的利益并按照被代理人意志行事，代理人的代理行为所产生的法律后果均由被代理人承担。而特许经营模式中，特许人和受许人都是独立的民事法律主体，受许人在其加盟店经营过程中与第三人发生的法律后果均由受许人自己承担。

（2）特许经营模式中，特许人和受许人存在特许权授权使用的业务关系，且受许人需要交纳特许经营授权费用。而代理模式中，双方不存在特许权等知识产权的授权业务关系，一般来说代理人也无须交纳授权费用。

2．特许经营与许可经营、品牌授权的区别

许可经营是指许可方（Licensor）与被许可方（Licensee）签订许可协议，授权被许可方在一定期间和范围内使用本公司的专利权、版权、商标及产品或工艺方面的诀窍等从事生产和销售，以向对方收取许可费用作为回报。

品牌授权也称品牌许可，是许可经营的一种，指授权者将自己所拥有或代理的商标或品牌等以合同的形式授予被授权者使用；被授权者按合同规定从事经营活动（通常是

生产、销售某种产品或提供某种服务），并向授权者支付相应的费用。品牌授权运用范围相当广泛，如文具、玩具、礼品、服饰、窗帘、餐具、家电、首饰、钟表、食品、饮料、皮件等。

许可经营、品牌授权与特许经营最大的相似点在于都涉及知识产权的授权使用并从中获利。但是最大的不同在于，特许经营关系中，受许人需按照特许人统一的经营模式经营，而在许可经营或品牌授权中，往往只是对许可使用的范围、时间或商品质量有限制，一般不要求采取统一的经营模式，因而被授权方的自由度较大。

迪士尼的品牌授权

迪士尼在全球有 3 000 多家授权商，其销售超过 10 万种与迪士尼卡通形象有关的产品。作为全球最有价值的卡通形象，每年为迪士尼贡献着数十亿美元的收入。

在中国，已有几百家公司获得了迪士尼的品牌授权。三枪儿童内衣胸前的小熊维尼、儿童家具用品上的灰姑娘，都需要取得迪士尼的品牌授权才能生产和销售，并且要向迪斯尼交纳不少的品牌授权费。根据授权的情况不同，对于不同的企业来说，授权费的收取标准是不同的。不同的卡通形象、应用的不同权益范围、销售的数量多少等因素都会影响授权费的数目。

成为迪士尼的授权商，要满足两个基本条件：第一，在制造、经销或零售方面具有至少五年的经验；第二，在相关专业产品方面具有五年或以上的行业经验。在严格筛选了合作伙伴的基础上，迪士尼从不过多干涉授权商，迪斯尼给予授权商足够的自由权，如授权商品的定价，就由授权商最终决定，迪士尼只是给出一些建议。而唯一严格控制的，就是设计。在消费品部下属的设计部门是授权商必须尊重的，这个部门会给授权商很多设计方面的意见，授权商的每一款产品推向市场之前，都要经过这个部门的审批，对于不符合迪士尼标准的设计，也会帮助授权商进行修改。

1.3　特许经营的优势与劣势

1.3.1　特许经营的优势

特许经营的优势如图 1-2 所示。

1. 特许经营对特许人的优势

（1）有利于快速扩张。特许经营分店由受许人提供资金，降低了特许人的财务风险，使特许人可以充分地利用他人资金来壮大自己的事业。特许人花费的主要是招募、选择、培训加盟商的费用，因此大大降低了特许人对市场扩张的投入，加快了扩张速度。

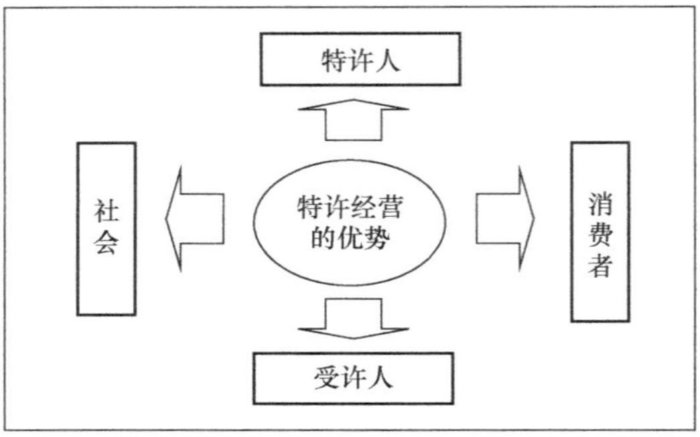

图 1-2 特许经营的优势

（2）有利于降低风险。由于在特许经营关系中，受许人属于独立的民事主体，加盟店经营过程中发生的一切劳动、债务、租赁等合约都由受许人自行签订，与特许人无关，大大降低了特许人的市场扩张风险。因此，特许经营对特许人来说是一种低风险的品牌扩张模式。

（3）有利于提高人力资源激励效果。特许经营中，受许人既是加盟店的所有人、投资者，又是经营者。受许人把自己的资金、期望投入加盟店中，为了获得高额的投资回报率必然会积极肯干、兢兢业业，使得加盟店获得良好的经营业绩，进而使特许人获得更大的收益，有利于特许人的事业发展。

2. 特许经营对受许人的优势

（1）可以获得成功的品牌效益。特许经营可以使受许人获得特许人在消费者心中形成的商誉，无须再去做过多的广告和客户开发。同时，通过特许经营，受许人可以获得专利、商标、著作权和商业秘密等无形资产的使用权，从而享受知名品牌带来的客源和利润。

（2）有助于提高加盟店的管理水平。特许人为受许人提供成熟的经营管理模式和经验，并提供一系列培训和经营管理辅导支持，加大了受许人经营成功的可能性。特许人已开发建立的标准、开业前准备的指导工作、对受许人进行经营管理的培训、财务方面的支持等，有助于提高加盟店的管理水平。

（3）有助于提高加盟店在市场中的竞争力。在特许经营体系中，受许人可以依靠加盟总部集中进货的优势，降低成本，保证货源，取得价格竞争优势。相比其他独立创业者，受许人较容易地获得总部或银行在资金上的帮助和支持，这样有助于摆脱因资金周转不灵而陷于错失市场良机的困境，提高市场竞争力。

3. 特许经营为社会带来的效益

（1）增加就业机会。直观地讲，每增加一个加盟店，就会直接创造一定数量的就业机会。很多国家将特许经营作为增加就业机会的重要方式进行鼓励和扶持。

（2）使资源配置在全社会范围内得到优化。特许经营可以为投资人手中的闲置资金提供大量低风险、高成功率的投资机会，同时可以使特许人手中的专利、商标等知识产权得到充分的市场化利用，从而使有价值的资源在全社会范围内得到更优配置。

（3）规范市场秩序、健全社会信用体系。特许经营是一种以特许人品牌信誉为基础，通过特许经营合同进行严格约束的标准化、规范化的商业活动，它对建立健全社会信用体系起着良好的推动作用。

（4）促进科学技术创新。特许经营的核心就是知识产权的转让。当科学技术面临良好的收益前景时，能激发人们创新的动力，促使科学技术的更新改进，市场化转化的过程变得越来越短。

4．特许经营对消费者的好处

（1）享受稳定的良好品质的商品或服务。特许人拥有的先进技术、管理方式，是通过多年来不断研究开发和经验提炼的结果，投入了大量的人力、物力，是一般中小投资者无法做到的。通过特许经营，特许人把这些先进的技术和管理方式以特许经营权的方式授予受许人，保证加盟店提供的商品和服务处于同一水准。消费者在同一特许经营体系的任何一家加盟店都可以享受到优质和高水平的商品和服务。

（2）获得便利。特许经营实行统一的店名、统一的服装标志、统一的店面装修，进行标准化经营，这些企业形象很容易加深消费者对其的印象，被消费者接受。无论何时何地，只要看到特许经营加盟店的独特店貌，马上就会联想起其所提供的商品或服务，大大方便了消费者的选购。并且，通过特许经营方式，特许人在全国或全球范围内建立其分店，使不同地方的消费者或消费者在不同地方都能非常方便地享受到同等品质的商品或服务。

1.3.2　特许经营的劣势

1．特许经营对特许人的劣势

（1）不一定能招募到合适的受许人。大多数希望从事特许经营业务的人都缺乏成为成功受许人的知识、经验或资金。如果特许人招募不到合适的受许人，则企业的发展扩张速度会受到影响。

（2）管理上面临挑战。虽然特许经营关系中，受许人会产生一种独立感，但是特许经营的每一方都要在协议、商业规则和职业道德的规范下行事。在对受许人的选择、评价、沟通、监督、考核等方面对特许人提出了更大的挑战。

（3）面临更大的品牌风险。因为特许经营具有“复制”效应，如果受许人对经营理念、产品和服务品质不能落实，不按标准操作，会使整个特许人的品牌和信誉及整个特许经营体系都受到影响。

（4）易使特许人丧失经营自主权。独立的受许人有的时候会轻易改变特许人的政策决定，因此，一旦特许经营体系不断发展，特许人就容易丧失一定的控制权、自主权。

（5）容易泄露商业秘密。在特许经营过程中，特许人不可避免地要与受许人就核心技术、市场开发、生产规划等与受许人进行沟通和交流。如果不小心，则会导致商业秘密的泄露，造成损失。

2．特许经营对受许人的劣势

（1）受许人自身要提供用于设立和经营分店的资金、费用、保证金等，无论加盟单店成功还是失败，这些都是要其自己承担的。

（2）受许人要受特许经营合同的限制和监督，相对缺乏自主权。

（3）过分依赖特许人提供的标准化商品与服务，相对缺乏创新。

（4）受许人业务发展过快时，不能保证总部的后续服务是否可以跟上。

1.4 特许经营的发展状况

1.4.1 特许经营起源及其在全球的发展

近代意义上的商业特许经营起源于 19 世纪中期的美国。美国的胜家缝纫机公司（Singer Sewing Machine Company）被公认为商业特许经营的鼻祖。由于胜家取得了巨大成功，特许经营这一模式开始被其他企业模仿。

到 19 世纪末 20 世纪初，特许经营模式因其巨大的实际效果而得以迅速地在若干行业中得到利用。福特汽车、可口可乐等企业通过特许经营使其市场份额得以迅速扩张。后来，麦当劳、肯德基等企业也借助特许经营进行快速发展。

20 世纪六七十年代，特许经营方式开始从美国迅速传入法国、英国、加拿大、日本、新加坡、韩国等国和中国的台湾与香港地区。

随着全球经济联系的日益紧密，特许经营国际化成为一股不可阻挡的潮流。如今，在许多国家和地区的大街小巷，随处可见麦当劳、肯德基、7-Eleven 便利店、可口可乐、百事可乐等著名的标志。

美国胜家——商业特许经营鼻祖

1851 年，美国人列察克·梅里瑟·胜家发明了锁式线迹缝纫机，并成立了胜家公司。然而，此时的胜家在市场推广时碰到了两个巨大的障碍：一是要对消费者进行培训，教会他们胜家锁式线迹缝纫机的使用与维护方法；二是胜家缺乏生产所需的资本，无法批量生产缝纫机。如何解决培训消费者及缺乏拓展资金这两个问题呢？胜家想出了一个绝妙的计策：胜家把销售其机器及培训用户的权利以一定的价格出售给当地商人，他称他们为受许人。这样他的两个问题就迎刃而解了：培训缝纫机用户的事项转给了受许人负责，而胜家只需培训这些受许人；同时，受许人为购买许可权而支付的费用被用作胜家批量生产缝纫机所需的资本。

1865 年，胜家的个体特许经营权以 5 000 美元出售。作为受许人，不仅可以得到胜家缝纫机使用方法的全套培训，还能够得到如何经营一家缝纫中心的培训，如提供有关缝纫的课程和建议。胜家的缝纫中心网络为其产品提供了分销渠道，同时为其提供了大量的企业发展资金。在这种新的经营模式之下，胜家公司迅速扩张。

据有关统计，目前全球有超过 20 000 个特许经营体系正在运作，这些特许经营体系拥有庞大的加盟者群体，数量达到 200 多万。据估计，全球特许经营行业的年销售额已超过 1 万亿美元，并提供了多达 3 000 万个就业岗位。

当今世界，无论哪个国家或地区，无论成熟市场和新兴市场，特许经营已经成为制造商、品牌商、零售商、服务商等多种行业业态从业者和企业家们实现品牌塑造战略，实现国际化扩张的重要手段和驱动力。特许经营已经成为国际上十分流行的商业模式，在世界经济发展中已经占有越来越重要的地位。

1.4.2　特许经营在我国的发展前景

特许经营早在 20 世纪六七十年代就进入了我国的台湾和香港地区，并得到快速发展。1984 年首家商标特许形式的皮尔·卡丹专卖店在北京开业，被视为我国大陆市场特许经营的开端。1987 年和 1990 年，肯德基和麦当劳先后落户中国大陆，之后一些国际特许经营企业陆续进入内陆市场，主要涉及餐饮、冲印洗相服务、服装等行业。

尽管我国发展特许经营起步较晚，但发展速度非常快。我国商务部的数据显示，截止到 2020 年 1 月 17 日，在商业特许经营信息管理系统完成备案并公告的企业总数量为 5 383 家。按照经营区域范围统计，省内企业 2 049 家，跨省企业 3 334 家。特许经营体系数量已经超出特许经营大国美国，成为世界第一。

目前，我国的特许经营事业正处于鼎盛发展时期，一个重要的标志是特许经营已经从原来的零售业、餐饮业、服务业渗透到其他诸如教育、医疗、健康、养老、金融、农业、互联网等新领域。目前与特许经营相关的行业达 70 多个，几乎已经覆盖了所有国际常规特许经营行业，特许经营已经逐步渗透到人们生活的方方面面，并且有巨大的发展潜力。

1. 我国巨大的消费市场为特许经营发展提供巨大发展空间

从根本上讲，一个国家特许经营发展的程度最终取决于市场的需求。由于特许经营所适宜发展的领域一般为零售业、餐饮业和服务业等社会零售消费领域，因此，特许经营对市场消费需求及消费水平的依赖相当强。作为最大的发展中国家，我国经济正处在起飞阶段，市场消费需求总量和居民消费水平不断提高。统计数据表明，我国社会消费零售总额从 2002 年的 4.8 万亿元增加到 2019 年的 41.2 万亿元，而且未来仍将保持较高速度的增长。城镇居民的可支配收入也在快速持续增长。中国已经成为消费大国，也是特许经营的大国。

2. 特许经营占社会消费总额的比例将不断提升

特许经营在我国已全面普及，并在其他领域如教育、文化、医疗、健康、金融等服务业也涌现出一批利用特许经营方式获得超常规发展的特许企业。根据有关统计，目前我国特许经营额占社会商品零售额的20%左右，相比美国等发展国家特许经营额占到整个社会消费品零售总额的40%～50%，我国特许经营的发展有很大的空间。

3. 我国的政策环境为特许经营提供发展机遇

（1）我国《商业特许经营管理条例》等法律法规的完善，对特许经营市场起到规范和引导作用，进而促进特许经营企业的良性发展。

（2）从中央到各级地方政府出台相关优惠支持政策，对于特许经营的发展起到极大的促进作用。

（3）广大农村是特许经营发展的空间。我国的“三农”政策，也为农村市场连锁经营发展提供了良好的环境，一些企业已通过特许经营的方式从城市向农村市场扩展。

4. 将有更多的连锁企业采取特许经营方式进行发展

特许经营是在更大范围内吸纳社会资本、实现低成本扩展经营规模的一种方式，尤其对中小企业发展更具吸引力。从全球连锁业的发展历程来看，当直营连锁店发展到一定规模，形成品牌及成熟的管理模式后，一般都转向以特许经营为主拓展市场。中国的市场巨大，地域辽阔，特许经营将成为最具增长潜力的连锁经营形式。目前，中国本土已经出现不少超过万家门店的特许经营品牌。

5. 科学技术促进特许经营的发展

信息技术对特许经营发展起到良好的促进作用，尤其是互联网、大数据、人工智能等新技术的快速发展，不仅为特许经营企业发展和管理提供了更好的方法手段，更为特许经营模式创新提供了更多的可能。

思考

（1）我国是如何定义特许经营的？该定义包含哪几层含义？

（2）特许经营有哪些类型？各自有什么特点？

（3）特许经营与其他连锁模式、其他营销模式、其他授权模式有什么区别？

（4）特许经营的优势和劣势分别是什么？

（5）我国特许经营发展前景如何？

案例分析

从特许经营开始——象王渠道开发策略

1. 渠道受阻

象王是台湾一家颇为成功的洗涤设备、洗涤用品和原材料企业，1998 年进军大陆市场，瞄准了大陆洗涤业的高端市场。最初，象王希望通过地区代理制，利用经销商渠道快速进入市场。但进入大陆市场不到两个月，由于是先货后款，仅在内蒙古一经销商处就沉淀了几十万元货款。这样的事情并不是在一处两处发生，呆账成了象王在大陆的“渠道初体验”。而产生呆账的原因是，通过经销商卖的货几乎走得都不好，销售进度和象王的预估相去甚远。

总结起来，象王渠道受阻的原因主要有以下几个：品牌知名度几乎为零，又没有广告投入，根本不可能形成消费者的拉动力；经销商要求有更多支持，但象王没有能力花费大资金进行运作；无法控制经销商，货款风险大。

2. 特许经营

因此，象王当务之急是要将品牌树立起来，同时培养自己高端产品的稳定消费群，这样才能吸引经销商。那么什么方式适合象王，既可以树立品牌，启动市场，获得消费群认同，又能够建立分销网络，规避货款风险，还不用支付太多的渠道费用？想来想去，最后想到了特许经营。

象王能做特许经营吗？在对象王的资源做了仔细分析后，象王发现自身拥有一些特有的优势：产品为绿色环保产品，而且拥有特别适合东方人的污渍处理技术；能提供洗涤设备、洗涤原材料、洗衣技术等一系列产品，相互之间形成配套；虽然没有做过特许经营，但在中国台湾，象王一直为其他特许连锁店提供洗衣技术培训和其他服务，有丰富的相关管理经验和服务资历；在中国台湾积累了良好的品牌运作经验。

以上优势似乎都说明，象王通过特许经营方式来树品牌、做市场是可行的。于是象王“洗得好”连锁计划出炉，以特许经营形式将销售产品转化为提供洗衣服务，既卖了洗涤设备，又卖了洗涤原材料，而且都是现款现货交易。只要加盟商运作良好，赚钱对象王来说，是板上钉钉的事。更重要的是，象王在现金流上几乎是“零风险”。

目前象王“洗得好”在全国 20 多个省市及亚太地区拥有 1 000 多家门店，不少加盟商已升级为象王的经销商。象王通过特许经营进行渠道开发的运作方式对于那些没有钱去“轰品牌、砸渠道”的弱势企业，提供了一个很好的渠道开发思路。

问题：

（1）象王为何在进军大陆市场时出师不利？象王是如何用特许经营倒做渠道的？

（2）象王利用特许经营做渠道，有什么优势？对你有什么启发？

实训

企业实训

对本企业准备开展特许经营或已开展特许经营的情况进行研讨，分析为什么开展特许经营，开展特许经营对企业有什么好处，目前面临哪些问题。

课堂实训

1．所在城市的特许经营调查

实训目的：通过对所在城市的特许经营调查，了解特许经营所涉及的行业，辨识特许经营的基本类型。

实训要求：了解实训目的，分组对所在城市市场进行现场走访，调查有哪些特许经营品牌在本城市落户，本城市有哪些特许经营企业盟主，并辨析这些特许经营品牌属于哪种类型的特许经营模式。通过走访、访谈、网上查询等方式，了解这些特许经营品牌在本市的分布情况，以及本市特许经营企业在全省或全国的发展情况。

实训报告：调查后，完成本市特许经营发展情况调查报告。报告包括以下内容：

- 本市特许经营企业名称、品牌、所属行业、特许经营类型、发展现状；
- 已经进入本市的特许经营品牌、所属行业、特许经营类型、在本市的发展情况；
- 本城市特许经营发展的其他情况。

2．访问1～2家开展特许经营的企业，了解其为什么要发展特许经营，特许经营对企业带来什么好处，面临什么问题。

3．访问2～3个特许加盟商，了解其加盟某一特许经营体系的具体感受，包括所获得的好处和存在的问题。

第2章

特许经营企业战略规划

钱大妈——估值近百亿的社区生鲜小店连锁

2019年12月26日，社区生鲜连锁品牌钱大妈正式宣布完成D轮融资，总交易金额近10亿元人民币。融资完成后，钱大妈估值85亿～100亿元。

本轮融资将主要用于业务区域扩张、线上业务发展、产业链整合、全国性的仓网布局，以及科技中心的持续投入。未来，钱大妈将进一步加深对“集中采购—统一配送—标准门店”的生鲜行业创新模式的探索，不断践行“全球卖菜”的愿景。

钱大妈是一家生鲜农产品运营服务商，专注于经营生鲜肉菜市场，2012年4月钱大妈开出第一家猪肉专卖店；2013年4月试水社区生鲜模式，在深圳福田开出第一家标准社区店。钱大妈管理团队独创“不卖隔夜肉菜”的生鲜经营模式，定位于“家门口的菜市场”，经过七年的不断探索，已成功打造出国内社区生鲜连锁的领导品牌。以“社区加盟制”商业模式，打造生鲜社区O2O服务。在保证服务品质的前提下，公司通过强管控的加盟体系，获得快速扩张，并把华南地区的成功经验进行跨区域复制。截至2019年11月底，钱大妈营业门店数已达到1 652家。

2019年，钱大妈冲出华南地区，进军华东、华中市场，进行跨区域扩张，与此同时，钱大妈启动了上海、苏州、无锡、常州、杭州、武汉、长沙、成都、重庆等9个城市的招商加盟，计划2020年上半年在上述平均每座城市开出不低于100家门店。

2019年钱大妈全年营业额超70亿元，较2018年实现翻倍，2012年至今营业额平均年增长率277%，成为国内社区生鲜行业的绝对头部品牌。

职业指导

中国的特许经营就业市场有多大

我国商务部的数据显示，截至2020年1月17日，在商业特许经营信息管理系统完成备案并公告的企业总数量为 5 383 家。按照经营区域范围统计，省内企业 2 049

家，跨省企业 3 334 家（还有不少尚未进行备案的企业），预计总店铺超过 50 万家，其中加盟店 40 万家。特许经营企业向社会提供就业岗位超过 1 000 万个。

特许经营在中国涉及包括餐饮、便利店、服装、药店、教育培训、酒店、房产中介、家庭装修、汽车服务、健身、养老、家政、干洗、美容、金融、影视、农业、互联网等几十个行业。

阅读指南

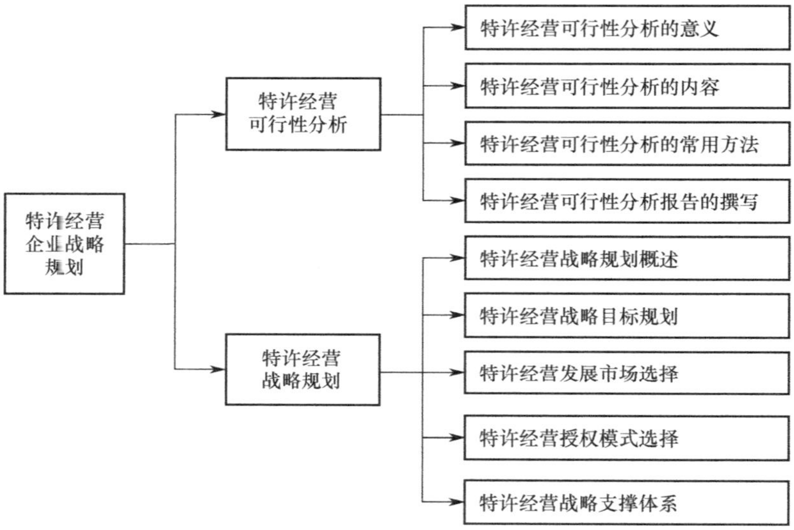

2.1 特许经营可行性分析

2.1.1 特许经营可行性分析的意义

中国有句古语“凡事预则立，不预则废”。特许经营可行性分析是企业试图开展特许经营之前，对企业是否能够或是否适合开展特许经营所进行的全面性的调查研究与分析。特许经营可行性分析本质上是战略分析，属于企业战略管理的范畴。因为几乎对每个企业来说，特许经营都是一个至关重要的战略性决策，而可行性分析的最终结论就是“是”或“否”，就是在这“是”与“否”之间，决定了企业的发展方向，关系到企业的成败。因此，特许经营可行性的重要意义在于以下几点。

1. 对企业是否能够开展特许经营做出分析判断

特许经营是一种对企业资源和能力要求较高的商业模式，有其独特的运作原则和规律。我国的法律法规对企业开展特许经营也有一定的门槛要求。因此，通过可行性研究分析，可以对企业是否能开展特许经营做出判断，避免企业盲目投入、盲目发展，最后失败而归甚至触犯法律法规。

2．对企业是否适合开展特许经营做出分析判断

特许经营的成功受到企业内外环境和各种资源的极大影响，在不同的行业、不同的市场发展时期、不同的企业或不同的企业发展阶段，开展特许经营的效果可能都会有较大的差异。对企业来说，特许经营并非一定是企业发展的唯一选择和最佳选择。通过对企业内外环境和资源条件的分析研究，能够对企业是否适合开展特许经营及开展特许经营的时机做出分析判断。

3．有助于企业规避特许经营的风险，提高成功率

特许经营是一把双刃剑，有很多优势，也有劣势，有的劣势对有的企业来说可能是致命的。特许经营的运作也有其独特的规律，如果没有理解和把握好这些要素，特许经营可能就会遭遇失败。通过可行性分析，可以对开展特许经营所需投入或可能的风险进行预先评估，并预先采取相应的对策和解决办法，大大提高特许经营的成功率。

4．有助于加强企业对特许经营的全面、系统的理性认识

对多数企业来说，特许经营是企业经营模式上的一个重大的举措或变革，几乎牵涉企业的各个部门和各个岗位的人员。通过前期详尽的可行性分析，有利于企业各级人员加强对特许经营的全面系统的了解和认识，便于企业内部的沟通协作。

5．有助于建立企业发展特许经营的信心

特许经营的成功发展和运营，不仅在于企业具备开展特许经营的诸如品牌、单店盈利模式、支持能力等条件，还在于企业对所从事的行业、市场、项目及特许经营本身的透彻理解。环境在变、市场在变、顾客需求在变，一个成功的企业之所以能够永续发展，在于其对行业、市场、顾客需求变化的深层次把握。可行性分析有助于企业深化对特许经营运作规律和环境因素的理解，提高对关键成功要素的把握能力，增加特许经营发展的信心。这种信心，同样是在特许经营推广过程中受许人进行投资决策的重要信心来源。

2.1.2　特许经营可行性分析的内容

特许经营可行性分析包括企业外部环境分析和企业内部资源能力分析，其核心内容是政策可行性分析、市场可行性分析、实施可行性分析、经济可行性分析、实施风险分析五个方面（见图 2-1）。

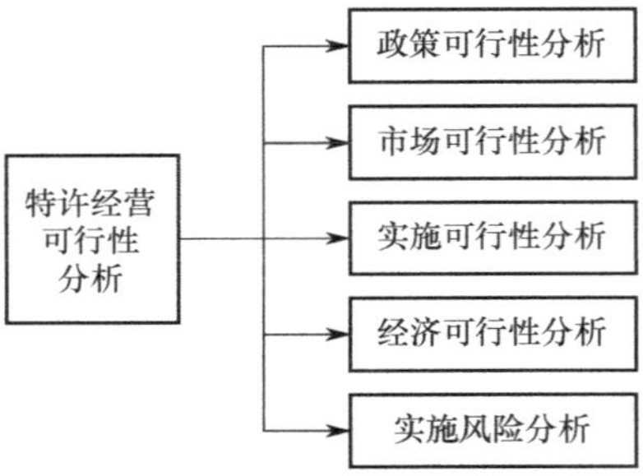

图 2-1 特许经营可行性分析框架

1. 政策可行性分析

政策可行性分析主要是通过对特许经营及相关行业的政策法规的研究和分析，了解法律法规和相关政策对企业开展特许经营的影响。

（1）特许经营政策法规的可行性研究分析。主要是了解开展特许经营的准入门槛，以及开展特许经营的相关要求。《商业特许经营管理条例》第七条规定：“特许人从事特许经营活动应当拥有成熟的经营模式，并具备为受许人持续提供经营指导、技术支持和业务培训等服务的能力。特许人从事特许经营活动应当拥有至少两个直营店，并且经营时间超过一年。”之所以要求“两店一年”，主要是为了防止一些企业利用特许经营进行欺诈活动，并且直营店具有一定的示范作用，便于其他经营者较为直观地了解特许人的品牌、经营模式、经营状况等，这也是成熟的经营模式的重要体现。

《商业特许经营管理条例》之所以强调特许人需要具备为受许人持续提供经营指导、技术支持和业务培训等服务能力，是因为特许经营不同于其他的商业模式，缺乏这些服务能力，受许人很难获得成功。

此外，《商业特许经营管理条例》还对企业特许经营备案、信息披露、特许经营推广、特许经营合同等其他相关要求做出了详细规定。

（2）行业相关的政策法规分析。除了有关特许经营的政策可行性分析，还需要对计划开展特许经营业务的行业政策法规进行研究分析。对于一些行业来说，行业政策对开展特许经营有重大的影响。比如，最近几年，出国留学、出入境、出国旅游非常火爆，有的出国留学咨询和出入境中介服务机构也想借特许经营之力把握机会快速进行市场扩张。但是有关出入境、出国留学、跨境旅游的行业政策非常严格，需要国家公安部及相关部委的审批。目前这些行业中能够获得审批资质的机构在全国也只有数百家，因此对意欲广泛开展特许经营的企业来说，这就是一个很大的政策门槛。因为即便签订了特许经营合同对加盟商进行授权，加盟商也很难获得从事该项业务的资质许可，没有资质许可就无法合法开展业务。当然，这样的机构也不是不能开展特许经营，而是特许授权的对象首先应该是已经具备许可资质或能够拿到许可资质的企业。由于这种政府授予的许可资质本身就是一种稀缺的经营资源，要将拥有这样“稀缺资源”的企业发展为受许人，除非特许人在品牌影响力、经营资源和管理能力方面具有突出的优势。

（3）其他相关的政策法规分析。例如，国家宏观政策对所在行业是鼓励支持，还是限制。

（4）政策法规信息获取的途径与方法。

① 通过互联网等查询有关政策、法律、法规、政府公告性文件等。互联网改变了生活，也大大影响了商业环境。从互联网获取信息无疑是最为便捷、费用最为低廉的方式。通过在搜索引擎输入你所需要的关键词，你很快就能找到相关的政策法规的内容。有的信息，可以直接登录相关主管部门或行业协会进行查询。比如，要了解特许经营相关法律法规，直接登录商务部网站（www.mofcom.gov.cn）或中国连锁经营协会网站（www.ccfa.org.cn）就可以获得。

② 向特许经营或者行业内的专业律师、管理咨询顾问咨询。企业也可以向特许经营或相关行业的管理咨询顾问、专业律师等咨询有关政策法规的情况，相对于自己查阅资料，专业管理咨询顾问或专业律师能够帮助你更便捷、更准确地分析和把握政策法规的关键要点。

③ 其他途径。包括直接向行业行政主管部门、行业协会咨询，或者通过新闻报纸、政策法规出版物等了解政策法规情况。

2. 市场可行性分析

市场可行性分析就是通过对市场环境的研究，分析企图开展特许经营的业务的市场需求或市场潜力、消费人群、在不同区域市场的适用性，以及消费趋势的变化等。主要研究的问题是准备开展特许经营的业务有没有足够的市场容量和市场空间，公司的产品、服务或技术在市场上是否具有竞争优势，消费者是什么样的消费心理和消费行为，未来可能发生什么样的变化等。

（1）市场前景分析。特许经营要想成功，好的市场前景很重要。如果一个企业的业务只是在过去和当前短时间内有市场，缺乏长期的市场前景，就不会有加盟商加盟。即使加盟了，加盟商也会因为生意不能长期盈利而退出。

（2）竞争状况分析。可以采用经典的波特五力模型来分析主要竞争对手的情况及力量对比。实际进行分析的时候，一般是专门挑几个最主要和最强劲的竞争对手来进行针对性的分析，并指出采取特许经营模式后给企业带来的竞争优势是什么。

（3）消费行为分析。如对影响消费者购买行为的主要因素、消费者类型、消费者收入和支出的变化等进行分析，总结消费趋势情况。如果该产品或服务的顾客面非常狭窄并且数量有限，那么可能就不适合开展特许经营。

（4）消费趋势判断。消费趋势判断包括因为市场竞争、技术变革等因素可能引起的消费观念、消费偏好、消费行为变化等。

3. 运营可行性分析

这里的运营可行性分析，指的是从运营层面来看，企业是否具备特许经营的可操作性，包括特许经营的可复制性、可控制性及支持能力分析等。

（1）可复制性分析。特许经营是对成功模式的复制和“克隆”。如果不能复制，也就很难成功地进行特许经营。可行复制性分析的关键在于，产品或服务能否标准化、简单化。有的项目的成功，完全是依赖于其中某个关键技术性人员，而这种关键性岗位的人员很难通过较短时间的培训来胜任，这样要进行复制就存在瓶颈。比如，为什么中式正餐连锁经营和特许经营发展得比较慢，很大程度就是因为中式正餐很难标准化，菜品的好坏全靠厨师个人的把握。为什么快餐容易连锁，容易特许经营，很大原因是快餐容易借助机械设备进行食品制作，对人的依赖程度低，产品能够进行标准化制作，从而使单店的复制变得容易。

在教育培训行业，著名的新东方教育就不主张用特许经营的方式来进行扩张。他们认为，教师的教学风格和品质非常关键，如果采取特许经营，教学质量很难进行复制和把控，很容易走样。

还有一些非常个性化的经营项目，如个性化的酒吧，如果开展特许经营，个性化就变成大众化了，就失去了其原有的特点。而且这样的项目即使开展特许经营，由于个性化太强，也很难保持真正的“原汁原味”。

（2）可控制性分析。由于特许经营中受许人属于独立的投资和经营者，并且加盟店分布的地理区域往往比较广泛，因此开展特许经营，还需要具备可控性。特许经营的可控性可能来自品牌、技术、商品服务或原材料等。

（3）支持能力分析。如果企业不能给受许人加盟店的日常经营予以支持，就无法维持长久的特许经营合作关系，也无法使特许经营获得成功。这些支持包括品牌、营销、产品、技术、配送、培训及督导等各个方面，正是由于强有力的支持，才能吸引加盟商并使加盟商产生对特许人的依赖。

4. 经济可行性分析

所谓经济可行性分析，是指采取特许经营模式与采取其他经营模式相比较，是否具有经济性，以及开展特许经营企业带来的收益。

企业要进行扩张发展的方式有很多种，特许经营并非唯一选择，除了特许经营，还有直营连锁、经销、代理、直销、许可等，如果特许经营相对其他模式对企业来说有更多的好处，那就说明特许经营更具经济性。

另外，特许经营并非真正的“一本万利”的神话，在特许经营模式、体系建设、推广招商等过程，以及后期的运营管理过程中，需要不少投入。因此，企业需要通过认真研究分析并测算特许经营的投入产出，看看特许经营的投入是否能给企业创造真正的效益。

5．实施风险分析

如前所述，特许经营是一把双刃剑，运作不好可能伤及企业自身。因此，有必要对企业开展特许经营可能产生的风险进行研究分析，并考虑相应的风险规避方法和策略。

特许经营的最大风险是品牌风险，特别是对一些非常知名的品牌来说，如果受许人加盟店的产品和服务质量，或者经营行为出现问题，很可能影响整个特许经营品牌。

另外，特许经营的风险还可能来自管理和财务上，如果缺乏完善的运作体系和有效的管控措施，特许经营可能不能达到预期的目的，企业在特许经营方面的投入可能付诸东流。

2.1.3　特许经营可行性分析的常用方法

PEST 分析模型、SWOT 分析法和波特五力分析模型是企业进行战略分析的常用方法，也给企业进行特许经营分析提供了良好的分析思路和框架。

1．PEST 分析模型

PEST分析模型是用来进行企业外部宏观环境分析的常用方法。宏观环境又称一般环境，是指影响一切行业和企业的各种宏观力量。对宏观环境做分析，不同行业和企业根据自身特点和经营需要，分析的具体内容会有差异，但一般都应对政治（Political）、经济（Economic）、技术（Technological）和社会（Social）这四大类影响企业的主要外部环境因素进行分析，即 PEST 分析（见图 2-2）。

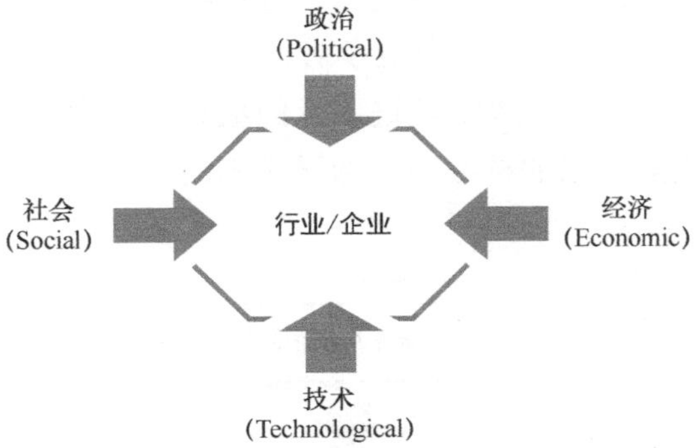

图 2-2　PEST 分析模型

（1）政治环境。政治环境包括政府的方针、政策、法令等。具体包括经济体制、政府的管制、税法的改变、环境保护法、产业政策、投资政策、政府补贴水平、反垄断法规等。对计划开展特许经营的企业来说，还包括特许经营相关政策法规、行业政策法规等。

（2）经济环境。经济环境主要包括宏观和微观两个方面的内容。宏观经济环境主要指国家的人口数量及其增长趋势，国民收入、国民生产总值及其变化情况，以及通过这些指标能够反映的国民经济发展水平和发展速度。微观经济环境主要指企业所在地区或所服务地区的消费者的收入水平、消费偏好、储蓄情况、就业程度等因素。这些因素直接决定着企业目前及未来市场大小。

（3）社会环境。社会环境包括一个国家或地区的居民教育程度和文化水平、宗教信仰、风俗习惯、价值观念、审美观点等。文化水平会影响居民的需求层次；宗教信仰和风俗习惯会禁止或抵制某些活动的进行；价值观念会影响居民对组织目标、组织活动及组织存在本身的认可与否；审美观点则会影响人们对组织活动内容、活动方式及活动成果的态度。

关键的社会环境因素包括结婚数、离婚数、人口出生率和死亡率、社会保障计划、人口预期寿命、人均收入、生活方式、平均可支配收入、购买习惯、储蓄倾向、投资倾向、平均教育状况、对退休的态度、对质量的态度、对休闲的态度、对服务的态度、对职业的态度、人口变化、宗教信仰状况等。计划开展特许经营的企业，主要分析与企业开展特许经营相关的社会环境因素。

（4）技术环境。技术环境除了要研究分析与企业所处领域的活动相关的技术手段的发展变化，还应及时了解：国家对科技开发的投资和支持重点；该领域技术发展动态和研究开发费用总额；技术转移和技术商品化速度；专利及其保护情况等。

2. 波特五力分析模型

迈克尔·波特（Michael E. Porter）是哈佛商学院的教授和竞争战略方面公认的权威，在其经典著作《竞争战略》中，他提出了行业结构分析模型，即所谓的“五力分析模型”（见图 2-3），认为行业内现有竞争者的竞争、供应商的讨价还价能力、购买者的讨价还价能力、替代品的威胁、新进入者的威胁这五大竞争驱动力，决定了企业的盈利能力，并指出企业战略的核心在于选择正确的行业，以及行业中最具吸引力的竞争位置。

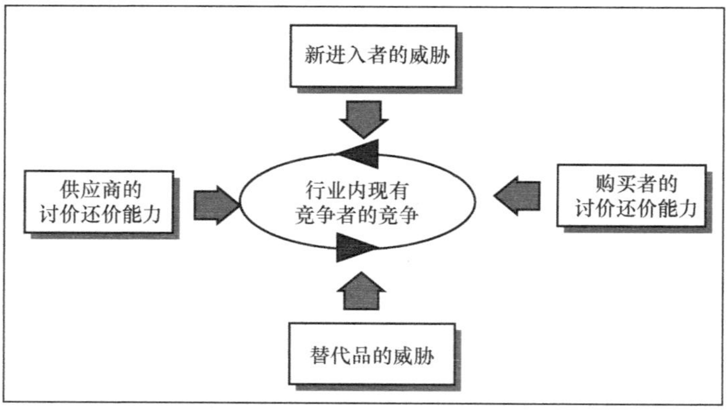

图 2-3 波特的五力分析模型

企业利用波特五力分析模型进行特许经营可行性分析的意义在于：第一，进一步认清行业成功的关键因素；第二，明确企业在行业中的竞争地位；第三，明确开展特许经营对企业的利弊关系；第四，帮助企业寻找获得竞争优势的策略和方法。

（1）供应商的讨价还价能力。供方即企业的上游供应商，也称卖方。供应商与企业进行讨价还价的能力被称为卖方力量。毫无疑问，如果卖方力量强，意味着对企业形成较大的压力，如果企业的力量能够超过卖方，则企业在讨价还价上占据主导地位。

卖方力量强大，主要是由于其提供的产品或服务比较稀缺即市场供不应求，或者产品具有一定的特色，不容易被其他产品替代。但是，在当前整体市场处于买方市场情况下，市场竞争异常激烈，因此很多处于流通环节的批发商或零售商，通过连锁经营或特许经营的方式快速形成销售规模，进而在与供应商的合作上取得讨价还价的优势。沃尔玛、国美电器、7-Eleven 等就是这方面的典范，这也是连锁经营和特许经营的规模优势和网点优势所在。

（2）购买者的讨价还价能力。购买者即企业的下游，也就是企业的客户，也称买方。买方与企业讨价还价的能力被称为买方力量。在连锁经营和特许经营领域中，大多数的买方主要是普通消费者，因此相对于企业来说，买方的力量比较弱。但是，由于市场竞争激烈，顾客在进行消费时有多种选择，另外有的顾客也通过“团购”等方式，来向企业压价。因此，企业要在与买方的交易中获得优势，要么形成市场垄断，要么在产品或服务上具有独特优势。

（3）新进入者的威胁。新进入者给一个行业带来新的活力的同时，也给企业带来竞争的压力。影响新进入者威胁的主要因素是行业的进入门槛，包括政策法规要求、投资规模、技术条件、经营管理水平等。比如，我国法律规定，自 2007 年 5 月 1 日以后，企业开展特许经营，必须有两个以上且经营一年以上的直营店，这就提高了进入特许经营领域的门槛。

（4）替代品的威胁。所谓替代品，就是能够替代企业产品或服务的其他产品或服务。例如，数码相机对光学相机形成了替代。一个消费者为了打发闲暇时间，可以选择去电影院看电影，也可以去逛超市，这个时候对于超市而言，电影院就成了替代品。在用餐的时候，可以选择西餐，也可以选择中餐，这个时候，中、西餐就互相成了替代品。替代品的威胁，在有的行业有时候是致命的。例如，柯达在中国曾经拥有 8 000 多家特许经营的冲印店，但是现在这些特许经营店基本都已经销声匿迹，最关键的原因在于数码相机对光学相机的替代。因此，企业在进行特许经营可行性研究时，要考虑自身产品或服务是否具有先进性，是否会面临被替代或被淘汰的危险。

（5）行业内现有竞争者的竞争。行业内现有竞争者分析是企业竞争分析最常规的内容了，主要包括整体市场竞争的激烈程度，以及主要竞争性企业的竞争优势及其具体表现。竞争对手的竞争优势可能表现在品牌、经营模式、产品、技术等方面，也可能表现在内部管理、配送、服务等方面。行业内现有竞争者分析，便于企业决定是继续参与竞争，还是退出竞争；如果继续参与竞争的话，应该如何体现自己的竞争优势。

3. SWOT 分析法

SWOT 分析是对企业的优势（Strength）、劣势（Weakness）及面临的机会（Opportunity）、威胁（Threat）进行综合分析，进而找出企业发展策略的一种分析方法。

SWOT 分析是将企业内外部条件的各个方面进行综合和概括，优劣势分析（SW）主要是组织自身的实力及其与竞争对手的比较；机会威胁分析（OT）则主要是对企业环境的变化及其对企业产生的影响进行预测。但是，外部环境的变化对具有不同资源和能力的企业带来的影响可能是完全不同的，因此，OT 分析与 SW 分析两者之间又有紧密的联系。

（1）企业内部优劣势分析。所谓优势，就是指与竞争对手相比，自身的资源或能力上能够超过竞争对手的地方。当然，这些进行比较的资源和能力，应该是企业发展特许经营获得成功的关键要素之一，包括企业在行业地位、品牌、产品、服务、商业模式、资金、人力资源、管理、技术等方面。但一些与发展特许经营或企业无关的因素，没有必要列入企业的优劣势分析的范畴。

（2）企业外部机会威胁分析。企业存在于一个商业的生态环境中，企业发展特许经营也会受到各种外在环境的影响，有的时候甚至是胜败的决定因素。因此，进行外部环境的机会与威胁分析，非常有必要。这些外部环境因素包括政策法规、市场供求关系、市场竞争关系、消费习惯、技术变迁等。

（3）SWOT 的综合分析与结果应用。利用 SWOT 分析方法的根本目的是更加清楚地识别企业开展特许经营所面临的外部环境，以及企业自身的优势和劣势，进而确定企业开展特许经营是不是正确的方向，并且经过分析，可以确定企业应该如何利用机会、回避威胁、发挥优势、克服弱点（见表 2-1）。

表 2-1 SWOT 模型分析

	优势－S	弱点－W
机会－O	SO 战略 如何发挥优势、利用机会	WO 战略 如何利用机会、克服弱点
威胁－T	ST 战略 如何发挥优势、回避威胁	WT 战略 如何克服弱点、回避威胁

百年老店恒源祥

创建于 1927 年的老字号恒源祥原来也只是上海南京路上的一家专门卖毛线的商店。1987 年，29 岁的刘瑞旗被任命为恒源祥绒线公司总经理的时候，就像南京路上众多的老字号一样，恒源祥公司早已没有了昔日的辉煌，悄无声息地淹没在南京路林立的繁华店面间，丝毫不起眼，公司所有的资产加起来也不过 50 万元，穷得只剩下一个招牌了。如何才能走出“日落西山”的困境呢？刘瑞旗苦思冥想。从一句“店誉比金贵”的口头禅中，他突然意识到，老一辈长期苦心经营打造的“恒源祥”三个字，本身就是一笔巨大的资产。因此，他上任后的第一件事就是花了 900 元，把“恒源祥”三个字由店名注册成商标。在大张旗鼓地开展一系列以广告为核心的品牌重塑活动的同时，以“恒源祥”的品牌吸引全国毛线加工厂加盟，用老字号品牌的无形资产撬动有形资产，在全国串起一个恒源祥特许经营战略联盟。当然，恒源祥实施特许经营战略联盟不是凭空想象的。

选择特许加盟的 SWOT 分析

恒源祥作为拥有近百年历史的中华老字号，它选择特许加盟是由当时所处的情景决定的。

1. 优势与劣势

历史悠久、物美价廉、工艺独特可靠、正宗、货真价实是支撑老字号经营发展的精髓，也是消费者对老字号保有特殊感情和认同的原因，是老字号的优势所在。但是与国际品牌相比，中华老字号有着致命的劣势，主要表现在：经营理念欠缺时尚，品牌形象老成持重有余而活泼便捷不足，面临着如何迎接国际化形势、改良其营销方式与市场发展方式的问题。

2. 机遇与挑战

随着中国改革开放的深入和中国加入 WTO 的新形势下，中华老字号面临着新的机遇和挑战。人们认为，机遇主要来源于进一步的开放将给予老字号更多参与国际竞争、进占国际市场的空间；而挑战主要源于和强大的国际对手相比，老字号的竞争力还有一定差距。至于老字号的发展前景问题，人们比较一致地认为，它们仍有特别甚至更为宽广的发展空间。因此，如何使经营管理、技术与时俱进，是老字号绝处逢生的关键所在。

特许经营是恒源祥的正确选择

恒源祥也具有与其他老字号相同的劣势，所以恒源祥要走出困境，保有其老字号的品牌活力，必须灵活运用其老字号的正面价值，即有效利用自己容易被消费者接受的品牌优势，突破地域限制，扩大品牌的无形资产，充分利用无形资产的威力，参与日益激烈的商业竞争。特许经营恰恰为其提供了这样一个平台。

特许经营的优势在于能够利用已有的无形资产迅速积累庞大的生产力，产生出单个企业难以实现的组合效应，将无形资产转化成有形资产净值，这正是恒源祥的成功之谜。

恒源祥的特许经营基本框架如下：允许厂方以恒源祥品牌共享双方的销售渠道，双方各销售50%的产品。这样，既让厂方赚足了应得利润，又使恒源祥在没有一分钱货币投资的情况下仍然获利35%。当然，作为特许人的恒源祥并不是仅仅坐收渔利，它需要保有其金字招牌，保持其品牌的活力和竞争力，因而需要增加其品牌的含金量，研发新产品，提升产品质量，大胆创新，挖掘老字号背后的文化内涵，维护和提升品牌竞争力。

2.1.4 特许经营可行性分析报告的撰写

作为可行性研究工作的成果文件，一般来说，最终形成的书面文件就是特许经营可行性分析报告，可行性分析报告既是对可行性研究工作进行系统化总结梳理的一种方式，也是进行项目讨论沟通及决策的依据。

需要说明的是，可行性分析报告虽然与商业计划书内容有些近似，但还是有区别。可行性分析报告侧重于项目可行性的论证，而商业计划书侧重于阐述项目的具体运营操作及资金需求预测与使用。另外，在很多情况下，可行性分析报告是商业计划书的前置文件。所谓前置文件，也就是说，商业计划书往往是在可行性分析报告结论的基础上编制形成的。

可行性分析报告的内容形式因不同项目情况而有所不同。但是，从总的结构方面来看，可行性分析报告主要包括摘要、主体、附录三个部分。

1. 摘要部分的撰写

可行性分析报告撰写的目的是沟通和决策，因此，应该符合“金字塔原则”。所谓“金字塔原则”，就是在商务文书写作或沟通中，为了提高沟通的效率，采取先阐述结论，再阐述论据和细节的叙述方法。

可行性分析报告的摘要部分，就是这个“金字塔”的塔顶。因此，摘要是对整个可行性分析报告的最高度的概括，要以最精练的语言来表述可行性分析的关键结论和关键问题，让报告的阅读者一开始就对可行性分析报告有一个整体性的把握，并对其中的关键结论或观点有一个预先的了解，从而引起进一步阅读报告主体部分的兴趣。

撰写摘要时应该注意以下几个方面：一是摘要部分虽然在可行性分析报告中，位于报告的前面，但在撰写时，摘要是放在最后写的；二是摘要部分一定要言简意赅地概括可行性分析报告的主体部分的核心内容，结论、观点或关键性问题一定要突出；三是摘要部分的内容不要太长，一般来说，一页左右最为合适，让阅读者在五分钟内能够看完，否则冗长的内容会让人陷进去，往往浪费了时间又不能抓住关键问题。

2. 主体部分的撰写

主体部分是整个可行性分析报告的核心内容。这一部分的内容要翔实、具体，思路清晰缜密，具有说服力。一般来说，特许经营可行性分析报告的主体内容包括以下几个部分。

（1）企业外部环境分析。包括宏观环境分析、行业状况分析、市场及市场竞争状况分析等内容。外部环境分析的关键在于分析行业发展的趋势，揭示企业开展特许经营所面临的机会与威胁。

（2）企业内部资源能力分析。一般包括企业的背景、经营理念、愿景目标、发展现状、核心资源等。如果企业已经开展直营连锁，那么对企业现有连锁经营的状况要进行较为深入的分析。因为直营连锁是开展特许连锁的重要基础，直营连锁的成功或失败、经验或教训，往往对是否能开展特许经营具有重要的参考价值。企业内部资源能力分析的关键在于分析企业开展特许经营具有什么样优势和劣势。

（3）SWOT 分析。SWOT 分析是通过前面的企业外部环境分析和企业内部资源能力分析，对企业的优势、劣势、机会、威胁进行逐一分析，找出企业发展的方向。一般来说，在特许经营可行性分析报告中，通过 SWOT 分析，需要揭示特许经营对企业来说是否适合作为企业的发展战略方向。

（4）发展特许经营对企业的影响分析。这一部分应该介绍特许经营的基本特征及对企业的影响，主要阐述特许经营对企业来说具有哪些好处，当然也可能包括特许经营对企业来说不利的地方。

（5）特许经营的可行性分析。前面几个部分主要是从宏观的层面来考虑企业是否应该开展特许经营。如果结论是“应该”，那么还有必要从操作层面对特许经营的可行性进行论证，包括可复制性分析、可控制性分析、支持能力分析、经济效益比较分析等。

（6）开展特许经营的基本构想。如果特许经营对企业来说是利大于弊，并且具备特许经营的可操作性，那么接下来就是企业开展特许经营的一些基本设想，如特许经营的发展目标，采取什么样的模式等。

（7）特许经营风险与对策。尽管特许经营是一种很有优越性的经营模式，但是同样，开展特许经营对企业来说，也存在风险。因此，在可行性分析报告中，需要对所存在的风险进行深入分析，并尽可能提出防范风险的对策和方法。

在主体部分的最后，一般对开展特许经营的实施计划，要有一个基本介绍包括基本的内容步骤、时间计划、资金预算等。

3. 附录部分的撰写

附录是对主体部分的补充，是可行性分析报告的重要组成部分。为了使正文言简意赅，许多不能在正文中尽言的内容可以放在附录部分。特别是一些市场调查结果、统计数据、图表、相关政策法规、有关的辅助证明材料等，都应该放在附录部分，供一起交流讨论的人员或决策者进行参考。

一般情况下，特许经营可行性分析报告的附录应该遵循以下基本准则。一是可行性分析报告必须与附录分开，特别是附件内容比较多的时候，甚至应该把附录分开来装订，这样便于阅读。二是附录内容应该是为可行性分析报告提供必要的补充材料，不必要把所有的东西都放进可行性分析报告的附录部分。在附录中，只放那些确实可以增加正文力量的内容。让附录对整个可行性分析报告确实起到补充作用。三是附录内容尽可能简短，避免长篇大论，空洞无物。

某幼教机构特许经营可行性分析报告目录

前言

一、摘要

二、幼儿教育宏观环境分析

1．政策环境分析

2．经济环境分析

3．社会环境分析

4．技术环境分析

三、幼儿教育行业与市场分析

1．幼儿教育行业市场总体概况与发展趋势

2．幼儿教育行业竞争分析

3．幼儿教育的竞争状况（包括主要竞争对手分析）

4．幼儿家长对幼儿教育进行投资消费心理分析

四、某幼儿教育机构内部分析

1．某幼教机构的发展背景

2．某幼教机构的愿景目标

3．某幼教机构的经营现状

4．某幼教机构的资源状况

五、SWOT（优势与劣势、机会与威胁）综合分析

1．某幼教机构的优势与劣势

2．某幼教机构面临的机会与威胁

3．某幼教机构的发展战略思路

六、某幼教开展特许经营的必要性与重要性分析

1．特许经营是某幼教机构实现战略目标的手段

2．特许经营是某幼教机构提升竞争能力的有效途径

3．特许经营是某幼教机构进行品牌扩张和管理优化的重要方法

七、某幼教特许经营项目的基本构想

1．单店模式的设计与提炼思路

2．特许经营权的基本设计思路

3．运营支持管控模式的基本框架

4．市场布局与发展步骤设想

八、某幼教开展特许经营的可行性分析

1．某幼教政策可行性分析

2．某幼教市场可行性分析

3．某幼教项目的可复制性分析

4．某幼教项目的可控制性分析

5．某幼教的支持能力分析

6．某幼教特许经营模式经济性分析

九、开展特许经营的风险与基本对策

1．某幼教特许经营的财务风险分析与对策

2．某幼教特许经营的品牌风险分析与对策

3．某幼教特许经营的市场风险分析与对策

十、某幼教特许经营系统构建计划

1．项目组织

2．项目整体时间计划表

十一、附件

1．某幼教商标注册表及商标注册证复印件

2．《民办教育促进法》全文

3．教育部 2018 年教育发展公报

4．教育部《幼儿园管理规程》

5．主要竞争对手发展情况表

6．行业专家访谈纪要

7．“幼儿家长教育观念与消费”市场调研分析报告

8．《商业特许经营管理条例》

2.2 特许经营战略规划

特许经营是影响企业发展的重大决策，也牵涉企业整体资源的配置等问题。因此，如果特许经营可行性研究的结论是可行的，那么接下来就是应该制定明确的特许经营战略。

2.2.1 特许经营战略规划概述

1. 战略的基本概念与内涵

关于战略，不同的学术流派有不同的定义。综合起来，战略是企业为了实现长期经济效益所制定的从现在到未来一段时期内的方向目标，以及相应行动路径和关键方法、策略。

2. 特许经营战略规划的意义

第一，制定战略规划的过程可以使习惯于“低头拉车”的中小型特许经营企业有机会“抬头看路”，审视一下企业目前和未来发展的经营环境和经营能力，促使经营者将内部资源优化与外部环境因素结合起来，思考和确定企业发展的战略目标、战略措施等全局性的问题。

第二，特许经营企业总部在特许经营体系中居主导地位。有的特许经营总部往往重视加盟过程及市场策划的管理，却容易忽视战略管理，从而使企业缺乏长远的发展规划，也使得整个特许经营体系缺乏共同努力的长远方向，整体绩效低下甚至混乱。因此，战略规划有助于特许经营体系从总部到加盟店、从最高决策者到普通员工的整体协调。

第三，战略的本质是通过内外环境分析后，确定适合特许经营企业的目标和方向及关键策略，以使特许经营企业获得长久的竞争优势。

需要说明的一点是，尽管明晰的战略对特许经营企业非常重要，并且拥有诸多的好处，但是战略并不是静止和一成不变的，事实上，战略管理的核心是基于对企业环境或内部情况的动态研究而进行正确的决策。战略的形成过程既是一个判断与设计的过程，又是一个依靠直觉来想象的过程，还是一个逐步学习的过程。战略既具有变革性，又具有相对的稳定性。企业不能没有战略，特别是特许经营企业，没有战略规划，就如同一支没有航向的船队（不仅是一艘船），最终可能分崩离析或迷失在茫茫海洋。

3. 特许经营战略规划的主要内容

特许经营企业制定战略规划通常分战略分析和战略规划两个阶段。

战略分析主要是对特许经营企业的外部环境和内部资源能力情况进行调查分析，了解企业的优势和劣势及企业面临的机遇和威胁。战略分析是战略目标制定和战略规划的基础。特许经营可行性分析的内容和方法与战略分析大致相当，在此不再重复。

战略规划主要包括战略目标的制定，以及考虑使用什么手段、什么措施、什么方法来达到这个目标。

2.2.2 特许经营战略目标规划

战略目标是指特许经营企业经过战略的实施，在未来的发展过程中，预期在一定时期内要应对各种变化所要达到的总体经营成果指标。这是特许经营企业战略的出发点和归结点，在特许经营战略体系中处于主导地位。战略目标往往是由多个目标项目组成的战略目标体系。例如，某特许经营企业的战略目标是在 3～5 年在全国范围以特许经营的发展方式开设 1 万家连锁店，年销售规模达到 1 000 亿元，成为本行业最大的特许经营企业。

成熟的特许经营企业都有清晰的战略发展节奏，开始的时候，特许经营发展的速度比较慢，随着体系和模式的成熟，再不断加快发展的速度。目前国内有不少的特许经营企业在这方面过于随意或过于急功近利，几乎都是还没有标准的时候就想让人来加盟，认为可以一边发展一边完善，但这样的最终结果是既没有发展又没有完善，甚至全军覆没。

特许经营发展战略目标的制定，首先要基于连锁经营企业的整体战略目标来进行考虑。不少连锁经营企业既有特许经营，也有直营连锁，通常会根据不同的发展阶段考虑各自一定的比例。

其次，要根据市场竞争状况来考虑特许经营发展战略目标的制定。发展战略目标的制定，决定了发展速度的快慢。在有的行业，为了竞争，需要快速占领市场，必须在尽可能短的时间内建立网点。

最后，特许经营发展战略目标的制定还需要考虑特许经营企业自身实力、控制能力等因素。有不少特许经营企业发展速度非常快，但是无法对庞大的特许经营体系进行支持和管理，最后“来也匆匆、去也匆匆”，很快被竞争对手击垮。

星巴克的中国发展战略

星巴克，一个世人皆知的品牌，从西雅图的一家小公司发展成在全球四大洲拥有两万多家门店的大型连锁企业，成为全球最大的咖啡零售商、咖啡加工厂及著名咖啡品牌。

1．发展初期，特许经营开路

星巴克在全球有三种扩张模式：独资自营、合资公司、特许经营。由于外商投资的限定，1999 年星巴克以合资的形式进入中国内地，在北京开设了第一家咖啡店，此后一直以特许经营方式授权区域合作伙伴进行经营。上海统一星巴克咖啡有限公司行使其在上海、杭州和苏州等江南地区的特许经营权；美心星巴克餐饮有限公司拥有在澳门、广东和海南的星巴克经营权；北京、天津为主的中国北方地区的特许经营权授予了北京美大咖啡有限公司。

短短几年，中国市场成为星巴克全球业务中的一个亮点。香港星巴克分店开业第一个月就创下了全球最快盈利纪录。上海统一星巴克发展堪称奇迹，在两年内就获得了 3 200 万元的利润。

2. 政策放开，回归直营

按照特许经营授权的模式，星巴克总部收取区域加盟商的加盟费后，将星巴克的特许经营权的使用权授予区域加盟商使用，总部只能在区域加盟商的营业收入中提取少量固定比例的提成。中国市场的良好回报和发展潜力使得星巴克总部“眼红不已”。

在中国允许外资企业独资开店后，从 2003 年开始，星巴克总部历时三年，终于在 2006 年年底完成了对上海统一星巴克、广东美心星巴克和北京美大星巴克的股权回收，增持的股权分别达到了 50%、51%和 90%。这意味着星巴克已经完全夺回了其在中国地区的市场控制权和话语权。

3. 前景看好，扩张提速

星巴克之所以开始煞费苦心地谋划中国市场，原因十分简单，因为在星巴克的眼里，中国即将成为仅次于美国的第二大市场。截止到 2019 年年底，星巴克在中国内地的 168 个城市一共开设了 4 100 多家门店。

2.2.3 特许经营发展市场选择

市场发展的范围是全国性的还是区域性的，这方面的战略考虑对很多特许经营和连锁经营企业已经越来越重要。目前，很多成功的特许经营企业，如 7-Eleven、星巴克、肯德基、麦当劳等都是先立足区域发展，再面向全国扩张，这样能够做到步步为营。而有不少特许经营企业，不管天南海北，只要有人来加盟就签约授权。因为这类特许经营企业的网点过于分散，在任何一个区域市场都难以获得优势，所以随着市场竞争的加剧，这类企业已经越来越难以获得成功。

特许经营企业选择市场时，需要考虑市场需求和市场成熟度、市场竞争状况，以及资源配置与选择运营效率等。

1. 市场需求和市场成熟度

特许经营企业在选择市场时，首先需要考虑准备进入的市场是否存在这方面的消费需求及消费能力。肯德基和麦当劳在开始进入中国时，主要在大城市开店，考虑的就是市场对西式快餐的接受程度和消费能力，如果一下子就发展到二、三线城市，那么很容易遭受失败。特许经营发展要考虑市场成熟度，有的特许经营企业可能适合市场发展的早期进入，有的可能适合市场发展到一定程度后进入，这样省去了市场培育的过程。

2. 市场竞争状况

选择不同的市场，意味着选择了不同的竞争对手。如果自身不具备竞争的优势，那么进入这个市场以后，则很可能会失败而归。例如，同样是经营西式快餐的德克士，早在 1996—1998 年，曾一腔热血与麦当劳、肯德基在一线城市进行正面对抗，但由于品牌影响力太小、运营成本居高不下，德克士持续亏损。在这种情况下，德克士不得不忍痛断腕，关闭北京、上海、广州等地区分店。随后德克士吸取教训，采取“农村包围城市”战略，向麦当劳、肯德基无暇顾及的国内二、三级城市进军，获得了成功。

3. 资源配置与运营效率

特许经营的成功，需要总部建立强大的支持和管理系统，包括物流配送、培训督导等方方面面。如果特许经营的市场区域过于广阔，而物流配送等支持系统无法跟上，那么特许经营店很容易遭受失败。所以很多成功的特许经营企业采取在区域市场集中开店的策略以获得资源配置和运营效率方面的优势。

7-Eleven——区域集中发展的典范

7-Eleven 便利店就是区域集中发展特许经营店的成功典范，集中开店是指在某个重点区域内以密集开店的方式，迅速达到规模效益的目的。集中开店的优势是显而易见的。

首先，集中开店能降低总部的宣传推广费用。在一个区域内开店越多，相对地，分摊到每一家分店的宣传费用越低，这将有效地节省总部的宣传费用，强化宣传效果。

其次，集中开店还有利于提高企业形象。在同一地区开设十几甚至上百家加盟店，会很容易树立总部及其品牌的形象，提高知名度。

再次，集中开店有利于提高总部对加盟店的服务质量。如果各个加盟店之间距离太远，则督导人员花在路上的时间较长，会影响到各店巡视的频率，对加盟店的服务质量也会随之降低。

最后，集中开店能提高总部的配送效益，便利店的营业面积通常有限，必须零库存经营，因此要求总部配送中心采取多种类、小数量、多批量的配送方式，在同一地区内加盟店越多，分摊到加盟店的运输费用越低。

7-Eleven 便利店始终坚持这种稳打稳扎的开店策略，在一个地区取得市场支配地位之后，再进入下个地区，而不是追求全面开花，从而能降低经营成本，迅速实现盈利。与同行业比较，在销售额、毛利率、总资本周转率、单位面积销售额、人均销售额等诸多经营指标中，7-Eleven 都居于日本便利店之首，而销售管理费用率、设备费用率、库存、工资占费用比率等指标低于同行业平均水平，这也使得 7-Eleven 便利店有更多的优势参与同行业竞争，并从中脱颖而出。

2.2.4　特许经营授权模式选择

特许经营是连锁经营模式的一种。特许经营企业在考虑连锁发展时，需要结合企业内外环境及资源能力状况，选择适合企业发展的连锁模式。事实上，很多企业都是采取直营与特许混合发展的策略，这个时候，需要明确直营与特许各自的比重，以及各自的市场范围及发展节奏。

不同的授权加盟模式，对特许经营发展及特许经营体系的管控所起到的作用和影响都不一样，因此是特许经营的重大战略性决策。

特许经营授权模式选择主要有单店授权、区域授权两种最基本的模式。一般情况下，单店授权容易控制，但是发展速度较慢；区域授权能借助区域加盟商的资源和力量，发展速度快，但是对特许人来说，不容易控制。因此，当特许经营体系处在初期发展阶段时，最好采取单店授权模式，当特许经营体系发展到一定程度、特许人实力较强时，采取区域授权模式，这样能够对特许经营有较好的掌控。

对基本的授权模式进行了选择之后，还需要进一步确定具体的授权方式。比如，确定了单店授权的基本模式后，还有必要结合实际情况确定是普通单店授权还是熟店转让，或者托管特许；如果是区域授权模式，还需要进一步确定是区域开发模式，还是二级特许模式，或者复合特许模式。

当然，在同一个特许经营体系中，可能在不同的市场、对不同的受许人采取不同的特许授权模式。

有关特许经营授权模式的类型，将在本书第 5 章进行详细介绍。

2.2.5 特许经营战略支撑体系

1. 特许经营是一个系统工程

1995 年，乔赢先生在郑州二七广场开了第一家中式快餐店——红高粱。在洋快餐进军中国的号角声中，志在创办民族品牌的中式快餐红高粱一炮打响，很快红遍半个中国。“麦当劳开到哪儿，我就开到哪儿！”这是创始人乔赢的豪言壮语。伴随着知名度的上升，红高粱开始了高速连锁扩张，两年时间先后在深圳、上海等 20 多个城市发展了 50 多家连锁店。但由于企业扩张太快而资金和管理能力准备不足，红高粱陷入资金危机，管理上也趋于失控，各地的连锁店已经无法统一管理，产品质量无法保证，最终导致红高粱在客源流失和资金缺乏的情形下，于 1998 年濒临倒闭。

红高粱在企业还未形成其独特、成熟、有效、系统的经营和管理体系时就急于扩张，使得内存极少、极其脆弱的企业“死机”。从红高粱的失败案例可以看出，特许经营的运作是一个系统工程，即便有良好的发展愿景和战略目标，如果缺乏强大而系统的支撑体系，那么特许经营的战略也难以实现。

2. 特许经营品牌战略支撑体系规划

特许经营的战略支撑体系，也就是通常所说的特许经营运营管理体系，是确保特许经营战略得以实现的管理系统，包括单店运营系统、特许加盟模式、特许经营总部管理系统三大模块。

（1）单店运营系统的设计与规划。对于一个特许经营体系来讲，单店运营系统的设计与规划相当重要，因为成功的单店是特许经营成功的基础。单店运营系统的设计与规划主要分为两个层次：一是单店的盈利模式，即单店作为一个利润中心是如何获得利润的；二是单店的运营模式，即单店的日常经营管理操作流程是怎样的。单店运营系统的设计需要遵循特许经营的 3S 原则进行，使单店的运营容易被加盟者掌握，并且能体现专业化的水平。很多企业在开展特许经营前，已经有了自己的直营店或样板店，在这种情况下进行特许经营，主要是在已有单店的基础上进行经验的总结和提炼。

有关单店运营系统的设计与规划，将在本书的第 4 章进行详细介绍。

（2）特许加盟模式的设计与规划。特许加盟模式是开展特许经营的企业与加盟商之间的合作模式。特许加盟模式的设计与规划往往影响特许经营体系的发展速度及稳定性，因此这个环节很关键。

特许加盟模式的设计与规划主要包含三方面内容：一是采取什么样的特许加盟模式，是单店加盟还是区域加盟，是直接特许还是熟店转让等；二是特许经营授权的具体内容，如商标、商号、经营模式、经营诀窍的使用，产品或服务的专营，特许授权的期限、地域限定等；三是加盟者需要交纳的费用，如加盟费、保证金、品牌使用费、广告基金等。

本书的第 5 章将详细介绍特许加盟模式的设计与规划。

（3）特许经营总部管理系统的设计与规划。特许经营总部是特许经营战略实施的核心组织，是特许经营战略成功的保障。一般来说，特许经营总部管理系统需要设计和规划的内容包括特许经营总部的组织架构、主要的业务流程、支持系统等，包含了推广招商、培训、督导等具体的职能系统的设计和规划。本书第 3、6、7、8 章将详细介绍特许经营总部组织建设、推广招商、培训训练、运营督导等内容。

思考

（1）为什么要进行特许经营可行性分析？

（2）特许经营可行性分析的主要内容是什么？

（3）特许经营战略规划的主要意义是什么？

（4）特许经营战略规划包括哪些内容？

案例分析

馍小皮——从十年十店到两年百店的战略突破

“馍小皮”原名“老吴家”，是以肉夹馍、米皮等陕西小吃为特色的快餐连锁品牌。在创始人的辛勤耕耘下，自 2005 年创业到 2015 年的 10 年间，在河北保定开了 10 家直营门店，在保定市场的陕味餐饮品类中排名榜首。但随着行业市场的变化，门店经营压力越来越大，发展扩张更是裹足不前。经过一年多时间的潜心研究和准备，“馍小皮”走出了一条成功的战略转型之路。

战略变革，重心转向特许加盟

随着餐饮业进入“三高一低”（店面房租高、原材料成本高、人员工资高、门店利润低）的时期，通过研究分析发现，直营门店的投资回报期太长，扩张速度太慢，已不能满足企业和品牌快速发展的需求。为此，“馍小皮”制定了以“产品研发+运营管理+供应链”为核心能力基础，以特许加盟为主导的连锁战略和以京津冀为重心面向全国发展的市场战略。“馍小皮”的发展格局和战略思路一下子打开了。

模式优化，从大而全到小而美

虽然是小吃特色的快餐店，但原有门店并不“小”：大的门店面积近300平方米，小的门店面积也在100平方米上下；产品多达数十个，一个门店投资上百万元。仔细算下来，原有门店的坪效、人效、投资回报率都不高。要让加盟商能赚到钱，得从单店模式调整入手。于是，通过不断优化，“馍小皮”确定了“9个核心产品、60平方米面积、30万元投资额”的标准店型，不仅降低了加盟门槛，也大大提高了加盟店的投资回报率。

发展提速，两年突破百家门店

优化后的单店模型经过多家加盟店试点，取得了良好的经营业绩，“馍小皮”在天津的首家加盟店，更是不到半年就收回了投资。在成功试点基础上，“馍小皮”从2017年开始将优化后的单店模型正式推向市场，截至2018年年底，仅两年时间，加盟店数量已经突破100家。到2019年年底，“馍小皮”门店已遍布北京、天津、河北、辽宁、河南、陕西、福建、安徽等省市，并且准备进军日本市场。

问题：

（1）馍小皮为什么要做特许经营？跟直营连锁相比，特许经营有什么优势？

（2）在开展特许经营之前，馍小皮在模式上做了哪些优化和改进？为什么要做这些优化和改进？

实训

企业实训

（1）从政策、市场、技术、经济等方面对本企业开展特许经营进行可行性分析。

（2）对本企业开展特许经营进行战略规划。

课堂实训

（1）在当地选择一家企业，从政策、市场、技术和经济等方面进行其开展特许经营的可行性分析。

（2）选择一家已经开展或准备开展特许经营的企业，为其进行特许经营战略规划。

第3章

特许经营总部组织建设

美宜佳——基于发展战略的组织变革

美宜佳自1997年成立以来，门店发展以广东为中心，稳步布局全国。至2020年5月，美宜佳连锁店数超过2万家，主要分布在广东、福建、湖南、江西、湖北等15个省市、130个城市。美宜佳于2018年进入苏浙沪地区，形成广东、华中、华东三大发展区域，已成为国内规模最大的特许连锁便利店企业之一。

2016年1月，当门店完全覆盖广东省21个地级市市场后，美宜佳开始从系统、人才、供应链等方面提前布局，为加速全国扩张打下基础。两年时间里，美宜佳首先从基准组织架构开始改革，在广东、福建、湖南等地成立了7个大区，在湖北等地以子公司形式运作，并逐步将总部的经营、管理权下放到大区，使得一线团队掌握更多自主权。

美宜佳从组织体系的顶层设计进行改造，将管理架构明确为“中心/大区—部—课—组”四层职位体系，将总体管控模式聚焦在总部与大区和子公司之间。只有这样，美宜佳才能在人才体系、薪酬绩效优化及股权激励改革等方面逐步调整。

以人才体系为例，美宜佳形成了三大培养机制：

其一是针对门店端的定期训练班，主要以加盟店的店主、店长和店员为主，一般可允许三人同时参加。据了解，门店标准服务流程、门店安全技巧等基础知识，收银机、在线操作、熟食、冷藏项目等操作实践，新数据运营平台、新营销等业务知识及门店经营管理知识、香烟经营等是美宜佳针对门店端给出的培训内容。

其二是针对管理团队引进的“现代学徒制”。整个项目架构分为四层，其中，管理培训生相当于学徒，评估师与合伙店店长充当企业导师，再上一层是内审员，而顶层把控则由美宜佳设置的外审员负责。据美宜佳商学院相关负责人透露，学徒制能够为美宜佳加速全国扩张时不断供给人才，并且在岗位标准、培训教材体系及培养方式等方面逐渐有据可循。

其三是挑选业务骨干进行培训的储备干部训练营，培训内容包括培训能力、下属培养、沟通能力、学习能力、团队管理、领导能力等多个板块，一般需要5个月。按照规划，只要通过储备干部训练营培训的人才，都有可能成为美宜佳的高层管理者。

职业指导

特许经营总部的相关职位

由于特许经营总部需要承担整个特许经营体系的多方面职能，因此也提供了很多工作职位。除了和普通企业一样的行政、人事、财务等工作职位，特许经营总部往往还有如下一些工作职位：

- 负责特许经营推广招商的推广开发专员、推广经理；
- 负责营建管理的营建专员、营建经理；
- 负责运营督导的督导员、督导经理；
- 从事培训工作的培训管理专员、培训经理或培训讲师；
- 负责信息系统管理的IT专员、IT经理；
- 负责商品或原材料采购的采购员、采购经理；
- 负责商品或原材料配送的配送专员、配送经理等。

需要说明的是，特许经营总部的大多数工作岗位，对任职者的专业能力要求相对较高，有的岗位还必须具备相应的工作经验，如督导员，一般需要有1~2年甚至更长时间的门店店长经验才能胜任；再如培训师，除了有良好的口才，还需要具备相应的专业知识和经验。

所以，对大多数大专院校毕业生来说，要进入特许经营总部工作，可以先从总部专业部门的基层员工如开发专员、采购员、营建专员开始起步进行发展。如果想从事特许经营的运营督导管理工作或做一名好的培训师，先在企业经历一段门店经营管理实践，对未来发展一定会有好处。

阅读指南

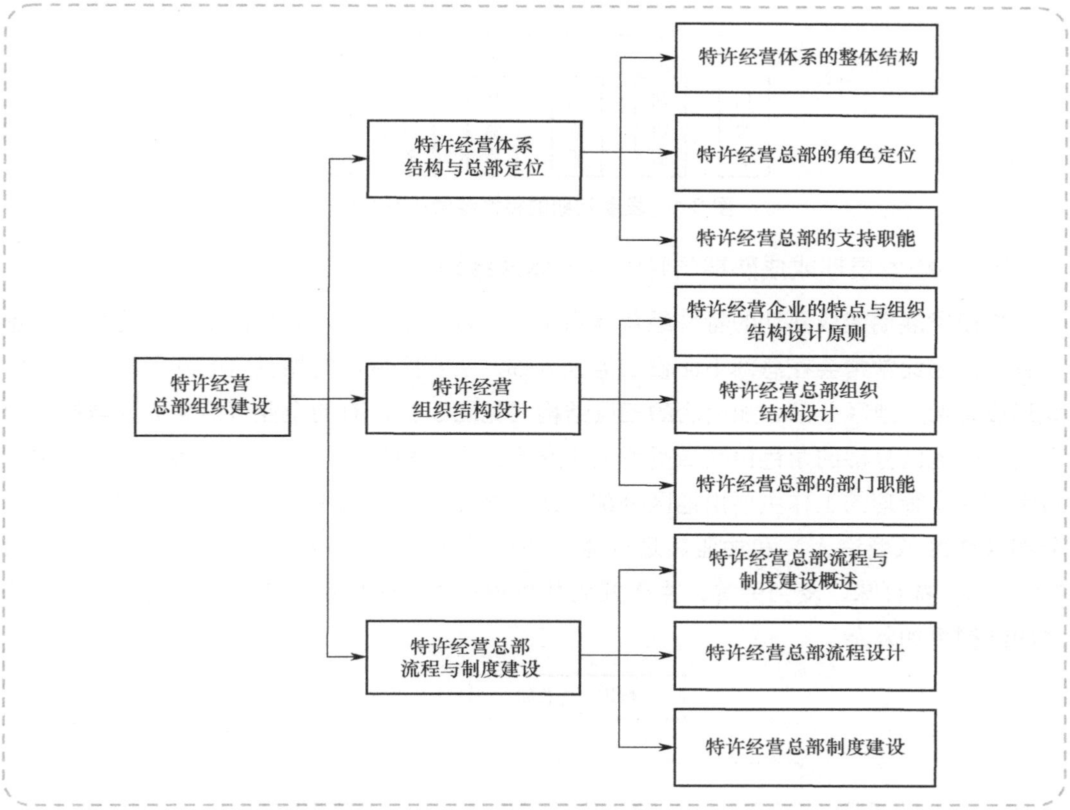

3.1　特许经营体系结构与总部定位

3.1.1　特许经营体系的整体结构

特许经营体系是指由特许人、受许人及相关合作方一起整合形成的相对统一和稳定的经营系统。其中，特许经营总部和加盟店是特许经营体系中基本的组织形态。了解特许经营体系的整体结构，有助于我们对特许经营总部的定位和组织结构设计有更加深刻的认识与理解。

1. 发展初期的特许经营体系结构

发展初期的特许经营体系由于加盟店数量少，涉及的市场区域范围也非常有限，一般只有总部和加盟店两个层次（见图 3-1）。其特点是总部直接与各个加盟店进行沟通，总部直接负责对加盟店进行支持和管理，结构相对比较简单。

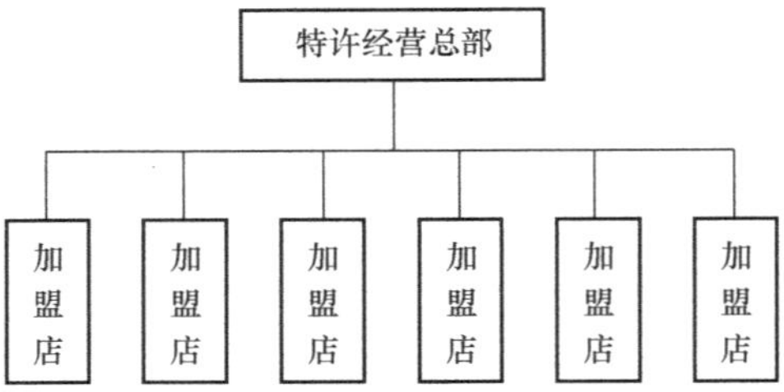

图 3-1　发展初期的特许经营体系结构

2. 规模发展期或成熟期的特许经营体系结构

规模发展期或成熟期的特许经营体系由于店数越来越多，而且市场区域的跨度也越来越大，因此常常会在总部下面设立地区分部，负责区域内的加盟店的开发和管理，由此形成总部、地区分部、加盟店的三层结构（见图 3-2）。有的企业可能采取区域授权的方式，即地区分部的角色由区域受许人来充当。在这种体系结构中，直接对加盟店进行日常沟通和管理的工作主要由地区分部（或区域受许人）来承担，总部主要起到对地区分部（或区域受许人）和加盟店进行监督和指导的作用。一些特大型特许经营体系如 7-Eleven、赛百味、麦当劳等，由于其店数规模巨大、区域跨度非常大，其特许经营体系的结构更加复杂。

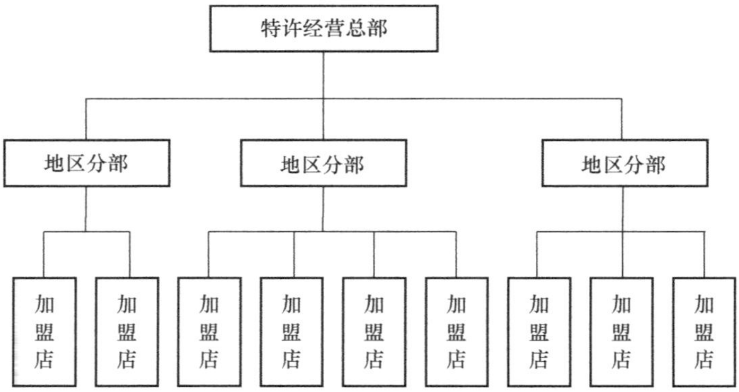

图 3-2　规模发展期或成熟期的特许经营体系结构

3.1.2　特许经营总部的角色定位

特许经营作为连锁经营模式的一种，特别强调总部和加盟店的专业分工与协作。概括地说，特许经营总部在特许经营体系中扮演以下五种角色。

1. 战略总部

特许经营总部应该负责整个特许经营体系的战略规划，制定正确的战略，确保整个特许经营体系健康、快速、有序发展。

2. 管理总部

特许经营总部应该负责整个特许经营体系的全面管理，从战略、品牌、营销、技术、配送、服务等企业经营要素出发，做好企业的全方位管理。

3. 服务总部

特许经营总部给各个加盟店提供标准化、规范化、专业化的服务和支持，使加盟店能给消费者提供及时、有效、超值、满意的服务。

4. 营销总部

特许经营总部通过系统制定营销规划，以便有效建立产品研发、产品制造、品牌传播、营销网络建设、终端促销等系统。

5. 技术总部

特许经营总部通过技术力量的集聚、前瞻性产品研发，确保整个特许经营体系保持强大的市场竞争力。

3.1.3 特许经营总部的支持职能

加盟特许经营之所以比独立开店更容易成功，就是因为在总部和加盟店的专业分工基础上总部能够对加盟店提供强有力的支持。因此，特许经营总部需要特别重视支持系统的建设。一般来说，特许经营总部的支持职能主要包括以下八个方面（见图 3-3）。

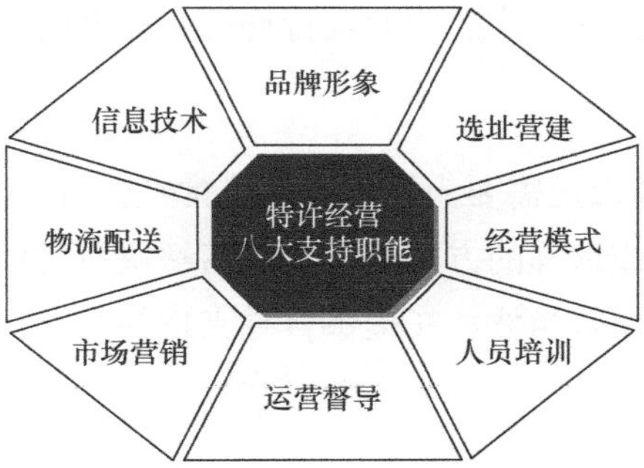

图 3-3 特许经营总部的支持职能

1. 品牌形象支持

对特许人来说，各个加盟店在品牌形象上一致，有利于特许经营品牌形象的塑造和推广，否则，如果没有统一的品牌形象，“千店千面”，很难获得品牌形象上的“规模效应”；对受许人来说，加盟一个特许经营体系，很重要的一点就是能够使用特许人已有的品牌，通过品牌的影响力，使加盟店在当地市场很快获得消费者的认同，以此稳定和提升加盟店的业绩。因此，品牌形象的统一化支持和管理，既是特许人进行品牌推广和管理的重要内容，也是受许人加盟某个特许经营体系的重要需求。

2．选址营建支持

在欧美连锁业发达的国家，在谈到连锁店成功的关键要素时，人们会说“选址、选址、选址”，可见选址对连锁店的重要性。错误的选址极有可能导致连锁店的亏损和失败。在本书的第4章，选址也被列为单店盈利模式的关键要素之一。

成功的选址，需要一个完善的选址调研评估系统，并且需要丰富的经验。而加盟者在这方面既没有足够的技能，也缺乏丰富的经验。因此，特许人有必要为加盟者提供相应的选址支持、指导和评估。有关选址调研评估方面的具体操作内容和方法，将在本书的第6章介绍。

3．经营模式支持

特许经营的核心，就是要开发一套设计科学、流程合理、运转高效、标准化、可以复制的运营系统，以供加盟店使用。例如，麦当劳公司为特许加盟店提供完善的制度支持和标准化管理支持，包括标准化的产品线规范、统一的服务规范，对食品的质量、餐厅清洁度、餐厅经营运作程序及友善礼貌的柜台服务等方面均制定了严格的程序和标准。它的产品、加工和烹制程序乃至厨房布置，都是标准化的，正是由于能够将餐厅的运营管理标准化，所以麦当劳能够将其运营模式在全世界各地的特许加盟店中进行统一复制。

4．人员培训支持

特许经营企业的培训系统是特许经营单店的孵化器，很多大型特许经营企业都会建立自己的培训中心或企业大学，为加盟商及特许经营体系的管理人员提供培训。

5．运营督导支持

除了培训，特许经营总部还需要为加盟店的日常经营管理提供运营督导支持和管理。运营督导主要是通过现场或远程的方式协助加盟店解决日常经营管理上面临的问题，改善和提升加盟店的经营业绩。当然，在提供督导支持的同时，特许经营总部也会对加盟店的经营管理进行必要的监督。

6．市场营销支持

特许经营体系在全国性或区域性的广告促销中具有明显的优势，由于有众多的店铺来分摊广告费用，单店的广告促销费用比独立经营的店铺要低得多。同样，全国性或区域性的联合促销活动，在活动策划、投入费用、活动效果上也能获得更好的效果。因此，提供市场营销支持，也是特许经营支持系统中的主要内容之一。

7．物流配送支持

大多数的加盟店都需要特许人在商品或设备、原材料等方面提供支持，因为通过特许人来进行统一供应和配送，往往比自行采购的成本更低，质量上也更有把握。特别是商品流通型的特许经营体系，物流配送能力应该成为其核心的竞争能力。

8. 信息技术支持

随着市场竞争和技术的发展，信息技术已经成为特许经营体系提升信息沟通和运营管理效率不可或缺的工具。特许经营企业通过信息系统建设和信息技术的优化，能够帮助加盟店更好地把握市场需求、提高运营效率、降低运营管理成本。

3.2 特许经营组织结构设计

组织结构是指对于工作任务如何进行分工、分组和协调合作。组织结构描述了组织的框架体系，就像人类的骨骼确定体形一样，组织也是由结构来决定其形状的。当管理人员在设立一个组织的结构时或对一个组织的结构进行调整和变革时，就是进行组织结构的设计。

3.2.1 特许经营企业的特点与组织结构设计原则

1. 特许经营企业的特点

特许经营企业与一般企业相比，在经营管理上有自身的一些特点，概括地说，特许经营企业的特点主要体现在以下几个方面（见图 3-4）。

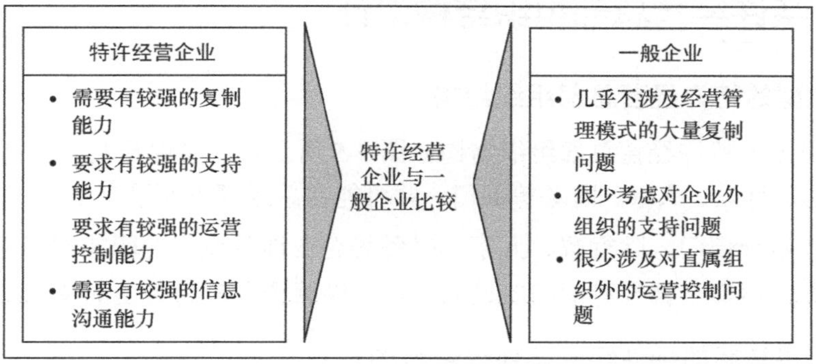

图 3-4 特许经营企业与一般企业的特点比较

（1）特许经营的本质是成熟的单店经营模式的统一化复制，因此特许经营企业需要有较强的复制和扩张能力。

（2）受许人之所以加盟一个特许经营体系，是因为特许经营总部能够提供持续的经营管理支持。因此，特许经营企业需要建立强大的支持能力。在日常经营过程中，加盟店如果得不到总部的支持服务，要么加盟店业绩受到影响甚至关门大吉，要么加盟店离总部而去，自己独立创业或“投靠”其他的特许经营体系。

（3）在特许经营体系中，加盟店与总部具有平等的民事主体资格，双方的关系属于合同关系，而不像直营连锁，直营店隶属于总部。这种合同关系，加上特许加盟店数量众多，这就要求特许经营总部需要具备强大的运营控制能力，否则很难对庞大的特许经营网络进行有效的管理。

（4）在特许经营体系中，总部与加盟店是紧密的合作关系，总部需要对加盟店进行指导、支持和监督，在此过程中，需要总部有较强的信息沟通能力。

2. 特许经营企业组织结构设计原则

（1）服务战略原则。企业战略决定组织结构，组织结构是企业用来达到组织目标的一种手段。由于组织目标是由组织的总体战略决定的，因此组织结构应该服从企业战略。

（2）业务特点原则。进行组织结构设计，必须结合业务特点明确哪些工作是由企业自身完成的。企业自身要做的工作内容越少，组织结构可能就越精简。

（3）集权分权原则。需要考虑什么工作内容集中在总部完成，什么工作内容可以由地区分部完成，什么工作内容可以下放到加盟店层面完成，注意必须把战略性、统筹性的管理工作集中到总部。

（4）管理幅度原则。组织管理需要分几个层面来完成，管理幅度和组织规模成正比关系，一般企业规模越大，管理幅度越大。

（5）责权对等原则。也就是说，在设计组织结构时，要考虑部门或岗位所承担的责任与拥有的权力保持平衡。

3.2.2 特许经营总部组织结构设计

1. 典型的特许经营总部组织结构

较为典型的特许经营总部组织结构如图 3-5 所示，一般设开发、营建、营销、培训、督导、配送、行政、人事、财务等部门，并可能在总经理下面设有 2～3 个副总经理职位来分管以上数个部门。除行政、人事、财务等企业通常设立的职能部门外，与一般企业相比，开发、培训、督导等部门的设立是特许经营企业较为突出的特点。

2. 发展初期的特许经营总部组织结构

特许经营发展初期，由于还处于尝试和探索阶段，加盟店发展速度不会很快，管理的店数很少。因此，这一时期的特许经营总部的组织结构往往比较简单（见图 3-6），主要体现在两个方面。

一是相对成熟的特许经营企业，其部门设立较少，有很多职能是合并在一起的，如开发部负责推广、选址、营建等加盟店开发和建设的所有工作，运营部则负责对加盟店后期的督导、营销策划支持等，有的发展初期的特许经营企业甚至将培训职能也放在运营部。

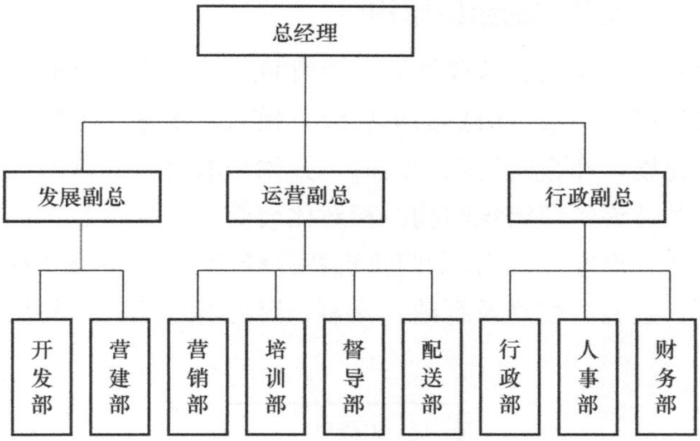

图 3-5　较为典型的特许经营总部组织结构

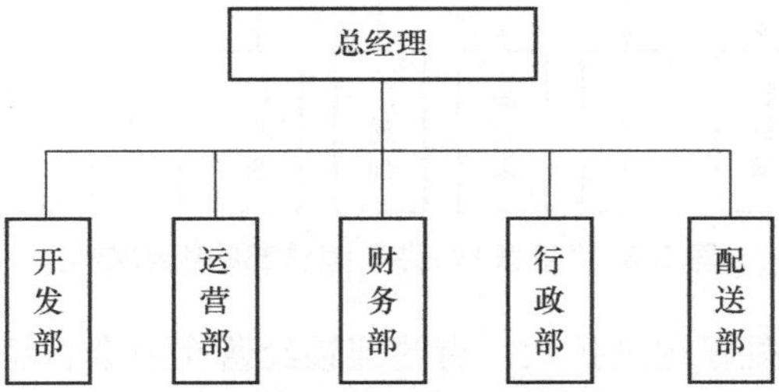

图 3-6　发展初期的特许经营总部组织结构

二是管理层级少，常常是各个部门负责人直接向总经理汇报工作。

发展初期的简约型组织结构，对特许经营企业来说，具有经济性、灵活性、高效性的特点，但同时存在经营管理粗放、专业化程度不高、精细化程度不够等问题，与成熟的管理体系建设还有较长的距离。因此，随着特许经营体系的发展，对其组织结构也需要进行不断变革和完善，趋势是部门的专业化分工越来越明细。由于分工越来越细化，管理幅度也在增大，因此管理的层次也会增加（见图 3-7）。

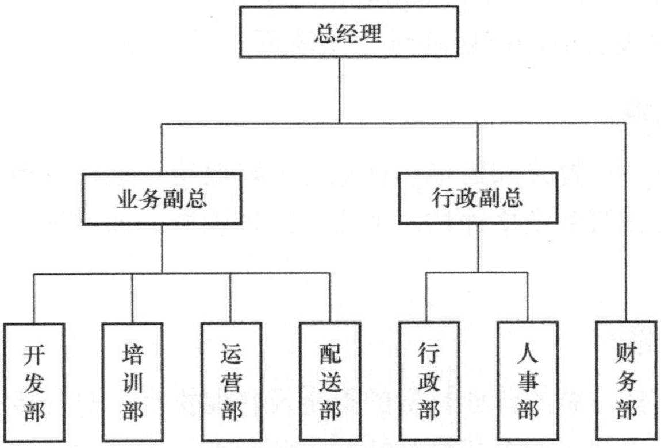

图 3-7　发展中的特许经营总部组织结构

3.“直营+特许”型总部的组织结构

很多连锁经营企业，既有直营连锁店，也有特许连锁店。有的连锁企业，当其直营连锁发展到一定的程度，形成了成熟的单店经营模式，积累了丰富的单店经营管理经验后，为了加快发展速度，在直营连锁的同时，开始采取特许经营的形式进行发展。这种具有直营连锁基础的特许经营组织结构，相对比较简单，往往是在原有的直营连锁组织结构基础上增加一个特许经营部门，专门负责特许经营的发展和相应的一些管理工作（见图 3-8）。而在培训、运营、配送及行政、人事、财务等方面，则与原有的直营连锁体系进行共享。

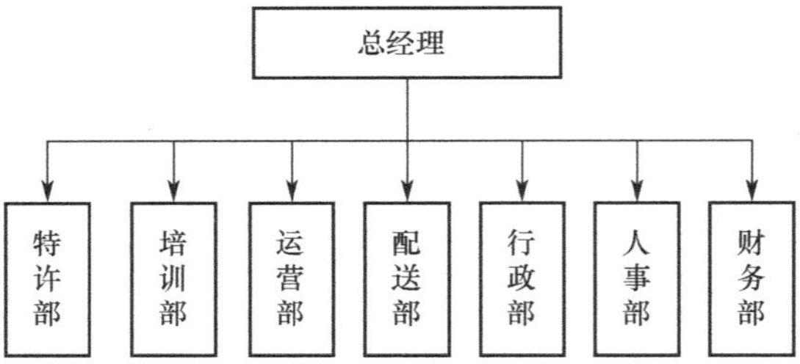

图 3-8 “直营+特许”型总部的组织结构

随着特许经营业务规模逐渐扩大，有的连锁经营企业会将特许经营业务作为独立的事业部进行管理，成立专门的特许经营中心或特许经营公司，专门负责特许经营业务的发展和管理。这个时候，特许经营中心或特许经营公司的职能相应地也需要进行完善。但在培训、配送等方面，往往还是与直营连锁系统进行共享。

3.2.3 特许经营总部的部门职能

在明确了特许经营总部的组织结构之后，需要进一步明确特许经营总部的部门职能。以下是特许经营总部主要部门的职能描述。从规范的角度，部门职能可以如表 3-1 所示，采用部门职能说明书的形式来进行表述。这样，一个部门的定位、主要职能、兼管职能、部门岗位设置等均能够通过一张表而一目了然。

1. 开发部的职能

开发部的职能包括：特许加盟推广计划与策略制定；选址标准、设备标准和投资标准制定；加盟推广与加盟商资格评估；加盟店选址调查；商圈评估；加盟店开店前期支持指导。

2. 运营部的职能

运营部的职能包括：总的营业目标的拟定及督促执行；对分店的经营进行监督和指导；编制营业手册并监督、检查其执行情况；营业督导人员调配及工作分派；分店经营情况及合理化建议的反馈与处理。

表 3-1　某特许经营企业采购部职能说明书示例

部门名称	采购部	部门负责人	采购部部长	直接上级	总经理
岗位设置	岗位名称		岗位编制		
	1．采购部部长		1		
	2．采购部副部长		2		
	3．业务员		5		
部门使命	负责新商品、新项目的开发和引进，商品的补充、退换，以及商品资料的维护和商品配送、调拨				
主要职能	1．商品引进及促销 • 确定商品定位取向，开发引进适销商品 • 通过市场调研，把握市场动态，及时调整商品结构 • 负责确定、调整商品在各分店的陈列位置，提高商品展示度 • 根据市场需求，组织、审核、落实商品促销活动，跟踪促销效果，提高市场竞争力 2．商品配送和补货 • 跟踪分店销售情况及配送中心的配送信息，及时补充货源 • 及时处理滞销、坏损商品 • 加强与分店的沟通和协调，及时传递和反馈信息 3．库存管理 • 科学管理库存商品，保证库存商品安全，质量合格，数量准确 • 负责配送中心商品货源的补充，保证商品的合理库存，加快库存周转速度 4．供应商管理与商品资料维护 • 做好供应商管理和供应商关系维护工作 • 负责采购部与分店、配送中心及供应商之间的信息沟通 • 负责商品资料的维护，保证商品资料信息的准确性 • 跟踪、分析商品销售数据，为业务决策提供依据				
兼管职能	略				

3．培训部的职能

培训部的职能包括：培训内容规划和设计，培训手册的编制和修订；总部和加盟店人员具体培训组织、实施和考核；培训师资队伍建设、自身能力建设和提高。

4．采购部的职能

采购部的职能包括：商品组合策略的制定及执行；商品价格策略的制定及执行；商品货源的把握、新产品开发与滞销商品淘汰；配送中心的经营与管理。

5．配送部的职能

配送部的职能包括：配送物流制度制定及执行；配送物流中心总部的基本规划和建设；与外部供应厂商和各分店的产品物流配送。

6．营销部的职能

营销部的职能包括：分店商品配置、陈列设计及改进；促销策略的制定与执行；企业广告、竞争状况调查分析；企业形象策划及推出；公共关系的建立与维护；新市场开拓方案及计划的制订。

7．行政部的职能

行政部的职能包括：企业组织制度的确定；人事制度的制定及执行；员工福利制度的制定与执行；人力资源规划的制定，人员招聘和培训；奖惩办法的拟定及执行；企业合同管理及企业权益的维护。

8．财务部的职能

财务部的职能包括：融资、用资、资金调度；编制各种财务会计报表；审核凭证、账务处理及分析；每日营业核算；发票管理；税金申报、缴纳，年度预决算；会计电算化及网络管理。

3.3 特许经营总部流程与制度建设

3.3.1 特许经营总部流程与制度建设概述

1．流程与制度建设对特许经营企业的意义

对特许经营企业来说，制度和流程的作用主要是为了实现企业管理的精细化、规范化，指导员工日常工作行为，加强部门与部门、员工与员工之间的沟通协作。因此，可以说，制度和流程建设的目的是要把企业打造成一台自动运行的机器，以此提高运营效率。

2．特许经营企业流程与制度建设的原则

（1）科学化原则。流程与制度的建设应以现代管理理论为基石，要具有一定的理论基础。

（2）适用性原则。流程与制度建设之前要对特许经营体系内部情况进行详细调研和分析及人员访谈，其适用性和针对性要强。

（3）发展性原则。流程与制度的建设不仅着眼于特许经营体系现有管理问题的解决，还考虑到以后特许经营体系管理方法、管理制度的改进空间问题，在这个制度框架下，特许经营总部可以实现制度和流程的不断完善和自我升级。

（4）经济性原则。企业在流程与制度的建设中执行成本最低。

3.3.2 特许经营总部流程设计

特许经营企业的流程一般可以分为战略流程、管理流程、业务流程三大类（见表3-2）。

1．战略流程

战略流程包括特许经营战略、信息、计划、创新、品牌、企业文化等方面的流程。

表 3-2　特许经营企业流程分类

流程分析	具体流程
战略流程	战略/信息/计划/创新/品牌/企业文化
管理流程	技术研发管理
	人力资源管理
	财务会计管理
	行政后勤管理
业务流程	推广/开发/选址/营建/培训/运营/营销/服务/采购/仓储/配送

2. 管理流程

管理流程包括技术研发、人力资源、财务会计、行政后勤管理等方面的流程。

3. 业务流程

业务流程包括特许经营体系的推广、开发、选址、营建；特许经营体系的培训、运营、营销、服务；特许经营体系的采购、仓储、配送等方面的流程。在特许经营体系中，最常用的流程包括推广流程、选址流程、培训流程、运营督导流程等。

在以上流程分类中，战略流程决定业务（经营）流程的方向，管理（保障）流程是战略流程和业务流程的基础。

为了让流程能够清晰明了，不管是战略流程、管理流程还是业务流程，均可以采用流程图来表示（见图 3-9）。

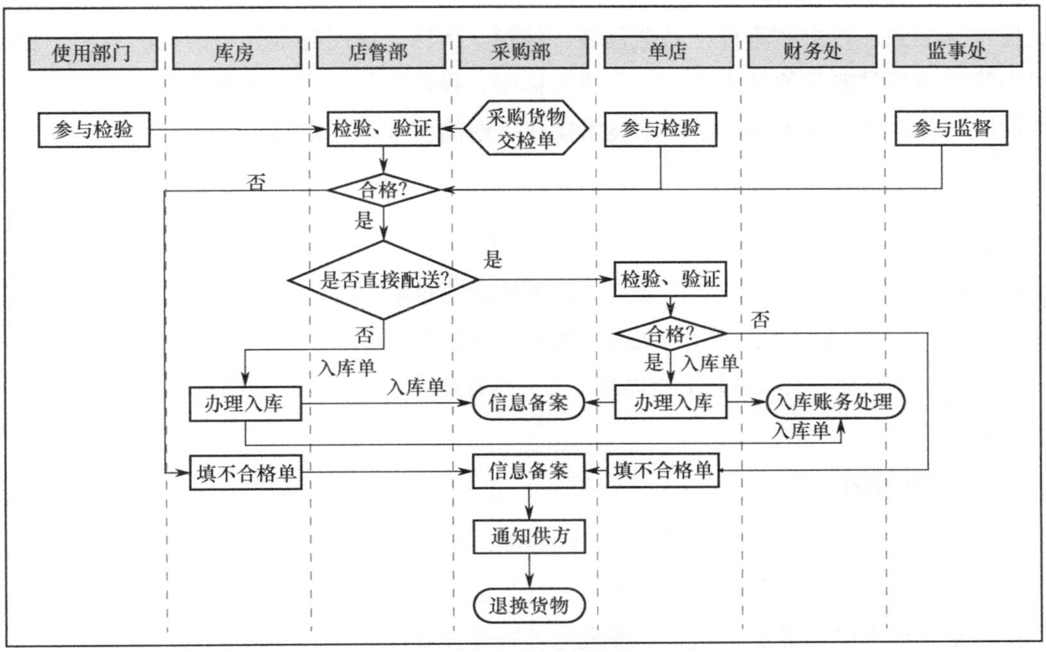

图 3-9　某特许经营企业采购商品入库流程

3.3.3 特许经营总部制度建设

特许经营企业的规章制度包括以下五种类型。

1．基本制度

特许经营企业基本制度是企业的“宪法”。它是企业制度规范中带有根本性质的、规定企业形成和组织方式、决定企业性质的基本制度，主要包括企业的法律财产所有形式、企业章程、董事会组织、高层管理组织规范等方面的制度和规范。

2．管理制度

管理制度是对特许经营企业管理各个基本方面规定活动框架、调节集体协作行为的制度。管理制度是比企业基本制度层次略低的制度规范。它用来约束集体性行为的成体系的活动和行为规范，主要针对集体而非个人。例如，特许经营总部与加盟店之间的责任和相互间的配合协调关系；各项专业管理规定（如加盟管理、培训管理、督导管理、人力资源管理、财务管理）；信息沟通等方面的制度。在特许经营体系中，这些管理制度一般最终以手册化的文本形式出现，如《特许经营培训管理手册》《特许经营督导管理手册》《特许经营发展管理手册》。

3．技术规范

技术规范是指涉及某些技术标准、技术规程的规定。技术规范涉及内容很多，从各类技术标准到工艺生产流程，乃至包装、保管、运输、使用等都具有内在的规律。企业组织管理中经常涉及的技术规范，主要有标准、操作规程、生产工艺流程等。同样，在特许经营体系中，技术规范常常以技术操作手册的文本形式出现。

4．业务规范

业务规范是指针对业务活动过程中那些大量存在、反复出现，又能摸索出科学处理办法的事务所制定的作业处理规定。业务规范所规定的对象均具有可重复性特点。业务规范多为定性的，程序性强，是人们用来处理常规化、重复性问题的有力手段。业务规范大都有技术背景，以经验为基础，是概括和提高了的工作程序和处理办法，如服务规范、业务规程、操作规范等。

5．行为规范

行为规范是专门针对员工行为制定的规矩，如员工行为品德规范、劳动纪律、仪态仪表规范等。行为规范是所有对员工个人行为起制约作用的制度规范的统称。它是特许经营企业组织中层次最低、约束范围最宽的基础性制度规范。特许经营企业常常将有关员工行为规范的相关规定编制成《员工行为规范手册》或《员工手册》。

思考

（1）特许经营体系的基本结构是什么样的？特许经营总部在特许经营体系中的角色和定位是什么？其主要有哪些职能？

（2）特许经营组织结构设计的基本原则和考虑的主要因素有哪些？

（3）和一般企业相比，哪些部门在特许经营企业中属于比较重要的部门？

（4）为什么支持系统对特许经营企业很重要？一般来说，特许经营总部需要对加盟店提供哪些方面的支持？

（5）为什么要进行特许经营企业总部的流程和制度建设？流程和制度建设主要有哪些内容？

案例分析

来伊份：基于全渠道平台的组织体系

来伊份创立于 1999 年，是国内休闲食品行业专业的品牌和全渠道运营商，于 2016 年 10 月 12 日在上海证券交易所成功上市。截至 2019 年年底，全国拥有超过 3 000 家门店（包括直营店和加盟店），通过线下连锁门店、线上电商和移动 App、特通渠道全渠道一体化网络，满足消费人群随时、随地购买安心、好吃的零食需求。

基于全渠道的公司组织体系

基于全渠道战略和商业模式，来伊份搭建了互联网、运营发展、供应链、品牌四大系统（事业群），并建立了企业大学、人力行政、财务、消费者研究院等支持体系。

企业信息化架构

IT 网络技术在来伊份全渠道管理中扮演着重要的角色。基于全渠道商业模式和组织体系，来伊份建立了完善的信息化系统，有效提高了运营管理效率。

来伊份通过搭建全渠道技术支持平台，实现以消费者为中心的线上、线下全渠道销售和服务。消费者还可以与来伊份进行互动，对门店的服务、环境、营业员及商品进行评价，打造以消费者为核心的新生态环境。

来伊份还建立了自己的移动应用中心，有移动 OA 应用、手机邮件、移动监控系统、移动绩效报表查询、移动店铺管理系统、移动网络会议、移动即时聊天等应用，各级员工可以在任何时间、任何地点、任何方式开展办公审批、业务管理和沟通交流，大大提高了工作效率。

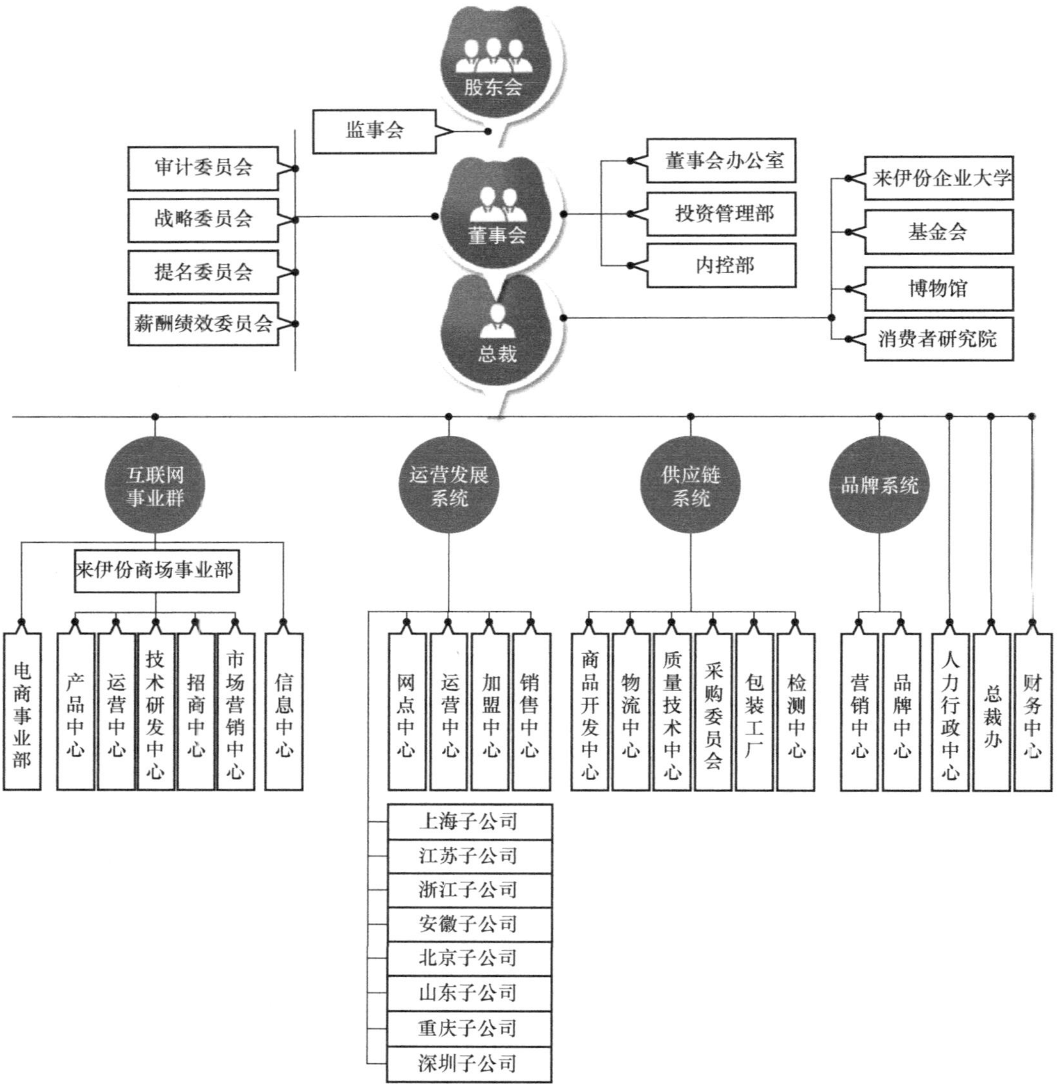

来伊份通过PC、手机、网页、App、微信等多种远程视频巡店方式，可帮助督导、区域经理、城市经理、运营总监实时了解门店运营员运营标准执行情况，间接提升了销售业绩，提升了门店管理效率，降低了督导的人工投入，为运营体系带来了实际的帮助。

问题：

（1）认真阅读上述信息资料，请你分析来伊份总部的组织架构有什么特点，各个部门分别承担什么功能？

（2）来伊份的企业信息化系统建设对连锁企业管理有什么好处？对你有什么启发？

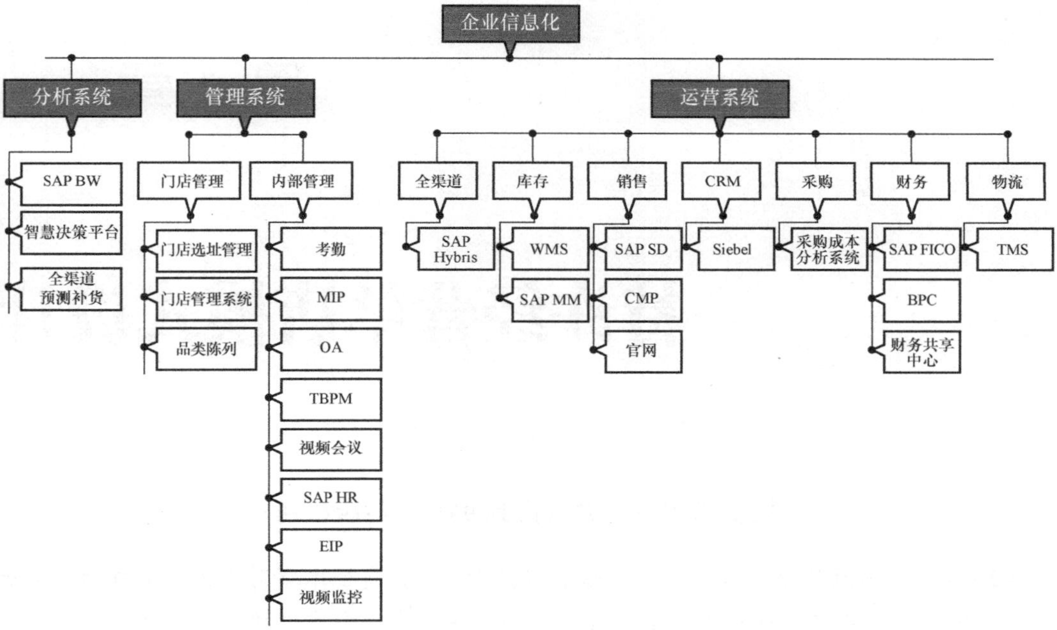

实训

企业实训

根据本企业的业务特点、发展战略、发展阶段设计特许经营的组织架构，并描述主要部门的职能。

课堂实训

（1）实训题目：特许经营总部组织结构设计。

（2）实训目的：掌握特许经营总部组织结构设计的一般方法。

（3）实训要求：联系一家已经开展或将要开展特许经营的企业，通过调研后根据其企业的业务特点、发展战略和阶段为其设计特许经营的组织结构，并描述主要部门的部门职能。

（4）实训结果：按照实训要求的内容，提交一份特许经营企业组织结构设计方案，包括组织结构图、主要部门的部门职能描述。

第 4 章

特许经营单店模式设计

同城酒库——如何做到 95%的门店盈利

2014 年同城酒库第一家门店在太原正式开业时，正是资本驱动下的酒类电商黄金时代。两年之后，烧钱模式难以为继，资本热潮退去，众多酒水电商纷纷倒闭离场。同城酒库在艰难的市场环境中存活下来，到 2019 年年底门店已达到 120 余家，并计划到 2021 年门店突破 400 家。

同城酒库采取直营与加盟两条腿走路的扩张模式，但其加盟模式采取的是最“笨”的直管式加盟，即加盟商只需提供资金无须从事运营，所有门店运营的“累活、脏活”全由总部来负责。在酒水零售行业，不论“重资产”（直营模式）还是“重经营”（直管模式），都面临巨大挑战，因为传统烟酒店的房租、人力成本都比规模化运营的要低很多。在此背景下，同城酒库研究探索最多的就是“如何让一家店盈利”。历经 5 年，同城酒库走出一条酒水零售盈利之路。

到目前为止，这一套模式让 95%的门店实现盈利，单店营收最高破 2 000 万元，县级市以上单店营收可达七八百万元，区县也有三四百万元；新店首年营收二三百万元，店日均流水也超一万元。

零售新模式

从模式上来看，同城酒库采取的“线上+线下”的新零售模式。线上下单，线下配送。门店即仓库，店员也是送货员。同城酒库推出了 19 分钟内送达服务，通过其自有“闪送”App、微商城、微信小程序、第三方平台美团外卖、饿了么、京东到家及呼叫中心等方式，在同城酒库订购酒水一次性消费满 99 元即可享受全城免费配送服务，全城市区范围内 19 分钟即可送达。现在，同城酒库每日订单超过 3 000 单，日配送订单已突破 1 500 单。

顾客变会员

在同城酒库看来，提升营收规模仅靠自然流量必然不行，必须和顾客建立更深的黏合度。因此，同城酒库建立了线上线下全渠道打通的会员体系，在总部的组织架构上设立了专门的会员服务、会员运营的部门，在会员信息系统方面每年投入大量资金。通过这些措施，将顾客转化为会员，提升服务体验，加强会员黏性，以此提高会员的客单价、复购率。截至 2019 年 9 月，同城酒库会员数量已突破 70 万人，每月以 3 万～4 万人的会员数量递增，平均每月活跃会员达 10 多万人次。

供应商同盟

同城酒库经营的商品包含白酒、啤酒、洋酒、葡萄酒、饮品、香烟六大品类，共计 1 000 余种 SKU。与其他零售连锁企业收取供应商进场费、货架费并占压资金等惯常做法不一样的是，同城酒库会减免各类进场及固化的运营费用，不占用供应商资金，但要求供应商提供最低供货价格。同城酒库为供应商建立的“秒结系统”也即将上线，供应商可以免费在 App 中实时看到每个门店的销售情况，每天都可以进行结算。以此为基础，供应商可以在所有门店中的陈列、地推、外拓等多个节点，选择性地投入费用去运营产品。

选址须谨慎

门店店址占据门店最大的固定费用支出，也是影响门店营收的关键要素之一。因此，同城酒库的选址工作要求特别细致，需要拓展部初步甄选，运营部根据各种标准进行核算，如果双方意见不能达成一致，还需仲裁部门投票决策，最终运营过程中由数据进行考核。

门店合伙人

在同城酒库，店长不只是员工，更是经营者，店长为门店经营合伙人，不做任何资金投入，个人收入与单店净利润挂钩，每年可以拿到门店年终经营分红的 10%，只为激发出经营者的更多能量。此外，同城酒库还实行“二八分润”制度，将 20%的利润反哺到门店，用作门店的经营拓展经费。

数据化支持

同城酒库建立了店铺盈利的数据模型，“每天的成本、主被动获客率、复购率、客单价”，所有的运营都围绕着这些数据，而且更关注这些数据的后期变化，因为“它们决定了门店未来的盈利水平”。同城酒库在信息化、数字化建设上投入巨资，因为同城酒库深谙“没有数据系统就没有数据运营，不做数据运营就无法实现更高的人效和品效”。

职业指导

店长是一个很好的起点和平台

一个优秀的店长决定了一个门店经营管理的好坏。在特许经营体系中，由于发展速度快，加盟店和直营店对店长的需求量都很大。店长岗位也是进入特许经营企业工作的一个很好的起点和平台。

那么如何才能做好一个店长呢？作为店长，一般来说需要具备以下素质和能力：

（1）具有良好的职业道德、强烈的责任心和事业心。

（2）具有较强的综合管理能力，能够带领门店人员实现良好的经营业绩。

（3）具有一定的单店经营管理经验，熟悉门店的各项规范和操作方法。

从以上要求看，做好一个店长，在道德理念、能力、经验上均具有较高的要求。作为在校大学生，除了学习理论知识，还可以通过各种社会实践如在麦当劳、肯德基兼职做小时工，积累工作经验。

阅读指南

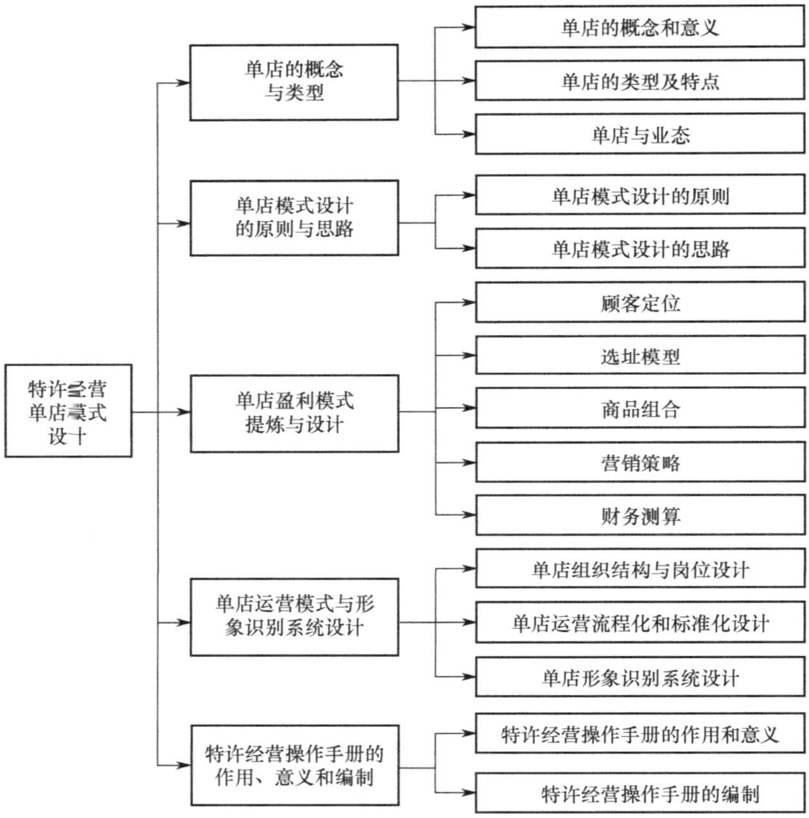

4.1 单店的概念与类型

4.1.1 单店的概念和意义

1. 单店的概念

单店是指在连锁经营或特许经营体系中，向顾客直接提供产品或服务的基本经营单元，是与总部相对应的一个概念（见图 4-1）。

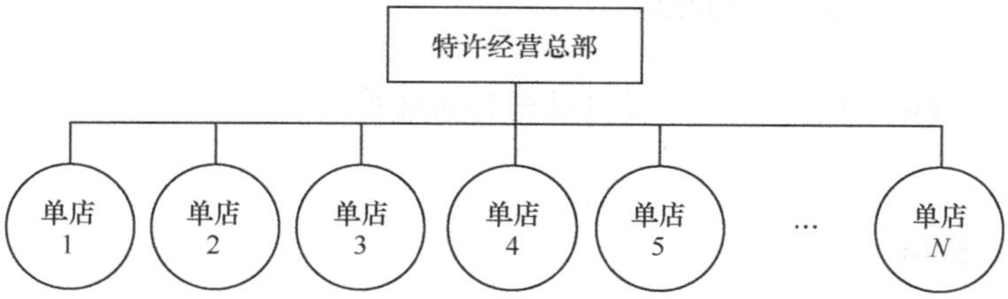

图 4-1　特许经营体系的基本构成

根据《商业特许经营管理条例》，特许经营的核心是注册商标、企业标志、专利、专有技术、经营模式等经营资源的授权使用，并且受许人是按照统一的经营模式来使用这些经营资源的。这个统一的经营模式，就是单店经营模式。

在不同的行业、不同的特许经营体系中，经营模式也有所不同，因此单店的形态也多种多样。单店可以是传统零售意义上像超市、便利店、专卖店这样的实体店铺；也可以是一家制造工厂，如可口可乐的装瓶厂；也可以是服务领域中的餐厅、酒店、美容院、电影院、医院、学校或一家服务中介机构。

2．单店意义

单店在特许经营体系中具有重要地位，单店的数量通常作为考察一个特许经营体系规模及发展速度的基本指标。单店数量越多，特许经营体系的规模就越大；单店数量的增速越快，特许经营体系的发展速度就越快。单店在特许经营体系中所扮演的角色，主要包括三个方面：特许权载体、创造利润者和品牌窗口。

（1）特许权载体。受许人在获得特许人的商标、企业标志、专利、专有技术等经营资源的授权后，必须借助一定的商业经营模式或载体去实践这种授权，以获取实际收益。这种由特许人事先统一规划设计好的商业经营模式或载体就是单店模式，因此，这个时候单店就成了特许经营权的载体。

（2）创造利润者。在整个特许经营体系中，单店是直接面对最终顾客的基础经营单元。特许经营体系通过单店的运营管理，向顾客提供商品或服务，从而获取利润。因此，单店是特许经营体系中利润的主要创造者和实现者，如果单店不能创造利润，则意味着整个特许经营体系也没有利润来源。

（3）品牌窗口。在特许经营体系中，单店直接面对市场和顾客，为顾客提供商品或服务，顾客主要是从单店提供的商品和服务的过程中来了解、认识和体验这个品牌的。因此，单店是特许经营品牌的窗口，单店的一切经营管理活动都在影响顾客对这个品牌的认知。

4.1.2 单店的类型及特点

根据单店的形态不同，单店一般可以分为流通型单店、服务型单店、生产型单店和综合型单店。

1. 流通型单店

流通型单店是指以有形商品分销为主导业务的经营单元。一般来说，流通型单店又可以分为批发型单店和零售型单店，还有批零兼营型单店。

（1）批发型单店以零售商为客户，不直接与最终顾客进行交易，如耐克的特许生产商等。

（2）零售型单店是直接面向最终顾客进行商品销售的经营单元，也是消费者经常能接触到的单店类型，如我们经常看到的便利店、超级市场、百货商店、书店、电器专卖店、服装专卖店等。零售型单店的利润主要来自商品的销售，因此特别注重店址的选择、店面形象和卖场环境设计、商品陈列和顾客服务等。

2. 服务型单店

服务型单店是以提供服务为主要业务的单店类型，如美容院、酒店、体检中心、医院、房屋中介、家庭装修等。服务型单店又分为坐店服务型和流动服务型两大类。

（1）坐店服务型单店主要是在店内向顾客提供服务。酒店、修理、洗衣、美容美体、教育培训、汽车养护、医疗体检等行业中主要是坐店服务型单店。和零售型单店一样，坐店服务型单店通常注重选择商圈和店址，注重店面形象和服务环境设计，并重视对顾客的服务管理。

（2）流动服务型单店是以上门或流动的方式向顾客提供服务。在家庭装修、商务清洗、家庭服务、房屋设备安装等行业中，大多是流动服务型单店。相对于零售型单店和坐店服务型单店而言，由于服务的提供主要是在客户的住所，这类单店往往对自身办公场所选址及环境的要求没有这么高，主要注重的是客户的开发及对客户的服务管理。

3. 生产型单店

生产型单店即以产品生产、加工为主导业务的单店类型，如可口可乐的装瓶厂、奥运会商品特许生产企业等。

4. 综合型单店

所谓综合型单店，就是在经营过程中，包括了生产、零售或服务等两个以上环节的单店。常见的综合型单店主要有以下三种。

（1）生产＋零售型单店，指在店内既生产、加工产品又销售产品的单店。例如，糕点房就是生产＋零售型的单店形态，既自己制作糕点，又销售糕点。

（2）零售＋服务型单店，指在店内既销售产品又提供有偿服务的单店。例如，雅芳的很多化妆品专卖店既销售产品又提供有偿服务；一些汽车品牌的 4S 店既负责汽车整车和配件销售，又提供汽车维修的有偿服务。

（3）生产＋零售＋服务型单店，指在店内既生产、加工产品，又销售产品并提供相关服务的单店。例如，大多数餐饮店实质上是生产＋零售＋服务型的单店形态，餐饮店的厨房负责为顾客制作食品后销售给顾客，在餐厅为顾客提供相关服务或为顾客送餐上门，其整个经营过程包括生产加工、零售和服务三个环节。

4.1.3　单店与业态

1. 业态的概念

所谓业态，是指为满足某一特定目标顾客需求，组合全部营销要素而形成的营业形态。业态一词源于日语汉字词汇，翻译成英文为“Type of Operation”，原意指零售店铺营业形态，如百货店、超市、便利店、专业店等都属于零售业态之一。

了解业态的概念，还需要和业种概念进行区分。所谓业种，是指零售商业的行业种类，通常以商品的种类来进行区分。例如，百货公司有服饰、日用品、食品等，其中服饰又分男装、女装、童装等，这些分类即业种的分类。

现在，业态概念的应用已经不再局限于零售业，延伸到了服务业，如人们常说的餐饮业态、服务业态等。

2. 业态和单店的关系

从业态的基本概念可以看出，所谓业态，实际上就是单店模式的基本形态。不同的业态表明其单店模式存在明显的差异。比如，超市和便利店在店铺选址、卖场布局、商品结构、服务方式、价格策略上就有明显的差别。超市和便利店都卖食品，但食品类商品的品种、价格可能都不一样。其根本原因就在于超市是为满足日常生活需要，而便利店是为满足日常便利性的需求。

虽然业态与单店之间存在密切的关系，但是，即便处于同一业态，不同企业或不同的特许经营体系之间，在单店经营模式上仍然存在差异。比如，同样是便利店，7-Eleven 和全家便利在商品服务结构就有差异；同样是家电连锁，国美电器和苏宁电器在单店选址和经营策略上也有差异。

尽管属于同一业态的不同企业或连锁（特许）体系的单店模式仍然存在巨大差异，但了解业态的基本特征，以及业态与单店的关系，有助于我们在单店模式设计、单店运营管理及模式创新上寻找基本的规律。

零售业态分类

2004 年 10 月 1 日，我国开始实施新的零售业态分类标准（GB/T18106—2004）。零售业态从总体上可以分为有店铺零售业态和无店铺零售业态两类，具体分为 12 种零售业态。

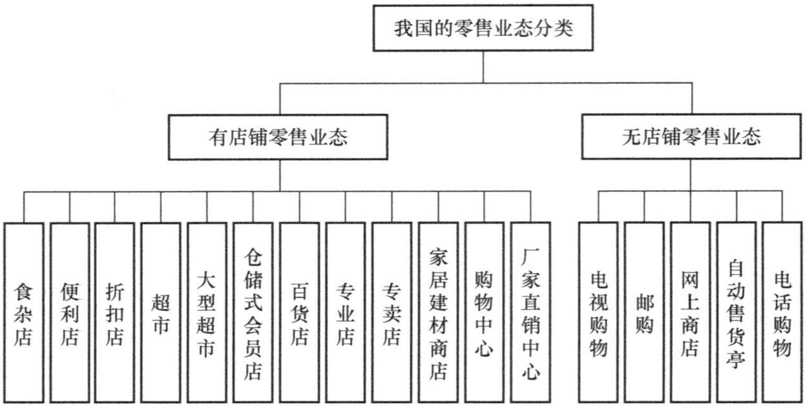

- 食杂店：以香烟、酒、饮料、食品为主，独立、传统的无明显品牌形象的零售业态。
- 便利店：以满足顾客便利性需求为主要目的的零售业态。
- 折扣店：店铺装修简单，提供有限服务，商品价格低廉的一种小型超市业态。拥有不到 2 000 个品种，经营一定数量的自有品牌商品。
- 超市：开架售货，集中收款，满足社区消费者日常生活需要的零售业态。根据商品结构的不同，可以分为食品超市和综合超市。
- 大型超市：实际营业面积在 6 000 平方米以上、品种齐全、满足顾客一次性购齐的零售业态。根据商品结构，可分为以经营食品为主和以经营日用品为主的大型超市。
- 仓储式会员店：以会员制为基础，实行储销一体、批零兼营，以提供有限服务和低价格商品为主要特征的零售业态。
- 百货店：在一个建筑物内经营若干大类商品，实行统一管理、分区销售，满足顾客对时尚商品多样化选择需求的零售业态。
- 专业店：以专门经营某一大类商品为主的零售业态。例如，办公用品专业店、玩具专业店、家电专业店、药品专业店、服饰店等。
- 专卖店：以专门经营某一主要品牌商品为主的零售业态。
- 家居建材商店：以专门销售建材、装饰、家居用品为主的零售业态。
- 购物中心：多种零售店铺、服务设施集中在由企业有计划地开发、管理、运营的一个建筑物内或一个区域内，向消费者提供综合性服务的商业集合体，包括社区购物中心、市区购物中心、城郊购物中心。
- 厂家直销中心：由生产商直接设立或委托独立经营者设立，专门经营本企业品牌商品，并且多个企业品牌的营业场所集中在一个区域的零售业态。

餐饮业态分类

至今，我国的餐饮业态尚无统一的标准。餐饮行业的业态大致可以分为快卖店、小吃店、专卖店、快餐店、休闲餐饮店、自助餐饮店、团膳 11 种。

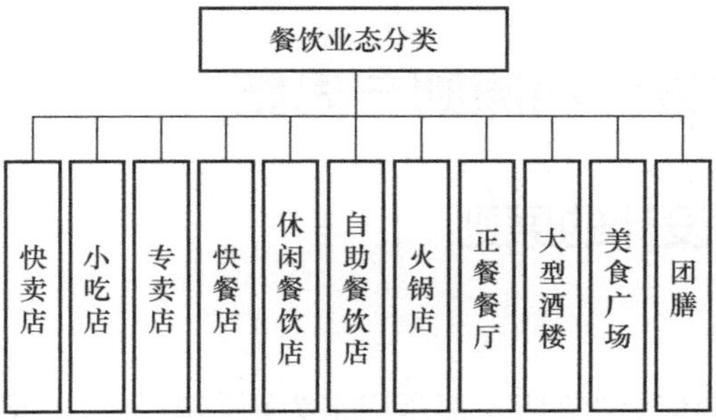

- 快卖店：以柜台式销售为主的餐饮食品零售店。这类餐饮店经营面积非常小，小的不到 3 平方米，食品品种单一、操作简单。周黑鸭、德州扒鸡等都属于这类。
- 小吃店：以餐桌服务和柜台式销售相结合的餐饮零售店，主要供应地方特色小吃，如吉祥馄饨、馍小皮肉夹馍等。
- 专卖店：以柜台式销售为主的食品零售店，销售一个品牌或系列包装的特色食品。
- 快餐店：以餐桌服务和柜台式销售相结合的餐饮零售店，主要供应午餐和晚餐，提供简单的服务，特点是供应快速。
- 休闲餐饮店：以“休闲”为特色定位，服务功能相对较多，包括环境、服务人员、食品清洁程度和食品质量。主要供应的食品以饮料、咖啡、茶或小食品为主，也提供套餐等食品。
- 自助餐饮店：自助餐饮店是按每人每次用餐固定价格，食品可以自由选择的一种餐饮业态。
- 火锅店：火锅店是我国一种历史悠久的餐饮业态。将盛有合适的水并放置了汤料的锅放在餐桌上，锅底下以燃烧的木炭、酒精、燃气或电磁炉将汤煮沸，然后将已经切片加工的肉类、海鲜、蔬菜、菌类或粉条等放入锅中稍加烹煮后进行食用。
- 正餐餐厅：以提供正餐为主，服务功能齐全，所有食品现场制作，品种丰富，讲究味、色及环境的融合。例如，我国比较出名的粤菜、川菜、湘菜、东北菜等都以连锁餐厅的形式在国内发展。
- 大型酒楼：酒楼提供比餐厅更多的食品种类、更全的服务功能，其营业场所也更大，往往是集休闲与餐饮为一身，如眉州东坡酒楼、同庆楼等。
- 美食广场：美食广场是一种新兴餐饮业态，提供综合性的餐饮服务，由多个独立的餐饮商铺组成，食品品种丰富，但服务功能简单，价格经济实惠。美食广场主要开设在人流量大的商业街或购物中心。

- 团膳：团体用餐服务的简称，也称团餐，是一种群体集中膳食管理的新餐饮模式。在一个时间周期内，某个相对固定的消费群体，在其所属或举办活动的场所内（最常见的是学校、企业、行政事业单位、军队等的食堂），通过谈判和招标等方式选定由专业的第三方餐饮公司提供餐饮服务的就餐方式。

4.2 单店模式设计的原则与思路

4.2.1 单店模式设计的原则

1. 顾客导向原则

任何一个特许经营体系的单店，都是用来为顾客提供商品或服务的。因此，进行单店模式设计，必须以顾客为导向，也就是说，需要认真研究消费趋势、顾客需求及其消费偏好。比如，随着城市的发展，生活和工作节奏不断加快，消费者对快速、便利消费的需求越来越多，因此就会出现便利店、快餐店、快修店等经营模式以满足这类需求。

2. 可盈利原则

单店是一个独立的经营单位，是一个利润中心，因此单店必须是可以盈利的。单店盈利是单店模式的基础，也是特许经营体系进行单店复制的基础。如果一个特许经营体系的单店不能够盈利，那么这个特许经营体系也难以存在。因此，在考虑进行单店模式设计的时候，必须考虑如何建立单店的盈利模式。

3. 可复制原则

特许经营的基本特征就是单店模式的不断复制。在进行单店模式设计时，必须考虑单店的可复制性。要实现可复制性，就需要遵循特许经营的“3S 原则”，设计和提炼出标准化、简单化、专业化的单店运营模式。

4. 3S 原则

3S 原则包括标准化（Standardization）、专业化（Specialization）、简单化（Simplification）三个基本原则（见图 4-2）。

（1）标准化是指特许人对整个运营模式、业务流程、操作环节及外在形象等方面进行提炼总结，制定统一的标准，设计成可复制的经营管理模式。标准化有利于特许经营模式的复制，有利于特许经营体系的管理、控制及保持一致性，成为特许经营的优势和竞争力之一。标准化还是单店运营效率的保障。由于实行统一的工作标准，因此可以消除员工在工作中的沟通和协调方面的障碍，从而提高工作效率，容易实现岗位的互换，提高了人力资源的使用效率。标准化的形象还为顾客提供了识别便利，带给顾客对产品和服务的信心。

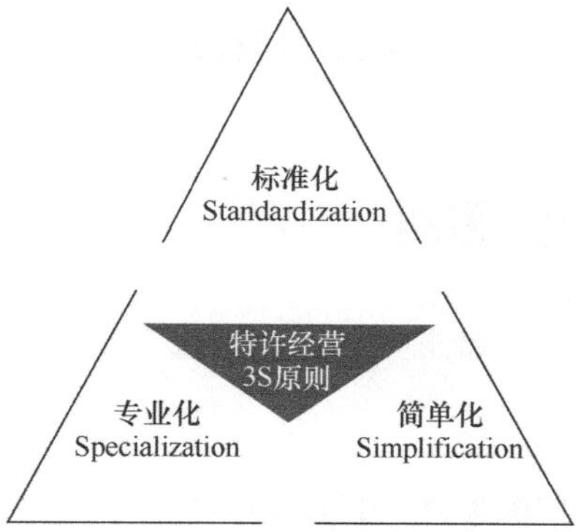

图 4-2　特许经营的 3S 原则

（2）专业化是指整个特许经营体系各基本组成部分的专业化分工协作，通过分工协作，达到整体运营的协同效应。现代社会分工越来越细，特许经营就是分工细化在商业领域的典型代表。为了保障庞大的特许经营网络正常运转，必须把不同的职能交给不同的部门来完成，提高工作效率。特许经营体系中，总部负责全局战略、业务研究、总结推广和总体协调、管理和控制工作；单店则负责具体业务与顾客的直接对接，为顾客提供服务。

（3）简单化是指对作业流程、作业岗位活动的简单化，以达到提高工作效率、便于推广复制的目的。特许人通过对作业流程和岗位工作中的每一个细节进行深入的研究和总结，把工作进行合理分解，使原来复杂的工作变成简单操作的过程，这样便于加盟商学习、掌握，也便于整个经营模式的复制。

5. 统一化原则

正是由于统一化模式，使特许人能够在广大的市场范围内使用其品牌销售其商品或服务，使顾客对特许经营体系产生一致性的认知。

统一化也是特许经营模式的基本特征。我国《商业特许经营管理条例》中也强调受许人要“按照合同约定在统一的经营模式下开展经营”。

不同的特许经营体系，其进行统一的内容可能有所不同，但最基本的统一内容包括统一管理、统一广告促销、统一配送、统一价格及统一商品和服务标准等。

6. 特色化原则

所谓的特色化，包含了两个层次的含义：

第一个层次的含义是，单店模式设计应该考虑所经营的业务的特点。比如，以商品销售为主要业务的单店，要更多考虑商品的品类结构及商品的陈列；而以服务为主要业务的单店，则主要考虑服务的态度、水平，有的还需要考虑服务环境的设计等。同样是商品销售型单店，一个服装专卖店和一个电器专卖店，在选址、店堂装修、商品陈列、价格策略、促销方式等方面也有很大的差异。

第二个层次的含义是，和同行业其他经营者尤其是竞争对手相比，单店模式的设计应该具有自己的特色，形成差异化。比如，同样是西式快餐，肯德基、麦当劳、德克士就各有特色。

4.2.2 单店模式设计的思路

特许经营的单店模式设计思路主要包括以下三个层次。

1. 单店盈利模式

所谓单店盈利模式，是指能够在一段时期内在不同地域反复使用、赚取利润的单店经营方式的组合。换句话说，单店盈利模式就是单店获得盈利的方法和策略的组合，只不过这种方法和策略的组合可以形成一个相对固定的模式，可以在一段时间和一定的市场范围内被广泛应用。

2. 单店运营模式

单店运营模式，就是一个单店的日常运营管理和操作模式。和单店盈利模式的区别在于，运营模式以盈利模式为前提，并使盈利模式落实到可以进行标准化操作的层面。也就是说，单店盈利模式更多是关于单店经营的战略和策略性层面的要素，而单店运营模式是在单店经营战略和策略确定后，如何进行具体的操作。

3. 单店形象识别系统

特许经营强调统一化的模式，其中，单店形象识别系统的统一是单店模式统一的要素之一。单店形象识别系统的统一，不仅有利于单店的复制，也有利于特许经营品牌的传播，就像到处可见的肯德基、麦当劳等品牌一样，其单店形象一致并且鲜明，我们在远处就能看见。单店形象识别系统又称单店CIS系统，识别包括理念识别（Mind Identity，MI）、行为识别（Behavior Identity，BI）、视觉识别（Visual Identity，VI）、空间识别（Space Identity，SI）。消费大众往往是首先通过单店CIS系统特别是其中的VI、SI系统来接触和认识一个特许经营品牌的。

4.3 单店盈利模式提炼与设计

4.3.1 顾客定位

1. 顾客定位是单店盈利模式的基础

一个单店盈利模式的构建，包括顾客定位、商品组合、选址模型、营销策略四个要素（见图4-3）。

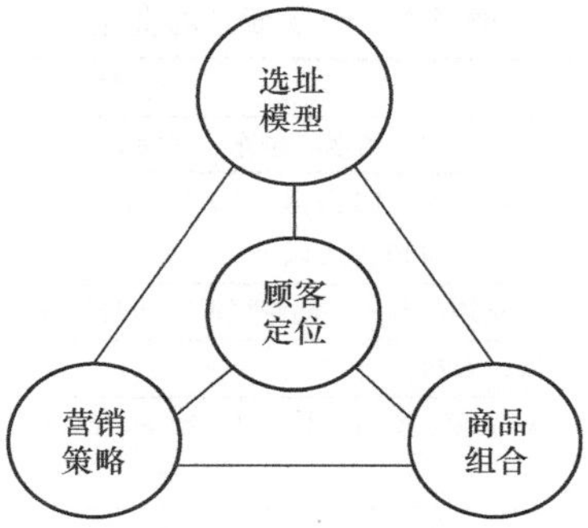

图 4-3　单店盈利模式构建的要素

在单店盈利模式构建的四个要素中，顾客定位是最基础的要素，其他要素的设计都要围绕顾客定位来展开。顾客定位就是首先要清楚单店的顾客是谁，他们具有什么样的特征，他们具有什么样的消费观念、购买习惯，他们有什么样的独特需求等。

顾客定位是一门重要的学问，准确、清晰的顾客定位可以使单店牢牢把握住顾客对品牌的忠诚度。只有明确了顾客的需求，才能够清楚为顾客提供什么样的价值。在此基础上，才能知道应该如何去满足顾客的需求，包括提供什么样的产品和服务，店面如何选址，如何营造店面环境，采取什么样的促销策略等。

2．单店顾客定位的步骤

单店顾客定位设计的重点是选择单店的目标顾客群，并锁定单店要满足该目标顾客群的心理偏好。顾客定位包括找位、选位、到位三个步骤。

所谓找位，就是通过市场的细分，并对各个细分市场评估，然后找到适合的目标市场，即目标顾客群。所谓选位，就是针对目标市场即目标顾客群，通过对同一目标市场的竞争对手的定位及顾客消费偏好进行进一步细分，以此来确定适合的价值定位。所谓到位，就是在确定单店定位之后，对单店选址、商品与服务、营销策略等要素应该进行对应的配置，我们将在 4.3.2 节至 4.3.4 节专门对这些要素进行阐述。

3．找位——市场（顾客）细分

找位就是通过市场细分来确定目标市场（顾客）。任何一个特许经营的单店，不可能满足所有人的所有需求，只能满足一部分人的一部分需求。

市场细分就是以一定的标准将市场分为几个有明显差别的消费者群体，他们有不同的消费特征和消费行为。一般来说，我们可以从地理、人口、行为、心理等方面的变量来对市场（顾客）进行细分和评估（见表 4-1），最后确定单店的目标顾客。

表 4-1 市场细分的变量

变 量	细分变量	典型分类
地理变量	地理区域	东北、华北、西北、西南、华东、华南、华中
	城市人口	5 万人以下，5 万～10 万人，10 万～25 万人，25 万～50 万人，50 万～100 万人，100 万～400 万人，400 万人以上
	地理气候	热带气候、亚热带气候、温带气候、寒带气候
	城乡区域	城市、乡镇、农村
人口变量	年龄	0～3 岁，4～6 岁，6～11 岁，12～20 岁，21～30 岁，31～40 岁，41～50 岁，51～60 岁，60 岁以上
	性别	男、女
	职业	工人、农民、教师、职员、经理人、公务员、退休者等
	受教育程度	小学及以下、中学、专科、本科、硕士、博士
	家庭月收入	高、中、低或按具体数额进行划分
	家庭人口数	1～2 人，2～4 人，5 人以上
	家庭特征	单身、新婚无子女、子女 6 岁以下、子女 6 岁以上、老年夫妇、独身老人
	宗教	佛教、道教、基督教、伊斯兰教、天主教、其他宗教、无宗教信仰
	社会阶层	下层、中下层、中层、中上层、上层、上上层
心理变量	生活方式	传统型、新潮型、节俭型、奢侈型、保守型、前卫型等
	性格	冲动型、理智型、自卫型、进攻型、交际型、独处型等
	价值观念	进取型、传统型、助人型、温情型、享乐型、创造型等
行为变量	购买动机	一般动机、特殊动机
	追求利益	经济、便利、实用、名誉、服务等
	使用状况	未曾使用者、曾经使用者、潜在使用者、首次使用者、经常使用者
	使用率	不使用、少量使用、中量使用、大量使用
	忠诚度	无忠诚度、较低忠诚度、中等忠诚度、较高忠诚度、很高忠诚度
	购买阶段	不了解、了解、熟知、感兴趣、想买
	对产品或服务的态度	抵制、否定、不关心、肯定、热情

4．选位——确定核心价值

选位就是通过对目标市场（顾客）再进行细分和对竞争对手进行分析，然后进行定位的选择。

（1）目标市场（顾客）细分。即便通过市场细分，确定了单店的目标市场（顾客），我们也往往不太可能满足目标顾客的所有需求，因此需要对目标顾客进一步进行细分。通过目标市场再细分，我们可以进一步把握顾客的需求点，以采取有效的营销策略。目标市场的细分可以分为属性细分、利益细分、价值细分三个方面（见表 4-2）。

表 4-2 目标市场的细分

分 类	定 义	举 例
属性细分	产品或服务具有哪些属性特点，包括内在属性、外在属性、表现属性、抽象属性等	例如，某餐饮店强调其原材料是天然无公害种植，就属于内在属性。一些品牌专卖店强调其品牌形象及商品包装等，就属于外在属性

（续表）

分　类	定　义	举　例
利益细分	能够给顾客带来哪些方面的利益，包括财务利益、体验利益，社会心理利益、功能利益等	例如，折扣店能够为顾客提供低价商品，使顾客获得财务利益。星巴克通过营造独特的环境使顾客获得体验利益
价值细分	能够满足顾客哪些方面深层次的心理价值需求，包括终极价值和工具价值等	例如，麦当劳的核心价值定位为欢乐，味千拉面定位于健康餐饮

（2）竞争对手分析。进行竞争对手分析，主要在于明确在每个细分市场的机会和风险。在进行竞争对手分析时，需要对竞争对手现有的目标顾客、市场定位、竞争地位等各个方面的要素进行系统性调研。比如，中式快餐品牌“真功夫”在进行重新定位前，对国内快餐市场进行了深入研究，对国内中外快餐连锁品牌进行了深入分析，发现占据快餐市场领导地位的是肯德基、麦当劳等西式快餐，而消费者认为这些西式快餐的营养不如中餐，“真功夫”很快意识到“营养”是一个很好的市场定位选择，经过一番定位的调整后，“真功夫”向顾客提供的食品全部都采用“蒸”的烹饪方式，并以“营养还是蒸的好”为广告语进行品牌传播，直指“洋快餐”没有营养的“垃圾食品”的软肋。

（3）定位的选择。通过对目标顾客进行细分及竞争对手进行分析后，再结合企业自身的优势和劣势，通过差异化的定位来获得竞争的优势。表 4-3 是中国市场知名餐饮品牌的目标顾客与定位，从表中我们可以看到，即便同样是餐饮企业，即便都是西式快餐或中式快餐，它们的目标客户和定位都是不同的。

表 4-3　中国市场知名餐饮品牌的目标顾客与定位

品　牌	业态类别	目标顾客	核心定位
海底捞	火锅	中产阶级	至尊服务、品质
西贝	中式正餐	城市中产阶级	好吃、速度
真功夫	中式快餐	白领	营养、美味
味千拉面	快速休闲餐	中高收入者和白领	健康餐饮
麦当劳	西式快餐	年轻人	欢快、憧憬、热烈
肯德基	西式快餐	家庭、儿童	亲情、美味
赛百味	西式快餐	普通白领	低卡路里、健康、轻松

4.3.2　选址模型

1．选址模型的概念与意义

单店的成败与否在很大程度上依赖其位置，因此选址非常重要。但很多企业往往没有将选址模型纳入盈利模式的范畴，认为选址只是操作层面的问题。这些企业没有意识到开店经营必须在一定的市场环境中，而选址就是对开店环境的选择。

所谓选址模型，就是单店选址所必须遵循的基本原则和标准。这些原则和标准以单店的定位为基础，是特许经营体系中众多的直营店和加盟店选址经验的结晶。违背了这些基本原则或标准，单店经营可能遭遇失败。

2．选址模型的构成

不同的行业、不同的业态，其选址原则和标准有很大的差异。即使同一行业、同一业态，不同的特许连锁企业在选址上也各有心得。但是，在选址模型的构成上，不同行业、不同业态或不同企业之间，有着共同的规律。

从表 4-4 北京华联大型综合超市的选址标准可以看到，一般的店面选址模型包括目标市场条件、商圈条件、物业条件三个层次的选址标准。

表 4-4 北京华联大型综合超市的选址标准

标　　准	标准说明
目标市场条件	（1）省会城市或中心城市 （2）城区常住人口在 100 万人以上 （3）年人均消费支出在 6 000 元以上
商圈条件	（1）一级商圈：位于城区密集居民住宅区，3 千米以内常住人口在 50 万人以上，紧邻城市主干道，8 条以上公交线，店面日均人流量在 8 万以上 （2）二级商圈：位于城区密集居民住宅区，3 千米以内常住人口在 30 万人以上，紧邻城市主干道，6 条以上公交线，店面日均人流量在 6 万以上 （3）三级商圈：位于城区居民住宅区，3 千米以内常住人口在 20 万人以上，紧邻城市主干道，4 条以上公交线，店面日均人流量在 4 万以上
物业条件	（1）使用寿命：结构使用年限＞租赁期限 （2）结构改造：在国家规范许可范围内，满足经营需求 （3）建筑物结构：框架或排架结构 （4）层高：5 米 （5）柱距：8 米×8 米 （6）楼面载荷：卖场 4 千牛/平方米，库房 5 千牛/平方米 （7）总建筑面积：12 000 平方米 （8）单层建筑面积：12 000 平方米 （9）多层建筑面积：6 000 平方米/层 （10）地面停车场面积：2 000 平方米 （11）地下停车场面积：8 000 平方米 （12）库房面积：2 000 平方米 （13）办公区面积：600 平方米 （14）卸货区面积：300 平方米 （15）卸货平台：高度 0.8 米，面宽 8 米，进深 5 米 （16）卸货通道（消防通道）宽幅：3 米 （17）地下室防水：混凝土刚性自防水加卷材柔性防水 （18）能源供应：经营方独立开户，用电量 0.12 千伏安/平方米，其他根据规范可满足经营需要

（1）目标市场的选择原则和标准。目标市场选择主要是考虑与单店定位等相适应的市场，包括当地文化与消费习俗，市场容量大小、消费能力及政府政策等方面。例如，星巴克的市场选择原则和标准，第一是城市的国际知名度，第二是城市的开放程度，第三是城市的人口量。所以，星巴克进入中国时，首先选择北京、上海、深圳、广州等国际知名度高、城市人口多的开放型大都市，继而是青岛、大连等城市。

（2）商圈的选择原则和标准。商圈选择主要考虑商圈的类型、商圈内的人口数量及结构、消费能力、竞争状况等因素。

一座城市由若干个功能区组合而成，包括商业区、机关集中地、交通枢纽、高技术开发区、工业区、居民住宅区、新兴住宅区、医院、学校集中地、贫困居民居住区等（见表 4-5）。每个功能区既独立存在，又和别的功能区相互联系、相互依靠。每一商圈内的人口结构和消费习惯均具有一定的特征，确定商圈的选择原则和标准，可以提高选址的成功率和选址的效率。例如，华联大型综合超市选择的商圈是住宅区，并且对商圈内的人口数量、交通条件等均制定了明确的标准。

表 4-5　城市商圈的类型

商圈类型	类型说明	商圈消费特点
商业区	商业集中的地区	商圈大、流动人口多、各种商店林立、繁华热闹。消费习性具有快速、流行、娱乐、冲动购买及消费金额较高等特色
住宅区	住户至少有 1 000 户	消费群稳定，讲究便利性、亲切感，家庭用品购买率高
文教区	附近有一所或以上的学校	消费群以学生居多，消费金额普遍不高，但果汁类饮品购买率高
办公区	办公大楼林立的地区	消费习性为便利性，在外就餐人口多，消费水平较高
工业区	工厂较为集中的地区	消费者一般为打工一族，消费水平较低，但消费总量较大
混合区	住商混合、住教混合、工商混合等	具备单一商圈形态的消费特色，一个商圈内往往含有多种商圈类型，属于多元化的消费习性

（3）物业的选择原则和标准。物业即店址的具体状况，包括所处的位置、面积、楼层、基础设施、可视性、租金等。从表 4-6 中可以看出，星巴克在店址物业的选择上有明确的标准，包括店址的具体位置、面积、楼层和层高、租金，以及供电、给水、排水、排风、排烟、空调、消防等基础设置的具体要求和标准。

表 4-6　星巴克的物业选择标准

标准	具体描述
位置	商场、办公楼、高档住宅区等汇集人气、聚集人流的地方
总面积	150～400 平方米
层高	不低于 4 米
楼层分布	一层
租金水平	11～15 元/（天·平方米）
供电系统	（380V 三相五线制）；不小于 30kW 及计量（为分体空调作电量预留）
给水系统	1 升/秒，店内留一个阀门
排水系统	有上下水

（续表）

标准	具体描述
排风排烟系统	一般标准
空调系统	中央空调宜采用新风补入方式的盘管空调系统（设计按国家标准），利于后期商铺进行二次装修布置，预留空调供回水及冷凝水接驳口和维修控制阀门及平衡阀组，冷凝水采用就近直排设计方案（防止阻塞时难于疏通）
补风系统	略小于排风量设计
消防系统	按国家标准
其他要求	有明显的广告位

4.3.3 商品组合

1．商品/服务的定位和选择

商品和服务是单店经营的业务核心。任何单店不可能经营所有的商品和服务，因此必须进行商品和服务的定位与选择。一般来说，单店商品和服务的定位与选择有两种思路。

一种思路是特许经营体系所经营的商品和服务已经有很长时间，具有较强的品牌影响力，此时是在既定的商品和服务基础上，再去考虑如何选址，以及如何选择目标顾客等经营要素。很多老字号餐饮企业就是如此。

另一种思路是，根据单店的定位及单店选址的商圈情况进行商品和服务的选择。随着市场的发展，市场的供求关系已经由原来的卖方市场转变为买方市场，绝大多数企业的经营策略已经从生产和供应为导向转为市场和顾客需求为导向。也就是说，企业的商品和服务必须随着市场和顾客需求的变化而变化，否则将被市场所淘汰。对特许经营企业来说，也是同样的道理。因此，我们可以看到，包括 7-Eleven、肯德基、必胜客这样的国际特许经营品牌，其商品和服务的选择与调整，都是以单店的定位为依据的。而国内一些老字号品牌，因循守旧，不能根据市场和顾客需求变化来对商品和服务进行重新定位和创新，结果陷入各种经营困境甚至面临关门倒闭。

2．商品/服务的组合

当一个单店所提供的商品和服务不止一项时，就需要考虑商品和服务组合的设计，以明确单店经营的重点。良好的商品和服务组合，有利于所经营的商品和服务相互促进。单店应着重考虑以各商品类别或项目对单店盈利的影响来分类，即所谓的主力商品和服务、辅助商品和服务、关联商品和服务的概念。

主力商品和服务，也称主打商品和服务，是指那些销售量大、周转率高、在经营中占主要部分的商品和服务。在一个单店中，主力商品和服务通常占到 75%～80%，如肯德基店中的炸鸡和可乐等。

辅助商品和服务，是指那些在价格、品牌等方面对主力商品和服务起辅助作用的商品和服务，如时装店中的衬衣、T 恤、领带，美容店中的头部按摩服务等。

关联商品和服务，是指那些与主力商品和服务或辅助商品和服务共同购买、共同消费的商品和服务，如时装店中的鞋和袋子等。

事实上，成功的特许经营体系在单店经营上都有很多诀窍，其中包括对商品和服务如何进行巧妙组合。

4.3.4　营销策略

1．单店盈利的基本分析思路

（1）单店盈利的基本公式。单店盈利最简单的一个公式就是“单店利润＝收入－成本费用”，也就是说，一定时期的单店盈利等于该段时期的营业收入减去运营成本费用。由此可以看出，影响单店利润的因素有两个：一个是收入，另一个是成本费用。很显然，单店营业收入越高，运营成本越低，利润越高。所以，对绝大多数的单店来说，提升单店利润的基本思路和方法就是考虑如何降低运营成本和费用及如何提升营业收入，也就是人们常说的如何开源节流。

（2）单店成本费用构成分析。单店成本费用包含两部分：一部分是固定的，另一部分是变动的。固定的成本费用一般可能包括房租、人员基本工资等。固定成本费用属于不可控费用，对于不可控费用，在未形成之前要根据实际的经营情况合理配置，如店址的选择和经营面积的大小、单店人员配置等。在固定成本费用已形成之后，如果将空闲的资源积极转嫁出去，如将较大的店面的一部分转租出去等，就能使资源得到合理利用和增值。变动成本费用包括原材料成本、商品销售成本、业绩提成、营销费用等。变动成本费用属于可控费用。对于可控费用要坚持通过合理的控制（包括运用新的技术和设备），尽可能以最低投入产出最大的效益。

（3）单店营业收入的构成分析。在成本费用相对固定或相对可控的情况下，营业收入的高低与盈利直接相关。因此，营业收入也是单店提升盈利关注的重点。单店营业收入也有一个最简单的公式，那就是“单店营业收入＝客单价×交易客数”（见图 4-4）。在这里，客单价指顾客每人次的平均消费额，交易客数指一定时期内来店内购物或消费的顾客数量。

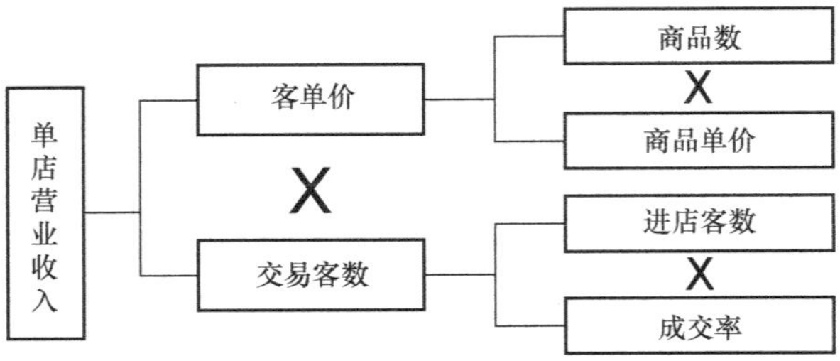

图 4-4　单店营业收入构成

进一步分析会发现，客单价与单店的商品（服务项目）数和商品（服务项目）单价有关。很显然，商品或服务项目越多，顾客的选择面就越广，顾客平均每次消费的金额可能就越高。而商品单价越高，客单价就越高，单店的营业收入可能也就越高。当然，商品单价高，很可能导致顾客购买或消费的商品和服务数量减少，营业收入未必能提高。

同样可以发现，交易客数等于进店客数乘以成交率。每天有很多人进单店，但不是每个人都会购买商品，只有那些真正购买商品并结账的顾客才能算交易客数。很显然，进店客数越多，成交的机会越大，营业收入就可能更高，这就是为什么说“开店做生意，需要人气旺”。顾客进店后，购买率越高，对营业收入的贡献就越大。

2. 单店关键经营策略分析

通过以上对单店盈利和营业收入构成分析，我们就会发现，提升单店盈利的关键策略主要围绕如何提高顾客进店数、如何提高顾客购买率，以及如何提高客单价三个核心要素。

（1）提高顾客进店数的策略与方法。不同的行业、不同的店铺，提高顾客进店数的策略和方法有很多。比如，有的店铺将橱窗设计得很漂亮，摆上最新款式的商品来吸引顾客；有的店铺通过开展促销活动吸引人流；有的店铺通过媒体广告来拉动顾客进店等。有些特许经营企业，如星巴克，一般都会选择人流量非常大的地方开店，而且橱窗总是非常透亮，在几乎没有任何广告或促销的情况下，仍然能够吸引大量的人流进来。

（2）提高顾客购买率的策略与方法。顾客进店后，并不等于都会进行消费。因此，如何提高购买率就显得非常关键。在不同的特许经营体系中，关键的经营策略可能有所不同，有的通过会员制模式提高重复购买率，有的则通过独特的现场销售流程和技巧提高购买率。有的会通过有吸引力的商品价格和促销活动、商品布局、商品陈列、舒适的购物环境和服务等来刺激顾客的消费欲望。

（3）提高客单价的策略与方法。提高客单价有三种方法：一是提高商品单价，二是让顾客购买价格更高的商品，三是让顾客一次性购买更多的商品。一般来说，提高价格可能会导致销售量下降，因此相对来讲更有效的方法是后两者，即引导顾客去购买更高价格的东西及让顾客一次性购买更多的商品。高价值商品的专业化营销和有意识的推介，超前或完善的售后服务等是让顾客购买高价格商品的常用方法。同一商品的大包装规格、同一商品的捆绑销售，不同商品的关联销售、一次性消费超过多少元送什么礼品等，是促使顾客一次性购买经常使用的方法。团购也是这几年兴起的提高客单价不错的方法。

4.3.5　财务测算

1．单店盈利财务测算模型的概念与意义

任何单店盈利模式最终要用数字说话，并要反映到财务报表上，通过财务报表的形式，也能够更加精确地反映一个单店的盈利能力。

单店盈利财务测算模型，就是通过对一个特许经营体系内各个单店的经营情况进行综合分析，所获得的一个能够反映该特许经营体系单店正常盈利能力的财务模型。由于商业经营本身面临着很多变数和风险，即便同一特许经营体系的单店，在不同的地区其单店盈利可能存在较大的差异，甚至同一个加盟店在不同时期的盈利状况也会有所不同。所以在现实世界中，单店盈利财务测算只能有条件地使用。尽管如此，单店盈利财务测算仍然具有巨大的价值。

对加盟投资人来说，它是评估单店投资成本、营业收入、盈利状况和投资回报的重要参考依据。根据单店盈利财务测算模型及相关的投资分析，加盟者可以确定开设一个加盟店是否符合自己的期望，从而决定是否加盟一个特许经营体系。

而对于特许人或已经开设单店的加盟商而言，单店盈利财务测算模型也是单店经营的重要参考标准。通过对单店盈利财务测算模型中的营业收入和成本费用进行分析，找出哪些商品或服务对盈利贡献较少，哪些成本费用过高，从而达到改善单店经营管理的目的。

2．单店盈利分析

利用会计报表中的损益表能够反映单店一定期间的盈利状况。损益表又称利润表、收益表，可以反映收入、费用、投资收益、营业外支出及利润等情况。利用损益表（见表 4-7），可以评价单店的盈利能力、投资价值。

表 4-7　损益表示例

××× 公司 ××× 店　　2018 年 6 月　　单位：人民币元

项　　目	金　　额
一、收入	200 000
产品销售收入	190 000
其他业务利润	10 000
二、费用	170 000
产品销售成本	100 000

（续表）

项　　目	金　　额
产品销售费用	39 500
管理费用	20 000
财务费用	500
税金	10 000
三、利润	30 000

在加盟招募沟通或信息披露过程中，为了向加盟申请者说明特许经营项目的盈利状况，有的特许经营企业可能将财务损益表进行改进，以便单店的收益分析更为直观。表 4-8 是国内某连锁书店的单店经营盈利测算表，该表包含了小型和中型两种加盟店的情况，通过这张表，可以非常直观地了解每种店型每月的营业收入、支出及盈利状况。

表 4-8　国内某连锁书店的单店经营盈利测算表

单位：人民币元

项　　目		小型店（20 平方米）	中型店（60 平方米）	备　　注
月营收	预估营业额	15 000	47 000	包括会员销售、非会员销售、团体销售
	会员费	480	1 110	
	月营业总额	15 480	48 110	
月成本费用	进货成本	10 500	32 900	平均进货折扣按 6.3 折计算
	店面租金	500	3 000	
	人员工资	800	3 000	
	运营费用	270	800	
	行政费用	200	1 000	办公及水电、杂费
	品牌/广告费	300	450	
	税金	300	450	
	折旧摊提	246	522	
	月总成本费用	13 116	42 122	
利润	月毛利	4 980	15 210	月营业总额-进货成本
	月纯利	2 364	5 988	月营业总额-月总成本费用
	年利润总额	28 368	71 856	月纯利×12

3. 单店投资回报分析

对于加盟者来说，最关心的就是自己每投入一元钱，在一定时期内（如一年）能够获得多少回报，或者投资开办一个加盟店，多长时间能够收回投资。

单店投资回报的情况一般用单店投资回报率来表示，计算公式为“单店年投资回报率=单店年利润总额/单店总投资额”。同样，很多特许经营企业会将其制作成单店投资回报测算表（见表 4-9），以便能够更加清晰地向加盟者呈现加盟投资及回报的情况。

表 4-9　国内某连锁书店单店投资回报测算表

单位：人民币元

项　目		小型店（20 平方米）	中型店（60 平方米）	备　注
开店投资	首期进货资金	60 000	180 000	按 3000 元/平方米
	加盟金	5 000	10 000	合同期限内
	销售管理软件	3 000	3 000	一次性交纳
	装修费	10 000	23 000	包括书架、门面等
	营业设备	10 000	10 000	包括电脑、电话、手持扫描仪
	开业费	2 000	5 000	包括注册、开业营销等
	总投资额	90 000	231 000	
投资回报	年利润总额	28 368	71 856	
	年投资回报率	31.52%	31.10%	
	资金回收期	12.7（个月）	8.5（个月）	

需要特别说明的是，我国《商业特许经营管理条例》规定，特许人在特许加盟推广和广告宣传的过程中，广告宣传上不得含有受许人从事该特许经营业务的收益情况。因此，在特许经营推广与加盟招募过程中，以上有关加盟店经营收益的分析可以在加盟咨询过程中作为帮助加盟申请人进行单店收益分析的分析工具和示例，最好不要在广告宣传资料上出现。即便在信息披露文件中，对单店盈利和投资回报率的分析也需要说明数据的来源依据，并说明该分析只是供加盟者参考。

4.4　单店运营模式与形象识别系统设计

4.4.1　单店组织结构与岗位设计

单店组织设计是指根据单店日常运营管理中工作任务如何进行分工、分组，以及如何进行协作，包括组织结构设计、部门职能和岗位职责设计等。

1．单店组织结构设计

在不同的特许经营体系中，单店的规模和运营管理模式不一样，其组织结构也不一样。小型单店可能只有 4～5 人，最小的单店可能只有 1～2 人，而大型单店的员工人数可能达到数十人甚至上百人。因此，单店组织结构设计的差异非常大。

我们可以通过绘制组织结构图来进行单店组织结构的设计。例如，一个规模较大的 3C 专业店，在店长下面可能有多个工作岗位（见图 4-5）。一些规模更大的单店，如全聚德烤鸭店，可能在店长（总经理）下面还会设立好几个部门（见图 4-6）。

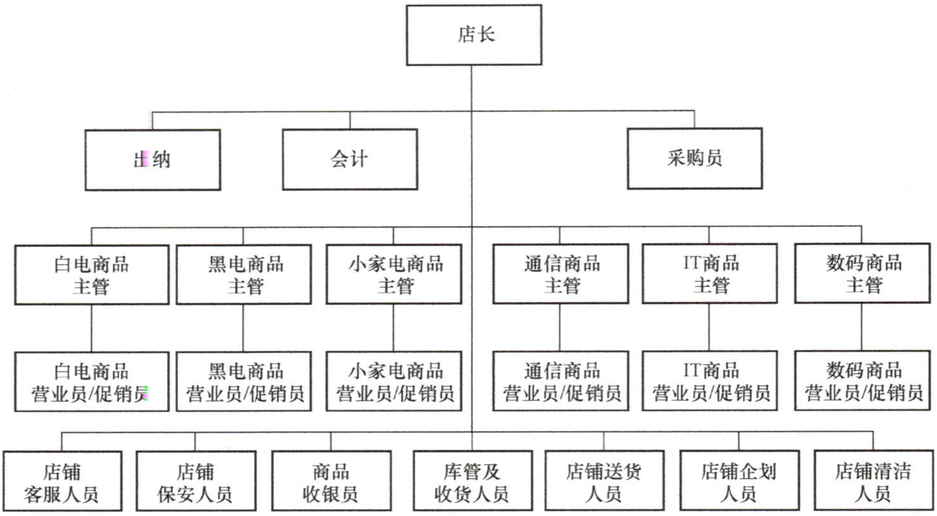

图 4-5　某店组织结构图

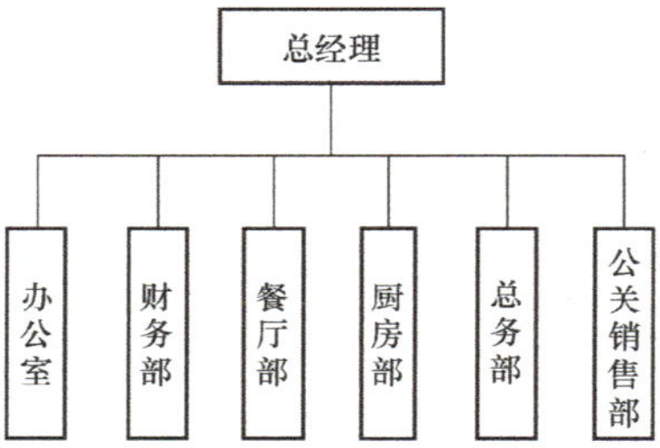

图 4-6　全聚德单店组织结构图

2．部门职能和岗位职责设计

在明确了单店的组织结构之后，接下来就需要确定单店各个部门职能和岗位职责。如前所述，有的单店因为规模大，店长（总经理）下面设有多个部门，而有的单店规模相对较小，店长下面不设部门，而是直接设立工作岗位。

部门职能和岗位职责的设计，一般采用部门职能说明书和岗位说明书的形式。以下分别是某餐饮连锁企业单店行政部部门职能说明书（见表 4-10）和某零售连锁单店理货员的岗位职责说明书（见表 4-11）。

表 4-10　某餐饮连锁企业单店行政部部门职能说明书

部门名称	行政部	部门负责人	行政部部长	直接上级	总经理（店长）
岗位设置	岗位名称			岗位编制	
	1．行政部长			1	
	2．人事专员			1	
部门使命	负责单店行政、人力资源、后勤管理等相关工作，为单店经营管理提供支持				
主要职能	1．行政职能 • 负责起草单店的工作目标、工作计划和工作总结 • 负责文件分批和指示的传达，并督促检查落实情况				

（续表）

部门名称	行政部	部门负责人	行政部部长	直接上级	总经理（店长）
主要职能	• 组织召集总经理办公会、员工大会，负责会议的记录、纪要工作及对决定、决议的督查督办工作 • 协助单店经理处理日常的信函回复、日程安排、来访接待工作，各类文件、报表、资料的打印、复印工作，单店的档案管理等 2．人事职能 • 拟定招聘政策，组织实施招聘工作 • 负责提出员工培训和职业开发计划并组织实施；协助配合总部举办的培训活动 • 负责单店日常的考勤、纪律检查监督工作 • 负责拟定单店薪酬体系，编制工资、福利计划及员工薪资调整方案，员工考核工作，人事档案管理等				
兼管职能	单店的后勤事务管理				

表 4-11　某零售连锁单店理货员的岗位职责说明书

岗位名称	理货员	所属部门	加盟店
直接上级	店长	直接下级	—
岗位定员	3	工资等级	12
工作描述			
工作概要	负责所管辖区域的商品销售和顾客服务		
工作职责与任务	• 保障商品销售供应，及时清理端架、堆头和货架并补充货源 • 保持销售区域的卫生（包括货架、商品） • 保持通道的顺畅，无卡板、垃圾 • 按要求码放排面，做到排面整齐美观，货架丰满 • 及时收回零星物品和处理破包装商品 • 保证销售区域的每一种商品都有正确的条形码和正确的价格卡 • 整理库存区，做到商品清楚，码放安全，规律有序 • 先进先出，并检查保质期 • 事先整理好退货物品，办好退货手续		

4.4.2　单店运营流程化和标准化设计

1．流程化与标准化的概念

流程是米切尔·汉默（Michael Hammer）和詹姆斯·钱皮（James Champy）在《企业再造——经营革命宣言》中提出的一个概念，指“企业为达到期望的管理或业务目标，在一定输入资源的基础上，通过明确的组织、人员执行并产生特定输出结果的一系列管理或业务活动”。

企业任何输入输出过程都可以看作流程来管理。流程管理也是一种过程管理，通过计划、组织、控制，对业务实践的关键结点进行有效管理和控制。业务流程包括很多方面，如财务的业务流程、采购的业务流程、销售的业务流程、计划的业务流程、生产的业务流程等。

标准化就是将某项工作的具体操作程序进行明确并将具体的标准进行量化。所谓标准，在这里有最优化的概念，即不是随便制定的，而是经过不断实践总结出来的在当前条件下可以实现的最优化的操作程序或规则。当然，对有的特许经营单店如餐饮业来说，要解决产品标准化的问题，除了通过业务流程和制作程序标准的制定，还需要借助工业化生产的方式，通过机器化和设备化的手段来实现标准化，麦当劳、肯德基等西式快餐及中式快餐真功夫等，就是这方面的典范。

真功夫——细节才是标准化

标准化一直是中式餐饮业一个老生常谈的话题，目前许多中式餐饮连锁企业也都在不同程度地执行着标准化生产，如菜品搭配的比例、作料的调配等，但这种初级的标准化仍没有解决本质的问题——人在生产过程中对品质的绝对影响。

自从发明了电脑程控蒸汽柜后，真功夫餐厅的厨房就不再有厨师了，每个店员都可以靠蒸汽柜掌握所有菜品的制作，彻底剔除了人的因素，完全实现了工业化流程。

除了用机器设备实现菜品制作过程的标准化，在后勤配送标准化方面，真功夫同样做了很多努力。"真功夫"没有采取"就近采购"的做法，全国所有菜品都是统一采购、统一货源、统一加工、统一配送，以此保证品质的统一。

真功夫所有的原材料经过统一采购后，都会在后勤中心做粗加工，制成半成品，并分成干货、冷藏和冷冻统一配送至各分店。各分店也将按照干货、冷藏或冷冻来把原材料保存在仓库中，并在需要生产的时候，将半成品取出，装入盅里，用蒸汽柜设定时间和温度进行生产。而各配送中心以每日送货的频率保证货品的新鲜。

如果吃过真功夫，你会发现盛放菜品的"盅"也很特别——里面是不锈钢材料的盅，外面又套了一种叫美耐皿材料做成的盅，这也是保证品质标准化的一个细微环节。

2. 流程化与标准化管理的意义

（1）有利于特许经营体系的商品和服务质量控制。特许经营模式要求特许经营体系中的每个单店在一定范围内的商品或服务是统一的标准。而特许经营体系的特征在于，一方面单店的一些日常工作的基本作业程序相对比较稳定；另一方面各个单店的人员由于不同的成长经历、性格、学识和经验，可能操作的方式和步骤各不相同，即使操作方式和步骤相同，但做每件事的标准和度仍会有一些差异。因此，必须通过流程化和标准化固定工作程序、量化和规范细节。这样每位员工都可以按照流程和标准的相关规定来操作，不会出现大的失误。即使出现失误也可以很快地通过检查发现问题并加以改进。如"微笑服务"，几乎每个特许经营体系对门店员工都有这样的要求，但对于到底什么是微笑，可能每个人都会有不同的理解，而对于顾客来说，他希望得到的是确确实实的微笑，且从每位员工那里得到的感受也应该是大体上相同的。我们可以通过标准化的方式将微笑进行量化，如"露出 8 颗牙齿"就是微笑，这样就将细节进行量化和规范了。通过这种流程化和标准化的方式，特许经营企业就能够使每个单店的商品和服务质量基本维持在同一水平。

（2）有利于单店复制和特许经营单店快速发展。在本书的前面提到过，特许经营的一个重要原则是 3S 原则，即简单化、标准化、专业化。流程化和作业标准化，是实现 3S 原则的具体手段和方法。通过流程化和标准化的设计，使复杂的工作变得简单而容易掌握，使单店的复制变得容易，从而能促使特许经营企业快速扩张。

（3）有利于提高特许经营体系的效率和效益。由于流程和标准本身也是在实践操作中不断进行总结、优化和完善的产物，在这一过程中积累了许多人的共同智慧，因此相对比较优化，能提高工作的效率。同时，流程和标准保证了日常工作的连续性和相关知识的积累，也无形中为特许经营企业总部和单店节约了一些管理投入成本。

3．单店运营流程化设计

（1）业务流程的层次与分类。单店流程由若干个工作任务构成，而工作任务又由若干个工作步骤构成，工作步骤则由若干个工作动作和标准构成，它们之间具有严格的层次逻辑关系。

在特许经营单店中，向客户提供商品或服务的流程是主流程，主流程一般包括采购（订货）、销售等，其余的如财务管理流程、行政管理流程、设备管理流程、人事管理流程等，因向主流程提供支持从而成为单店的辅助流程。图 4-7 是某餐饮特许经营单店的业务流程层次。

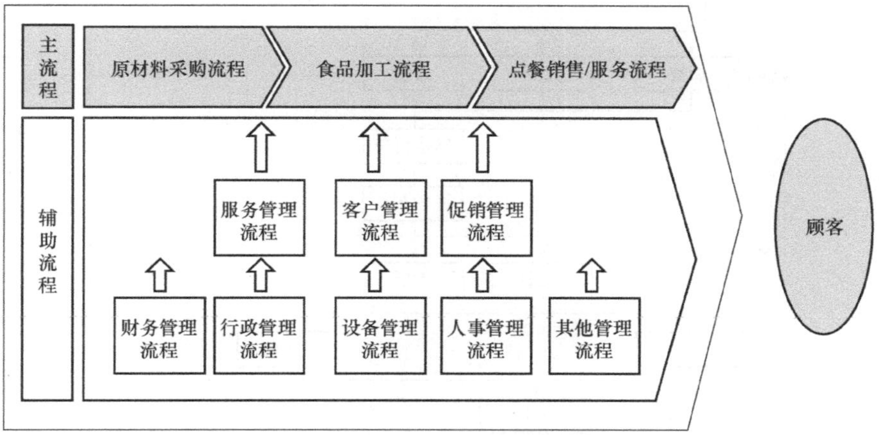

图 4-7　某餐饮特许经营单店的业务流程层次

（2）业务流程图的绘制。将单店的各个业务流程绘制成流程图，能够使各项工作的顺序和步骤及所涉及的岗位或角色一目了然。

流程图通常采用矩阵式的绘制方法（见表 4-12），即横坐标表示与流程有关的岗位或角色（如顾客、供应商等）的名称，纵坐标是时间顺序，即先做何事，后做何事。

表 4-12 矩阵式流程图绘制法

	岗位 A	岗位 B	岗位 C	岗位 D	岗位 E	岗位 F
1						
2						
3						
4						
5						
6						
7						
8						
9						

流程图的图示不要太复杂，一般可只用三种图形：第一种图形——椭圆，只表示开始和结束两个节点；第二种图形——矩形，表示任务；第三种图形——菱形，表示判断。通常矩形和菱形都要求有进口和出口，如果只有进口没有出口，或者只有出口没有进口，都说明流程图有问题。一些工作做完以后，并不一定和其他人有关系，就要用一条曲线或椭圆表示结束。图 4-8 是某西式休闲餐饮特许经营单店外卖服务流程。

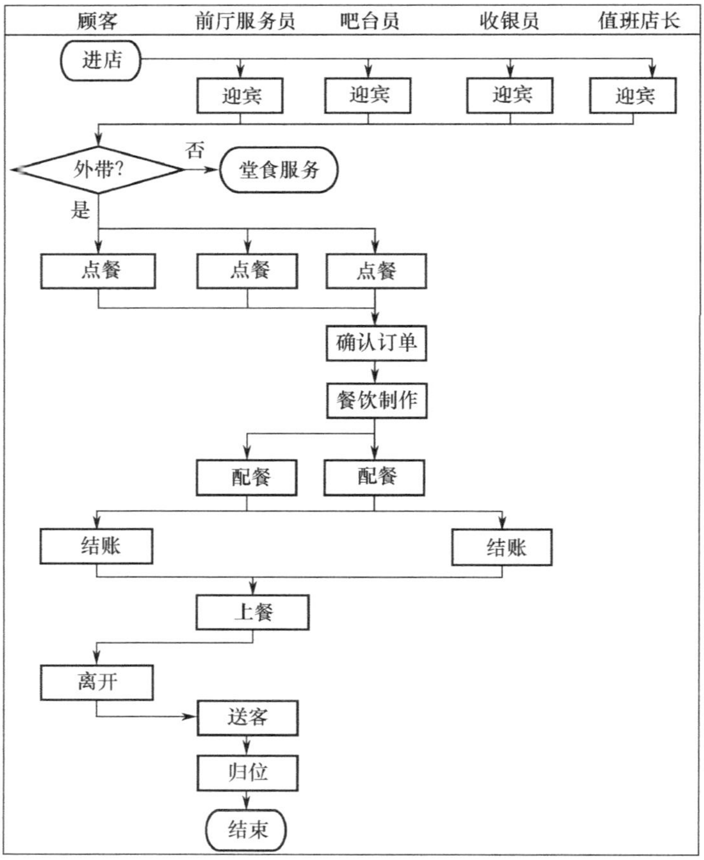

图 4-8 某西式休闲餐饮特许经营单店外卖服务流程

由于环境的变化，流程也可能会发生变化，如麦当劳在普通营业时间和营业高峰时间的作业流程就有所不同（见图 4-9）。

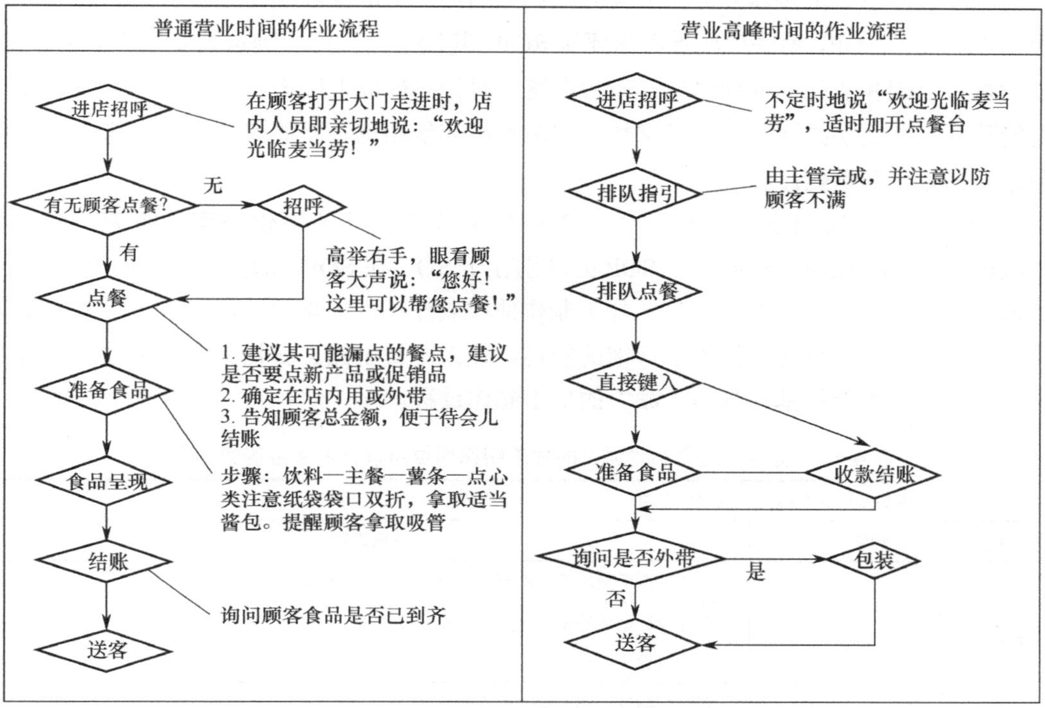

图 4-9　麦当劳在不同营业时间的作业流程

4. SOP 与单店作业标准制定

（1）SOP（Standard Operation Procedure）即标准作业程序，就是将某一事件的标准操作步骤和要求以统一的格式描述出来，用来指导和规范日常的工作。SOP 的精髓是将细节进行量化，用更通俗的话来说，SOP 就是对某一程序中的关键控制点进行细化和量化。SOP 具有以下一些内在的特征：

- SOP 是一种程序，是对一个过程的描述，不是对一个结果的描述。同时，SOP 不是制度，也不是表单，是流程下面某个程序中关于控制点如何来规范的程序。
- SOP 是一种作业程序，是一种操作层面的程序，是实实在在的、具体可操作的，不是理念层次上的东西。
- SOP 是一种标准的作业程序。所谓标准，就是尽可能地将相关操作步骤进行细化、量化和优化，细化、量化和优化的度就是在正常条件下大家都能理解又不会产生歧义。

- SOP 是一个体系。虽然我们可以单独地定义每个 SOP，但真正从企业管理的角度来看，SOP 必然是一个整体和体系，是企业不可或缺的。

（2）SOP 制订的步骤和方法。首先根据单店的业务流程，确定有哪些控制点，哪些控制点需要做 SOP，哪些控制点不需要做 SOP。其次把在程序中确定需要做 SOP 的控制点的执行步骤和执行标准列出来。最后在统一设计的模板上制定 SOP。对于一些 SOP，可能除了一些文字描述，还可以增加一些图片或其他图例，目的就是能将步骤中某些细节进行形象化和量化。

例如，麦当劳对食品“派”的加工制作岗位所设计的岗位观察检查表（Station Observation Checklist，SOC，与 SOP 的区别在于 SOC 在 SOP 的基础上增加了检查考核的内容）（见表 4-13），对“派”的加工制作前和制作过程的步骤、标准、注意事项及该操作岗位的关键职责等均做出了详细的描述，使人一目了然。哪怕是没有经过训练的人员，通过该表也能够基本掌握“派”的加工制作过程。

表 4-13 麦当劳对食品“派”的加工制作岗位所设计的岗位观察检查表

岗位目标：准备高品质的产品，加深顾客印象		
检查√	步骤	注意事项
接管岗位前	洗手	用杀菌洗手液洗手，洗至手腕以上，至少 20 秒
	检查存货	确保冷冻柜内的派存量充足，检查保质期 检查温度
	检查设备	派炸炉温度：182 摄氏度（360 华氏度） 检查油量
派的制作	了解需求数量	向品管员确认炸制数量
	将派放入炸篮	从冷冻柜中取出派，然后将其放入炸篮（切勿在油面上操作）
	将炸篮放入炸炉	小心地将炸篮放入炸炉，按下计时器按钮
	取出炸制好的派	当计时器响后，关掉计时器开关。从炸炉内提起炸篮，滴油 5～10秒。取出派，放在经过消毒的并且铺有垫纸的干净包盘上。将布满炸泡的一面朝上，冷却 20 分钟后再进行包装
	在派盒上记录时间	当派冷却时，在派盒的封口底部写下保存截止时间（20 分钟冷却时间，70 分钟在保温柜内的保存时间，共计 90 分钟）。事先叠好派盒
	将派放入保温柜台	当派冷却好后，送给品管员，由他将派放入保温柜
岗位职责	保持正确油量	当油量低于油位标记时，添加油量
	边做边清洁	根据需要用滤网撇去炸炉内的渣滓。经常使用喷瓶消毒水和消毒抹布进行清洁消毒，适时地进行扫地和拖地
	消毒双手	在当班过程中，经常用麦当劳消毒液消毒双手
	汇报问题	向值班经理汇报任何有关产品和设备方面的问题
	了解火警程序	遵循餐厅政策

4.4.3 单店形象识别系统设计

1. CIS 与单店形象识别系统

（1）CIS 是 Corporate Identity System 的缩写，意思是企业形象识别系统。20 世纪 60 年代，美国人首先提出了 CI 设计这一概念，美国 IBM 公司是这方面的开先河者。CIS 的主要含义是将企业文化与经营理念统一设计，利用整体表达体系（尤其是视觉表达系统）传达给企业内部与公众，使其对企业产生一致的认同感，以形成良好的企业印象，最终促进产品和服务的销售。

（2）CIS 的构成。CIS 由 MI、BI 和 VI 三方面构成。

MI 的主要内容包括：企业精神、企业价值观、企业文化、企业信条、经营理念、经营方针、市场定位、产业构成、组织体制、管理原则、社会责任和发展规划等。MI 对内影响企业的决策、活动、制度、管理等，对外影响企业的公众形象、广告宣传等。

BI 包括对内的组织管理和教育，对外的公共关系、促销活动、资助社会性的文化活动等，是一个企业经营管理的具体表现。

VI 是以标志、标准字、标准色为核心展开的完整、系统的视觉表达体系。将上述的企业理念、企业文化、服务内容、企业规范等抽象概念转换为具体符号，塑造出独特的企业形象。

肯德基全球第五次换标

2006 年 11 月 15 日，肯德基在全球范围换标，和蔼可亲的山德士上校脱掉了穿了 54 年的白色双排扣西装，系上了“红围裙”，同时，线条、色彩也做了适当调整。这是肯德基全球同步推出的第 5 代标识。另外，配合此次换标，一个全新的 8 129 平方米的巨幅肯德基新标识也在美国内华达州 51 区沙漠地带揭开了神秘面纱，成为世界上第一个从太空可以看到的品牌。

脱掉西装换围裙，暗示了肯德基对消费者需求和顾客价值的进一步重视——那个白胡子老大爷不再站在一边看你享用美味，而是亲自下厨为你烹饪美味。它让山德士上校一跃从上流社会的太平绅士变成了普通百姓隔壁会做饭的邻家大爷！目前，中国的肯德基餐厅基本上都使用了全新标识及装饰理念，不仅有了非常醒目的门头，餐厅设计、广告、食品包装、员工制服、公共用品等所有视觉元素也都采用了新标识。新标识无疑更具有亲和力，更能拉拢与消费者之间的距离。

2. 单店视觉形象识别系统设计

在 CIS 设计中，视觉形象识别设计最具传播力和感染力，最容易被公众接受，特别是对特许经营的单店来说，具有非常重要的意义。

在 CIS 的三大构成中，其核心是 MI，它是整个 CIS 的最高决策层，给整个系统奠定了理论基础和行为准则，并通过 BI 与 VI 表达出来。所有的行为活动与视觉设计都是围绕着 MI 这个中心展开的。因此成功的单店 VI 系统的设计，就是将特许经营品牌的独特风格和精神准确表达出来。

单店的 VI 系统设计，主要包括两个层次的设计：第一个层次叫作基本要素系统，包括如品牌名称、品牌标志、标准字、标准色、象征图案、吉祥物、宣传口号等设计及其标准的组合规范；第二个层次叫作应用系统，包括产品造型、办公用品、企业环境、交通工具、服装服饰、广告媒体、招牌、包装系统、公务礼品、陈列展示及印刷出版物等，是标志、标准字、标准色等基础要素的具体应用（见表 4-14）。

表 4-14 视觉形象识别应用系统

序号	类　别	内　容
A	办公用品	信封、信纸、便笺、名片、徽章、工作证、请柬、文件夹、介绍信、账票、备忘录、资料袋、公文表格等
B	外部建筑环境	建筑造型、旗帜、门面、招牌、公共标识牌、路标指示牌、广告塔、霓虹灯广告、庭院美化等
C	内部建筑环境	内部各部门标识牌、常用标识牌、楼层标识牌、形象牌、旗帜、广告牌、POP 广告、货架标牌等
D	交通工具	轿车、面包车、货车等
E	服装服饰	店长制服、管理人员制服、员工制服、礼仪制服、文化衫、领带、工作帽、纽扣、肩章、胸卡等
F	广告媒体	电视广告、杂志广告、报纸广告、网络广告、路牌广告、招贴广告
G	产品包装	纸盒包装、纸袋包装、木箱包装、玻璃容器包装、塑料袋包装、金属包装、陶瓷包装、包装纸
H	公务礼品	T 恤衫、领带、领带夹、打火机、钥匙牌、雨伞、纪念章、礼品袋
I	印刷品	企业简介、商品说明书、产品简介、年历等

3. 单店 SI 设计

SI［Store Identity，店面识别，也有人称为空间识别（Space Identity）］，也就是系统性、规格化、模块化的店铺设计模式，其实质是 VI 系统在门店整体空间形象设计应用上的延伸。SI 设计和规范有利于单店统一形象，突出单店的品牌特征，从而更加吸引消费者，还能节省单店设计装潢的费用，缩短工时，加快开店速度并方便管理，强化加盟者对特许经营品牌的信心。

SI 系统设计内容包括平面系统、天花板系统、地平系统、壁面系统、招牌系统、展示系统、橱窗系统、照明系统、配电系统、配水系统、空调系统、材料规格等。一般来说，这些系统的设计和规范最终会形成一本活页式 SI 标准管理手册，包括对以上方面内容的具体规定，并对施工招标及发包管理进行相应的规定。某特许专卖店 SI 系统规范如表 4-15 所示。

表 4-15　某特许专卖店 SI 系统规范（店内设计部分）

序号	类　别	具 体 项 目
1	平面分布规划	①长形专卖店平面分布规划；②方形专卖店平面分布规划；③三面靠墙式专柜平面分布规划；④两面靠墙式专柜平面分布规划；⑤单面靠墙式专柜平面分布规划；⑥中立式不靠墙平面分布规划
2	色彩规划	①店面色彩规划；②店内主墙色彩规划；③柜台色彩规划；④地板色彩规划；⑤天花板色彩规划；⑥墙体色彩规划；⑦楼梯色彩规划；⑧洗手间色彩规划
3	材质规划	①天花板材质规划；②地板材质规划；③墙体材质规划；④专卖店门面材质规划；⑤招牌材质规划
4	产品陈列设计	①货架摆放规范；②产品堆放规范；③单项产品陈列架；④多项产品陈列架；⑤单项产品陈列平台；⑥多项产品陈列平台；⑦宣传品陈列规范
5	配套用品	①宣传资料架；②产品吊牌；③产品价目牌；④地面 POP 胶贴；⑤楼梯 POP 胶贴；⑥特许经营授权牌
6	展会陈列规范	略
7	样品陈列规范	略
8	橱窗陈列规范	略

4.5　特许经营操作手册的作用、意义和编制

4.5.1　特许经营操作手册的作用和意义

特许经营操作手册是指特许人提供给受许人使用的、统一的单店运营管理指导性文件。我国《商业特许经营管理条例》第十四条明确规定“特许人应当向受许人提供特许经营操作手册”，并且特许经营操作手册被列为特许经营企业备案所必备的材料。因此，向受许人提供特许经营操作手册，是在我国开展特许经营的企业的法定义务。

特许经营操作手册对特许经营体系的作用和意义如下所示。

1. 特许经营操作手册是单店模式的总结和提炼

特许经营操作手册是特许人对于可复制的特许经营单店模式的全面、系统的总结和提炼，其中包含了单店经营管理的知识、经验、技能、创意和关键诀窍等知识产权，是特许经营企业知识管理的一种重要方式，是特许人的核心资源和核心竞争力。

2. 特许经营操作手册是单店的经营管理指南

特许经营操作手册中包含了特许经营单店经营管理的方法、技巧和诀窍，手册的核心内容是告诉受许人“怎么做”。因此，对单店来说，操作手册是其经营管理的指南。同时，操作手册是特许人对受许人进行培训的主要文本，也是对受许人进行经营管理指导的重要方式。

3. 特许经营操作手册是单店运营管理遵循的标准

在特许经营体系中，受许人的业务活动是在特许人统一的业务模式（单店模式）下进行的，特许经营操作手册对单店经营管理各个方面，包括商品和服务质量、价格、工作流程、方法、工作等均制订了详细的标准。受许人在单店的经营过程中，必须严格遵照手册中的相关标准的规定，否则就违反了特许经营体系的统一性要求。同时，特许经营操作手册也是特许人对单店的日常经营管理进行督导检查的重要依据。

4.5.2 特许经营操作手册的编制

1. 特许经营操作手册编制的基本原则

（1）实用性原则。特许经营操作手册是特许人向受许人提供的单店“KNOW HOW”（怎么做）的操作文本，是特许人成熟的、可复制的单店经营管理的技能、经验、诀窍的结晶。因此，特许经营操作手册重在实用可操作，而不是过多地高谈理论。

（2）指导性原则。特许经营操作手册应该对受许人进行加盟店经营管理具有指导作用。受许人加盟一个特许经营体系，很重要一点就是在单店经营上得到总部的指导，从而获得更好的经营业绩。操作手册就是特许人对加盟店经营管理进行指导的一种重要方式。

（3）持续改进原则。任何一个特许经营体系都处在不断地发展和变化过程中，单店模式及经营管理方法、技巧也在不断发生变化，因此单店的操作手册也应该随之发生变化，不断进行完善和修订。

（4）保密性原则。尽管特许经营操作手册应该反映一个特许经营单店的经营管理经验、技能和诀窍，但对涉及特许经营企业重大商业秘密的内容，并且这些商业秘密一旦被泄漏可能对特许经营体系造成巨大的损害，如某餐饮企业的汤料配方等，在手册编制时，则须考虑商业秘密的保护，应进行灵活地处理。

（5）可读性原则。特许经营操作手册主要的使用对象是受许人及其加盟店的员工。手册的内容应该条例清晰、语言简洁、通俗易懂。在具体内容的编排上，可以采用图、文、表结合的形式，或者通过案例讲解的形式进行阐述，以方便日常的阅读。

2. 特许经营操作手册分类

不同的特许经营体系或特许经营体系发展的不同阶段，特许经营操作手册的内容和完善程度可能不一样。特许经营操作手册的完善程度在一定程度上能够反映特许经营体系的成熟度。在特许经营发展初期或单店模式比较简单的特许经营系统，可能只有一本操作手册即单店运营管理手册（简称“单店手册”）。随着特许经营体系的发展和完善，操作手册也不断完善和细化，进而可能细分为开店手册、运营手册、商品手册（或产品手册）、技术手册等。

有的还可能对操作手册按照单店运营的职能进行细分，诸如营销分册、促销分册、财务分册、配送分册等。例如，餐饮特许经营的单店手册按照职能可分为餐厅管理手册、顾客服务手册、厨房管理手册、促销管理手册、采购管理手册、财务管理手册、技术操作手册、产品知识手册。

另外，也可按照岗位进行细分，如店长手册、员工手册、美容技师手册、收银员手册、促销员手册、收货员手册、房屋中介经纪人手册等。

3. 常见特许经营操作手册的主要内容

（1）单店开店手册的编制。单店开店手册主要是对特许经营单店开业前的一系列工作进行规范，包括从市场调研、开店准备直至加盟店正式开业的全部工作流程。

- 市场调研：包括目标市场整体状况、行业状况、竞争对手、消费心理与消费行为等调研内容及方法。
- 选址调查：包括选址的基本原则和标准及商圈调研、商圈选择、选址原则、选址条件、选址评估等方面的内容和方法。
- 门店装修：包括门店布局、装修规划、设施设备、装修风格、材料标准及装修效果的具体要求和标准。
- 人员招聘：包括招聘岗位、招聘渠道、招聘标准、招聘技巧等具体内容和方法。
- 商品管理：包括商品结构、商品陈列、开业促销模式等内容和方法。
- 开业筹备：包括正式开业前相关事项的准备工作。
- 开业仪式：包括开业具体形式、开业促销、相关注意事项等内容。

（2）单店运营管理手册的编制。单店运营管理手册主要是对特许经营单店整体运营管理进行规范，主要包括以下内容。

- 经营理念：包括特许经营品牌的发展历史、品牌文化、经营理念等方面的内容介绍。
- 组织结构：包括单店的组织结构、人员编制、岗位职责等方面的内容。
- 人力资源：包括单店员工的招聘、培训、任用、考核、薪酬等相关的内容和方法策略。
- 商品（服务）管理：包括商品服务的规划、商品陈列、商品的订货和补货、商品库存管理、盘点作业等方法和策略及工作流程、标准。
- 顾客服务：包括顾客服务理念、服务流程、服务技巧、投诉的处理、顾客信息管理等内容和方法。
- 营销管理：包括市场调研、市场信息管理、竞争调查、门店促销等方面的内容和方法。
- 日常作业：包括营业时间，营业前、营业中、营业后的日常作业规程等。
- 后勤管理：包括清洁卫生、安全防损、设备维护等方面的内容和作业标准。

（3）岗位手册的编制。岗位手册主要是单店岗位员工的全部工作职责规范和操作标准。一般来说，岗位手册是针对每个具体岗位单独进行编制的。下面以店长岗位手册为例，说明岗位手册编制的主要内容。

- 店长角色 包括店长的重要性、店长的基本任职要求、店长必备的基本素质、店长必备的基本能力等描述。
- 店长的岗位职责：对店长的工作职责进行详细的描述。
- 店长的工作重点：包括店长的工作重点及关键要点，具体内容包括计划管理、客户管理、员工管理、卖场管理、销售管理、财务管理、信息管理等。
- 每日工作流程：对店长每日工作流程进行规范，包括每个工作日每一时段的具体工作内容和具体标准。
- 应急事件处理：包括出现盗窃、抢劫、火灾等突发事件的应急处理程序和方法等。
- 信息数据管理：包括对门店日常经营管理信息数据的记录、信息数据分析、相应管理表格、信息系统的使用等内容。

思考

（1）单店在特许经营体系中有什么样的意义和作用？

（2）单店有哪些基本的类型？单店和业态是什么关系？

（3）单店模式设计的主要原则和思路是什么？单店模式设计包括哪几个层次？

（4）单店盈利模式设计需要考虑哪几个关键要素？请着重阐述单店定位的意义及方法。

（5）提升单店业绩的关键因素有哪几个？

（6）单店运营模式设计包括哪些内容？如何进行单店运营模式设计与提炼？

（7）单店的 VI 和 SI 设计有何重要意义？主要包括哪些内容？

（8）特许经营操作手册的意义和作用是什么？

案例分析

名创优品为什么发展这么快

名创优品于 2013 年成立，到 2019 年在全球 79 个国家和地区已经开设了 4 000 多家门店，营收达 200 亿元。

从表面看，名创优品快速扩张与其采取的“投资加盟模式”息息相关，即门店投资（通常一个门店投资 200 万元左右）由加盟商负责，门店货品供应和运营由总部负责（门店人员成本、房租、运营费用由加盟商承担），门店营收的 38%归加盟商所有。在这种模式之下，名创优品能实现“轻资产、强掌控”的快速连锁扩张。

从更深层次看，是名创优品能让门店盈利赚钱，否则，也不会在短短几年内有那么多人愿意成为其投资加盟商。名创优品门店的良好业绩，主要基于以下策略。

定位清晰，受众群体多

名创优品的目标顾客定位为城市 18～35 岁的年轻人，尤其是女性，这些人是城市的主流时尚消费人群，很容易受社会潮流、外观设计、潮牌爆款、活动促销的影响。精巧又便宜的家居百货更是可以规避电商冲击，因为这些小东西设计有创意，价格又便宜，很容易形成冲动购买。

品牌塑造，品质简约风

名创优品奉行“简约、自然、富质感”的生活哲学和“回归自然，还原产品本质”的品牌主张，致力于为消费者提供“优质、创意、高性价比”的产品。

选址精准，潮流时尚店

名创优品的选址主要是在城市的购物中心、百货店、商业街，这些都是城市时尚消费人群的主要去处，聚集大量的客流，大量的客流为名创优品带来惊人的销售收入。

商品管理，优质低成本

名创优品将优化商品结构和商品管理列为首要任务，围绕定位的目标人群不断推出具有设计感的高性价比商品。名创优品选择优质的制造商直接合作，因为大规模的销量使得名创优品在大规模采购时可以降低成本，同时可以有效控制产品质量。公司直接控制各门店的货品进出和销售数据，对商品的销售情况能够及时了解，及时调整商品结构。

问题：

（1）根据以上案例资料，分析名创优品快速发展的原因。

（2）名创优品的门店能够有良好的经营业绩，是因为其采取了哪些重要策略？

实训

企业实训

（1）根据本章提供的方法论和案例，结合本企业情况，提炼和优化本企业的单店盈利模式。

（2）根据本企业状况，提炼和优化本企业的特许经营手册（或单店运营手册）。

课堂实训

1. 单店盈利模式设计

（1）实训题目：单店盈利模式设计。

（2）实训目的：理解影响单店盈利模式的关键要素，掌握单店盈利模式设计的思路和方法。

（3）实训要求：每3~5名同学为一组，选择一个实际的连锁经营企业的门店，并对其基本情况进行调查研究；分析其单店盈利模式的关键因素，包括其定位的顾客是哪些人群，单店选址需要遵循哪些基本原则和标准，根据定位和选址，其商品和服务应该如何定位和组合。

（4）提升单店的进店率、消费率、客单价的方法和策略有哪些？

（5）实训报告：将以上调查分析和研究形成具体的单店盈利模式设计报告方案，报告方案应该思路清晰，具有实际可操作性。

2. 单店运营手册编制

（1）实训题目：单店运营手册编制。

（2）实训目的：通过运营手册的编制，深入理解特许经营的“标准化、简单化、专业化”的3S原则，掌握运营手册编制的方法。

（3）实训要求：每3~5名同学为一组，选择一个实际的特许连锁企业的门店进行调研，了解其经营定位、组织结构、岗位设置、作业流程、工作标准等要求，为其编制一本具有可操作性的运营手册。

（4）实训结果：提交单店运营手册，内容包括单店的定位描述、单店组织结构、单店岗位职责、主要的工作流程设计、关键岗位的作业标准等。

第5章

特许经营加盟模式设计

轻资产快速扩张的华住酒店集团

以“成为世界级的伟大企业”为愿景的华住集团，创立于2005年，在创始人季琦的带领下，已经成为中国发展快速的酒店集团之一。2010年，华住集团在美国纳斯达克成功上市。目前，华住集团在全球酒店集团排名第9位，在中国酒店集团排名第2位。旗下汉庭品牌连续五年荣登BrandZ最具价值中国品牌100强。

目前，华住集团运营的酒店品牌已经覆盖多元市场，包括高端市场的美爵、禧玥、花间堂，中端市场的诺富特、美居、橘子水晶、橘子精选、漫心、全季、星程、宜必思尚品，以及平价市场的宜必思、汉庭、怡莱、海友等酒店品牌，满足从商务到休闲的个性化需求，运营的酒店数量超过4 200家。

华住集团旗下酒店品牌采取直营和特许经营的方式进行发展和运营。其中，特许经营模式又分为普通模式和加盟管理模式。

华住集团的加盟管理模式是公司从加盟酒店收取费用，不承担任何损失，也不分享加盟酒店的利润。一次签约时间为8～10年。公司收取的费用包括三部分：一次性收取加盟酒店8万～50万元特许经营费用，每月从加盟酒店的收入中抽成5%～6.5%，预订系统服务费和会员注册费。华住集团会向加盟管理的酒店指派经理并进行培训。经理拥有酒店人事任免和日常管理的权力。

普通模式与加盟管理模式的不同之处在于，华住集团不任命普通模式特许经营酒店经理，对普通模式特许经营酒店收取的费用与提供的服务有关。

截至2018年年底，华住集团旗下特许经营酒店合计超过3 500家，占所有运营中酒店的83%。相比直营，特许经营模式允许公司以轻资产的模式迅速扩张。

职业指导

加盟创业也是一种好的选择

创业也是大学毕业后个人发展的一个很好的选择。当然，对大多数刚刚走出校门的大学生来说，创业需要面临巨大的挑战和压力。相比在其他企业就职，创业需要具备一定的创业资金、经营管理能力，更重要的是需要承受较大的心理压力。

加盟某个特许经营体系，开办一个特许加盟店，也是创业的一种方式。比起独立创业，加盟创业能够获得总部各个方面的支持，因此可以大大提高创业的成功率。

加盟创业除了资金、能力、心理准备，选择好一个特许经营总部至关重要。特别是特许经营进入中国的时间比较短，很多特许经营企业还不够规范，甚至有的不法分子打着特许经营的旗号进行欺诈。因此，加盟前一定要审慎地考察，考察的关键事项包括：

- 开展特许经营的业务（商品和服务）有市场吗？
- 总部是否具备开展特许经营的合法资格？
- 总部是否具有成熟的单店盈利模式和运营管理模式？
- 这个特许经营体系有多少直营店和加盟店？这些店的经营状况怎么样？
- 这个特许经营项目适合我来做吗？如果适合，适合我在什么市场区域做？
- 我具备相应的投资实力吗？
- 总部是否具备强大的支持能力，在加盟店遇到经营困境的时候能够予以支持和帮助？

……

按照我国《商业特许经营管理条例》等相关法律法规的要求，在加盟前，特许经营企业（总部）应该提前向加盟者进行信息披露，这是全面考察特许经营企业的一个很好的环节。有的加盟者会找到特许经营体系已有的加盟店进行沟通，了解加盟店和总部的各种情况。还有的加盟者在加盟前，先到该特许经营企业工作一段时间，这样对特许经营项目更有质感的认识和了解，而且可以获得很多信息披露上无法获得的信息，如企业文化、经营理念等。毕竟加盟某个特许经营体系不仅意味着一个重大的投资决策，也是选择一个长期的合作伙伴，因此，审慎考察不失为一种好方法。

阅读指南

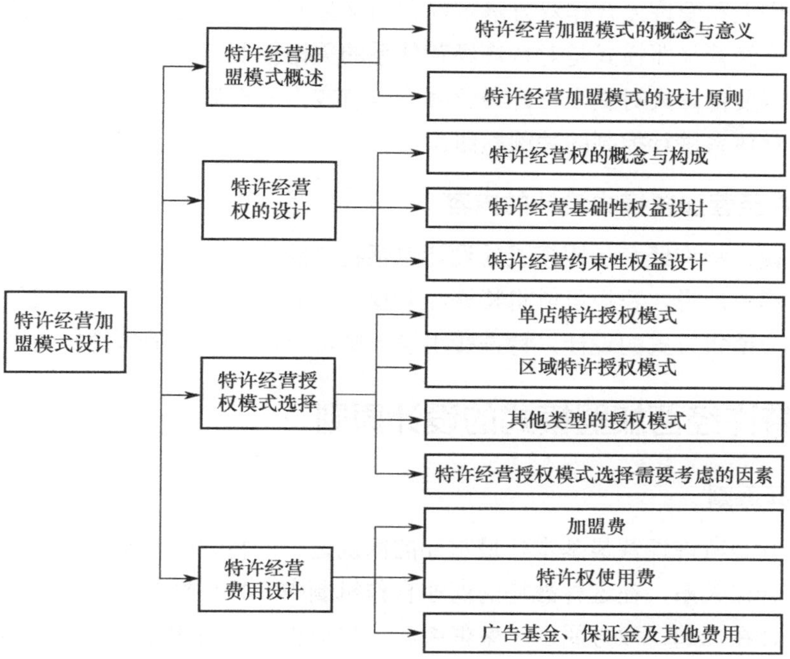

5.1 特许经营加盟模式概述

5.1.1 特许经营加盟模式的概念与意义

1. 特许经营加盟模式的概念

特许经营加盟模式是指特许人对受许人进行特许经营授权的内容和方式，是特许人和受许人合作双方权利义务关系的总和。

2. 特许经营加盟模式的意义

（1）特许经营加盟模式的设计核心是特许人的“产品”设计。特许经营加盟模式的内容核心是特许经营权，即特许人通过合同形式授予受许人使用的各项权益的组合，受许人需要向特许人支付相应的加盟费等，以获得这些权益的使用权。从这点来说，特许经营加盟模式的核心是特许人向受许人出售的“产品”，只不过这些“产品”大多不是以有形物体的形式存在的，而是以无形资产的形式存在的。

（2）特许经营加盟模式是特许经营体系快速发展的前提。一个适合的特许经营加盟模式，如同一个适销对路的商品，能够很快地获得市场的认同和青睐，从而使特许经营网点得到迅速的发展和扩张。

（3）特许经营加盟模式是特许人和受许人建立长期合作关系的基础。特许经营加盟模式是对特许人和受许人合作双方基本权利和义务的设计，是双方长期合作的基础。

（4）特许经营加盟模式是对特许经营体系的关键控制点之一。一个持续发展的特许经营体系，需要特许人对整个特许经营体系具有较强的控制能力，而特许经营加盟模式是对特许经营体系进行控制的关键枢纽。

3. 特许经营加盟模式设计的内容

一般来说，特许经营加盟模式的设计包括特许经营权、授权模式、特许费用三个方面的内容。形象地说，我们可以将特许经营权设计看作产品的设计，授权模式设计可以看作产品组合销售方式的设计，特许费用设计则可以看作产品销售价格的设计。

5.1.2 特许经营加盟模式的设计原则

1. 双赢原则

双赢原则是特许经营最基本、最重要的原则之一。特许经营是以合同为基础的一种长期的商业合作关系，在这种独特的商业合作机制中，特许经营将特许人和受许人的利益紧密地结合在一起，双方属于一荣俱荣、一损俱损、唇齿相依的合作关系，受许人如果不成功，特许人也难以获得持久的发展，同样特许人不成功，受许人也难以获得成功。因此，在考虑特许经营加盟模式设计时，需要审慎平衡特许人和受许人的权利义务关系及商业利益，过于倾斜任何一方，都可能不利于特许人和受许人双方的长期合作。

2. 吸引力原则

特许经营的本质是利用受许人的资源和能力进行市场的扩张。要使受许人愿意投入资金和资源，就必须使特许经营加盟模式对受许人来说具有吸引力。

一般来说，特许经营加盟模式的吸引力源于几个方面。一是有特色，不管特许经营是销售商品还是提供服务，也不管特许经营销售的是自有品牌，还是引进别人的品牌，都必须有特色，有特色就具有市场竞争力。二是能盈利，受许人之所以购买某个特许经营权，为的是商业上的盈利目的，所以特许经营加盟模式必须使受许人相信获得授权后能够产生盈利；三是有支持，受许人的成功需要有特许人的支持，否则受许人完全没有必要加盟，所以模式设计上需要体现对受许人相应的支持。

3. 可控性原则

特许经营加盟模式设计是对特许经营体系进行控制的源头。不同的特许经营加盟模式，意味着特许人和受许人之间不同的权利义务关系的组合，意味着特许人对受许人不同的控制和把握程度。例如，在一个特许经营体系发展初期，特许人自身的实力还不够强大，相对而言，采用单店授权比区域授权更加容易控制。即便同样是单店授权，有的还可能采取熟店转让或托管特许的方式，以进一步控制特许经营可能发生的风险。另外，在不同的特许经营体系中，通过特许经营加盟模式的设计，对原材料、客户资源、技术资源等经营要素进行限定或控制，也能够起到控制作用。例如，有的餐饮特许经营体系中，要求加盟商必须使用总部提供的汤料和原材料，等等。

4．合法性原则

特许经营加盟模式的设计需要符合开展特许经营所在国家的法律法规要求，并能够得到法律的保护。比如，商标权是特许经营权的关键要素之一，而在中国只有注册商标才能拥有商标权并受到保护，所以要在中国市场开展特许经营，就需要按照中国的商标法进行商标注册。

5.2　特许经营权的设计

5.2.1　特许经营权的概念与构成

1．特许经营权的概念

特许经营权又称特许权或特许权组合，指为了实现一定的商业目的，由特许人拥有并授予受许人使用的、具有市场竞争力的全部商业要素的组合。特许经营权是特许经营加盟模式的基础和核心部分。

2．特许经营权的构成

构成特许经营权的具体内容称为特许权要素。特许权要素包括特许人的商标、商号、专利、管理和技术诀窍、单店运营管理系统、特许人产品/服务的经销权、特许人商标/标志产品的生产权和分销权，以及特许人区域市场的开发权和管理权等，这些要素都属于特许人的重要权益。我们将这些权益分为基础性权益和约束性权益两大类（见图 5-1）。

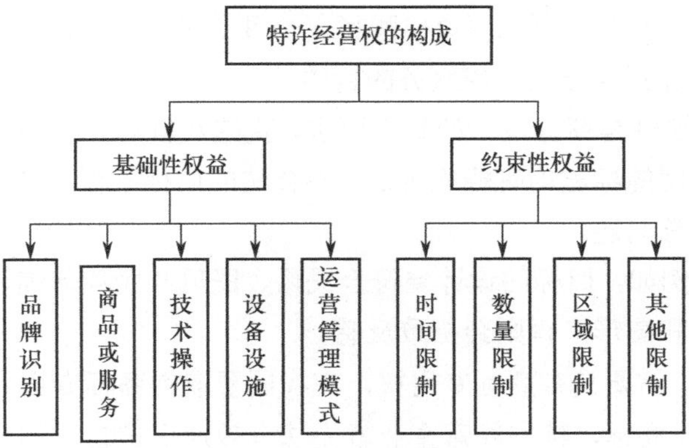

图 5-1　特许经营权的构成

所谓基础性权益，指的是特许经营权的核心要素，包括品牌识别、商品或服务、技术操作、设备设施、运营管理模式等内容。品牌识别即特许经营体系的形象识别系统，如商标、商号、单店店面形象系统等。商品或服务指的是单店向消费者出售的商品或服务。技术操作指的是特许人的专利技术、技术诀窍等。设备设施主要包括有关一个单店运营的原料、设备、工具等。运营管理模式是指一个单店日常运营管理的方式方法和诀窍等。

约束性权益主要是针对受许人而言的，即特许人在授予受许人特许经营权时会对其有一定的限制性因素。约束性权益包括时间限制、数量限制、区域限制和其他限制。时间限制指受许人可以使用特许权组合的年限；数量限制指受许人可以开设的单店数目；区域限制指受许人使用特许权组合的区域范围；其他限制如是否允许再特许等。

5.2.2 特许经营基础性权益设计

1. 品牌识别

（1）商标权。商标是指任何能够将自然人、法人或其他组织的商品与他人的商品区别开的可视性标志，包括文字、图形、字母、数字、三维标志和颜色组合，以及上述要素的组合。商标权是开展特许经营最基础也是最重要的权益之一。

商标设计是一项具有创造性的工作。一个良好的商标设计，能为品牌的传播和塑造带来良好的效果，甚至能够“一鸣惊人”。为此，很多企业都非常重视商标的设计工作，不惜花费重金委托专业机构或向社会广泛征集商标设计方案。一般来说，一个好的商标设计需要注意以下几点。

- 适合性：每个特许经营企业的商品或服务，都具有自身的一些特点或用途，商标的设计需要考虑与这些特点和用途相符的适合性。比如，经济型连锁酒店如家，其商标的命名和设计就非常不错，让顾客联想到“如在家一般的舒适和方便”。
- 独创性：独创性是指商标设计要创意新颖、独具匠心，独创才能造就吸引人的商标。
- 显著性：显著性是指商标要突出醒目、一目了然，便于识别和记忆。商标具有显著性，才能达到区分商品或服务的目的。
- 合法性：合法性是商标设计的基本要求，我国及世界其他国家的商标法规对不能作为商标使用的标志均有相应规定。不合法的商标不仅不能得到合法保护，可能还涉及侵权等问题。
- 其他因素：例如，商标的设计要符合民俗、民风和民族习惯，不能采用消费大众忌讳的文字和图形，否则会招致反感。

开展特许经营，需要具有商标专用权，在我国要取得商标专用权，必须通过商标注册来获得，没有注册商标，特许经营企业就无法有效地保护自己的知识产权。因此，设计好商标之后，需要按照我国的商标法相关规定进行注册，如果要在国外注册和使用商标，则要符合该国商标法的相关规定。有关商标权的更多法律方面的问题，将在本书第 10 章进行更详细的介绍。

（2）商号权。商号又称企业字号、企业标志、厂商标志、组织标志，商号主要是指从事生产或经营活动的法人在进行登记注册时用以表示自己组织名称的一部分，是工厂、商店、公司、集团等的特定标志和名称，是组织名称中用以区别不同组织的最主要的文字标志。商号权是指商业主体对其注册取得的商业名称依法享有专有使用权。

一般来说，特许经营企业在开展特许经营业务前，已经有了自己的商号——企业名称。但是，在我国，商号的保护范围一般只限于企业注册所在地的行政区划内，所以为了更好地保护商号权，特许经营企业可以采取将商号也注册为商标，或者将商号更名为注册商标所使用的名称。

（3）品牌形象系统。在本书第 4 章的“单店形象识别系统设计”中，介绍了品牌形象设计的主要内容，即对特许经营体系来说，品牌形象系统主要包括 VI、SI 系统，即形象识别系统和店面识别系统，VI、SI 系统的设计对特许经营品牌塑造及单店的经营起到非常大的作用。VI、SI 系统也是特许人的一项重要的无形资产。未经过授权许可擅自使用特许人的 VI、SI 系统，可能会侵犯特许人的商标权、著作权及其他权益。

2. 商品或服务、技术操作及设备设施

（1）商品或服务权益。有关商品或服务的设计和组合，在本书第 4 章的“单店盈利模式”的提炼与设计内容中已经进行了介绍。不管是以商品销售为主还是以提供服务为主的特许经营体系，其商品或服务（包括原材料）的标准、组合、定价及销售，都属于特许经营权的基本内容，特许人可以对此进行明确的规定。

（2）技术操作权益。在特许经营企业中，有关产品研发、生产加工工艺、销售、服务等方面的技术，都可以归属于技术权益的范畴，有的技术可能还归属于专利或专有技术，不管是专利还是专有技术，或者技术诀窍，都受到法律不同程度的保护。

（3）设备设施权益。有的特许经营体系中，单店经营所使用的设备设施或材料具有专属性。特许经营企业可以对这些设备设施、材料的规格、数量、标准等进行明确，有的可以要求必须由特许人或其指定的机构来负责提供。

3. 运营管理模式

在本书第 4 章中，对单店盈利模式和运营模式设计进行了系统的介绍和分析。在一个特许经营体系的单店盈利模式和运营模式中，有关组织、流程、作业标准，以及选址、员工管理、营销策略、客户服务等方面所包含的经营管理诀窍，是特许经营权的重要内容，有的还往往是特许经营单店的成功“秘笈”。这些内容有的以特许经营操作手册的形式存在，有的可能不包含在手册文本中，而在对加盟商的培训或经营管理指导中体现。

5.2.3 特许经营约束性权益设计

1. 时间限制

所谓时间限制，就是特许人授权受许人使用特许经营权的期限，也就是一份特许经营合同的期限。

特许经营期限的长短，在一定程度上反映特许经营市场环境和特许经营体系的成熟程度。国外的特许经营期限通常为 10～20 年，我国的特许经营合同期限普遍较短，一般为 3～5 年甚至更短的时间。我国《商业特许经营管理条例》第十三条规定："特许经营合同约定的特许经营期限应当不少于 3 年。但是，受许人同意的除外。"这与我国的特许经营发展目前还未到达成熟阶段有关。

另外，特许经营期限也一定程度上影响着加盟投资者的投资心态，特许经营期限相对较长，有利于建立加盟投资者长久经营的信心，但是不利于特许经营体系的调整；反之，如果期限较短，虽然便于特许经营体系调整，但容易影响加盟投资者的加盟决心，不利于特许经营扩张，或者导致加盟投资者急功近利的短期经营行为，给特许经营品牌带来巨大的负面影响。

因此，在考虑特许经营合同期限设计的时候，需要综合考虑特许人自身的实力、特许经营体系的完善程度，以及特许经营市场及受许人的情况。在特许人自身实力还不够强大、管理体系还不够完善、特许经营市场和加盟者群体还不够成熟的情况下，特许经营期限可以考虑短一些，以便于特许经营体系的调整。随着特许人实力和管理能力的增强，特许经营期限可以考虑长一些，这样，一方面有利于加强加盟投资者的投资信心和建立长久经营的信念，另一方面也可以减少特许人在加盟招募方面的投入及特许经营体系的管理成本。

2. 区域限制

所谓区域限制，就是特许人授予受许人使用特许经营权的地理性区域范围。授权区域范围包括两种基本情况。

第一种情况是在一定区域范围内授权受许人开设一个店，这个时候的区域范围就是加盟店的区域保护范围或商圈保护范围。如果授权的区域范围过大，加盟店的经营能力不足以辐射该区域，对特许人和受许人来说，都是市场资源的一种浪费。如果授权区域范围过小，则可能因商圈范围过小不足以支撑加盟店的经营，或者加盟店开店过于密集而导致同一特许经营品牌的恶性竞争，有的还可能影响加盟者的投资和经营心态，比如怕给别的加盟店做了嫁衣而不愿意在当地进行广告营销投入等。因此，在考虑单店的区域授权范围时，首先，需要对单店模式进行分析，确定一个单店的经营需要多大的市场和商圈范围来作支撑；其次，需要对计划开店的市场和商圈进行评估，以具体确定该加盟店的商圈授权范围；再次，需要对加盟者的经营管理能力、投资能力和加盟心态进行综合考虑，给具有一定潜力的加盟者树立信心并留有发展空间；最后，加盟店授权范围还需要结合市场竞争等状况，考虑具有竞争优势的合理的开店布局。

第二种情况是在一定的区域范围内授权受许人开设多个加盟店，这种情况属于特许经营一种区域授权的模式，在后面我们将详细介绍这种模式。

3. 数量限制

所谓数量限制，是指一个特许经营合同下，授权受许人开设多少个单店。如果是单店授权，当然只允许开设一个单店。如果属于区域授权，则会设计开设多个单店的授权。这种情况下，一般会约定在一定时间和范围内开店的具体数量的上限和下限。具体数量的确定，应该结合特许经营授权区域范围、时间期限、受许人实力、竞争状况等综合因素来确定。

4. 其他限制

（1）商品和服务经营范围的限制。有的特许经营体系，单店经营模式基本相同，但可能因单店规模、市场状况不同，而在加盟店的商品和服务经营范围上有所不同。这个时候，特许人会对授权加盟店经营的商品和服务范围进行规定。

（2）再特许限制。所谓再特许，就是受许人再获得特许人的授权后，能够再授权第三者开设特许加盟店。是否允许受许人进行再特许需要根据特许人的经营战略、市场策略、管理能力等相关因素来确定。有关再特许的情况，我们在后面将进一步介绍。

5.3　特许经营授权模式选择

特许经营授权模式是指特许人将特许经营权授予受许人的方式，主要分为单店特许授权、区域特许授权两大类型。不同授权模式的主要区别在于授权的区域范围、单店数量及是否允许再特许。另外，我们还将介绍特许发展代理授权和委托加盟授权两种比较特殊的授权模式。

5.3.1　单店特许授权模式

单店特许授权也称单元式特许，是指特许人与受许人直接签订特许经营协议，授予受许人使用商标、商号、经营模式等经营资源以在某个地点开设一个单店的权利的授权模式（见图 5-2）。

单店特许授权适用于在较小的市场区域内发展特许网点。其优点是特许人可以直接控制加盟店；对受许人的资金实力要求相对较低，因没有区域独占，不会给特许人构成威胁。其缺点是网点发展速度慢，总部对加盟店进行支持管理的投入较大，并且单店特许限制了有实力的受许人加盟特许经营体系。

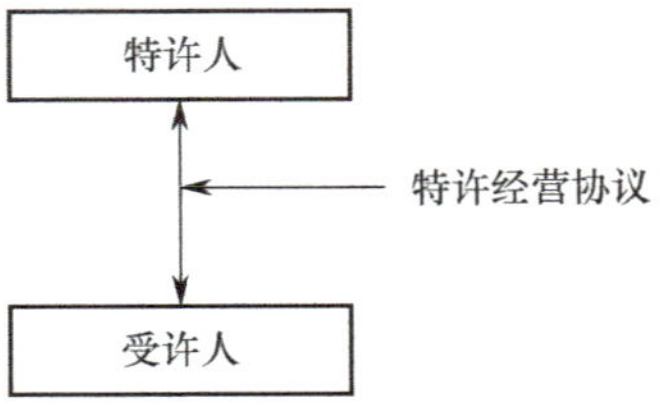

图 5-2 单店特许授权模式

单店特许授权模式在具体操作中，可以分为普通单店特许、熟店转让和托管特许三种方式。

1. 普通单店特许

普通单店特许即授权受许人投资开设一个新的单店，或者在受许人原有门店基础上按照特许人的统一模式和要求改造成新的单店，由受许人负责加盟店的日常经营管理。这是最普遍和常见的一种单店特许授权方式，适合广大的创业投资者加盟，也适合一些传统业态的门店进行整体升级，因而具有很大的发展空间。

2. 熟店转让

所谓熟店转让，就是特许人将原来隶属于自己的经营成熟的直营店，整体转让给受许人经营。在中国，熟店转让的经典案例是肯德基，它实行所谓的“不从零开始”的特许经营策略，即将一家成熟的正在营业的肯德基餐厅，按照评估价格整体转让给通过了资格评估的加盟申请人，同时授权其在原餐厅位置使用肯德基品牌继续经营。加盟商不是开设新餐厅，而是接手一家已在营业的肯德基餐厅。加盟商无须从零开始筹备建店，避免了自行选址、开店、招募及训练新员工的大量繁复的工作，从而降低了加盟商风险，提高了成功机会。也就是说，不是加盟商自行选址，不是加盟商提供门面房，不是加盟商自己装修，而是通过“转让”的形式获得一家现有的肯德基餐厅。这是现阶段肯德基在中国市场开展特许经营的一个最佳方式。肯德基采取“不从零开始”的特许经营策略，使得加盟店的成功率接近 100%。

“熟店转让”模式可以避免加盟店因经营不善而可能带来对品牌的负面影响，但是对特许人来说，前期开店的投资和风险较高，因而要求特许人在单店经营管理上具有极高的能力，否则一个单店无法盈利，也就无法进行“熟店转让”了。

肯德基的“不从零开始”特许经营策略

1. 特许加盟模式

- 让加盟商出资购买一家正在运营中并且已经盈利的连锁店，加盟商不必从零开始。

- 只在非农业人口数量达到 15 万～40 万人且年人均消费大于 6 000 元的地区寻求加盟。

2. 受许人具备条件

- 认同肯德基的企业文化。
- 有企业家的精神。
- 具有大专以上的学历。
- 在相关的行业中有很好的企业人员管理经验。
- 愿意从事服务行业的经营管理。
- 愿意处理日常经营事宜及亲自管理餐厅。
- 没有犯罪及破产的记录。
- 有为了事业迁移到其他城市的意愿。
- 与肯德基品牌没有利益冲突。
- 足够的资金。

3. 特许费

- 进入费在 100 万美元或 800 万人民币以上（不包括不动产的购买）。
- 加盟经营期开始时需支付 35 000 美元的加盟经营初始费即加盟费。
- 持续经营的费用：占总销售额 6%的特许经营权使用费和占 5%的广告分摊费用，在加盟签订的 10 年内保持不变。

4. 合同契约

- 加盟经营协议首次期限至少为 10 年。
- 未来的加盟商必须自愿地从事肯德基加盟经营 10 年以上。

3. 托管特许

托管特许，也称直管加盟（直营化管理）、投资加盟（加盟商负责投资），是指在特许经营合同基础上，受许人与特许人再签订委托经营管理合同，委托特许人对加盟店进行管理，由特许人派出人员负责加盟店的日常经营管理。托管特许经营是国际酒店业非常流行的一种方式，如如家、锦江之星等经济型酒店，很多加盟店就是采取托管特许的方式。在其他行业如餐饮业，一方面可能受许人本人不想过多参与加盟店的日常运营，另一方面特许人也想加强对加盟店的管理和控制，因而也会采取托管特许的方式。比如，国内的全聚德等餐饮企业，都采取过托管特许的方式。

托管特许的特点：受许人之间及受许人与特许人之间的资产都是相互独立的；特许人拥有各加盟店的经营权，但不对盈利承诺；各受许人只有建议权、监督权和利益分享权，并需要支付管理费和各项费用；除主要管理人员，其他人员都由特许人指导招聘，但人员归各加盟商管理，特许人不负担工资及其他责任。

托管特许的优点是有利于总部对加盟店的运营管理掌控，缺点是受许人没有经营自主权，工作的自主性受到限制，还会增加对特许人的依赖性；另外，特许人需要有很强的管理控制能力、人员开发与培训能力，因而对特许人的要求也非常高。

5.3.2 区域特许授权模式

区域特许授权模式是指受许人被许可在一个独占的市场区域内开设并运营多个单店。在区域特许授权模式中，区域受许人往往也被称为区域加盟商（见图 5-3）。

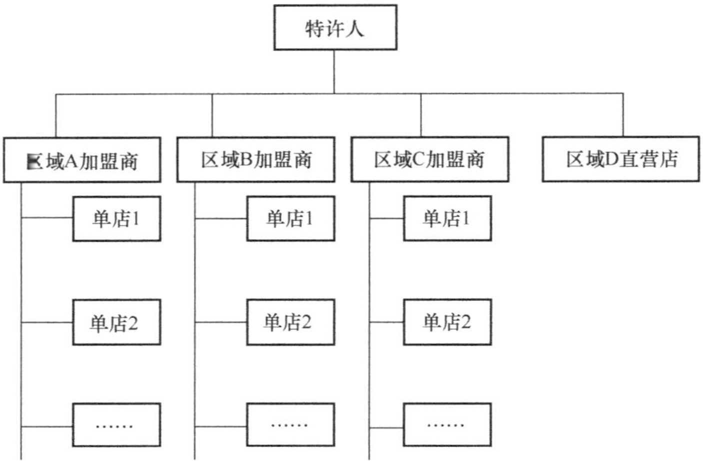

图 5-3 区域特许授权模式

总体上来讲，相对单店特许授权，区域特许授权的优势在于能够利用区域受许人的能力和资源，获得更加快速的发展，不利之处在于对特许人的控制能力提出了巨大挑战。

根据具体的区域特许授权内容和方式的不同，区域特许授权还可以分为区域特许开发、二级特许、复合特许、混合特许等几种方式。

1. 区域开发特许

区域开发特许是指特许人赋予受许人（区域开发商）在规定区域、规定时间开设规定数量的加盟网点的权利。其特点是由区域开发商自己直接投资、建立、拥有和经营加盟网点，该加盟者不得再行转让特许权；区域开发商要为获得区域开发权交纳一笔费用；区域开发商要遵守开发计划（见图 5-4）。

区域开发特许适用于在一定的区域（如一个地区、一个省乃至一个国家）发展特许网络，通过借助区域开发商的资金、资源和市场开发能力，能够使经营网点得到迅速的发展，迅速获得规模效应。另外，对特许人来说，利用这种方式来开拓新市场的前期风险也比较小。星巴克、必胜客在早期进入中国市场的时候，均采取了区域开发特许模式。但采取区域开发特许模式，当区域开发商将经营网点发展到一定规模时，特许人对这些经营网点的控制力非常弱，容易造成对品牌的威胁，也不利于特许人对整体市场进行统一规划和协调。也正因为如此，星巴克和必胜客在近年都调整了其在中国的发展战略，将区域经营权收回，将加盟店进行回购改为直营连锁。

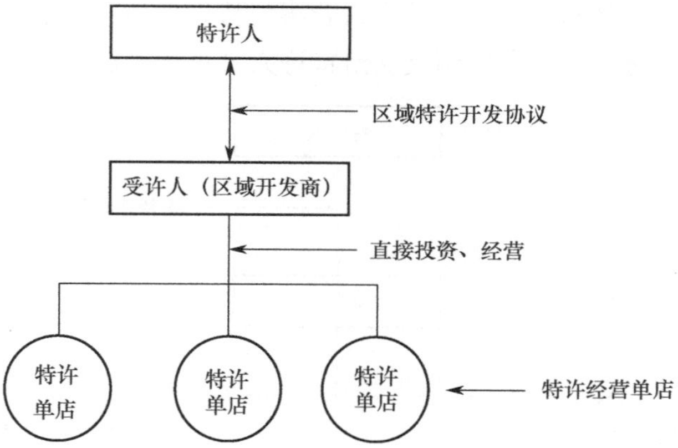

图 5-4　区域开发特许

2. 二级特许

二级特许也叫分特许或分区特许，是指特许人赋予受许人在指定区域销售特许权的权利（见图 5-5）。特许人与二级特许人（分特许人）签订授权合同，二级特许人要向特许人支付数目可观的特许费；二级特许人在其获得授权的区域范围内扮演着特许人的角色，与加盟者签订特许合同。二级特许是开展跨国特许的主要方式之一。

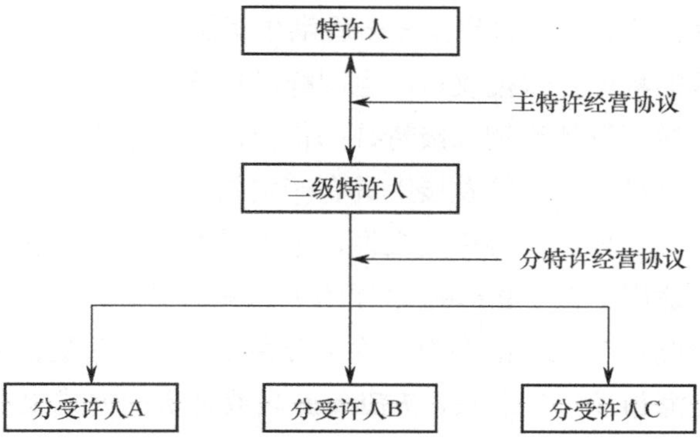

图 5-5　二级特许

二级特许的优势在于网点的扩张速度快，特许人没有管理每个加盟者的任务和相应的经济负担，二级特许人可根据当地市场特点改进特许经营体系；但对特许人的不利之处在于把管理权和特许费的支配权交给了二级特许人，并对二级特许人产生过度依赖，特许合同的执行也缺乏保证，另外，特许经营的收入也被分流了。

3. 复合特许

简单地说，复合特许是区域开发特许加二级特许（分特许）的复合模式，指特许人将一定区域内的独占特许权授权给受许人，受许人一方面作为区域特许开发商，在该区域内可以自行投资开设加盟店，另一方面也可以作为二级特许人（分特许人）再次授权给下一个受许人投资和经营加盟店，受许人若再将特许权转让给他人，那他从别人手中收取的加盟费和权益金须按一定比例上交给特许人（见图 5-6）。

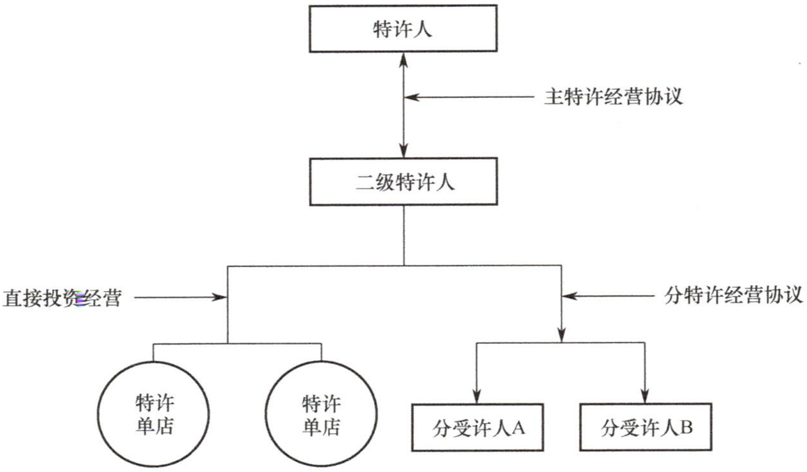

图 5-6　复合特许

7-Eleven 在我国很多区域市场，就是采取复合特许的授权模式。在台湾，7-Eleven 的区域受许人是台湾的统一超商，从 1978 年开始，统一超商以自营和加盟的方式发展 7-Eleven 便利店。亚洲著名的零售集团——香港牛奶国际有限公司在取得 7-Eleven 在香港、澳门及广东地区的特许经营授权后，也同样以自营和加盟的方式进行发展。

复合特许兼有区域开发特许和二级特许的优点，能够借助区域受许人的资源和力量快速拓展市场，在特许经营体系的发展上具有一定的灵活性，容易适应当地市场。与区域开发特许和二级特许一样，对特许人来说，不容易对特许经营体系进行掌控，从这点来讲，复合特许主要适用于像 7-Eleven 这样的大品牌。另外，特许经营体系的收入也被区域受许人分流。因此，7-Eleven 在中国除了分别授权香港牛奶国际有限公司和台湾统一超商开发广东和上海市场，在北京，7-Eleven 采取合资的方式来直接开发市场。

4. 混合特许

混合特许是指特许人将特许权授权给分特许人，分特许人自己并不直接经营特许业务，而是再次授权给下一个分特许人去经营特许业务。在下一个分特许人中，一部分特许人是自己投资经营特许业务，另一部分特许人也可以在授权范围内再次授权给更小的分受许人去经营特许业务（见图 5-7）。

混合特许实质是二级特许与复合特许的结合，其结构非常复杂，一般适用于跨国特许经营业务，虽然能够利用受许人的资源进行市场拓展，但是特许人对特许经营体系的控制力比较弱。

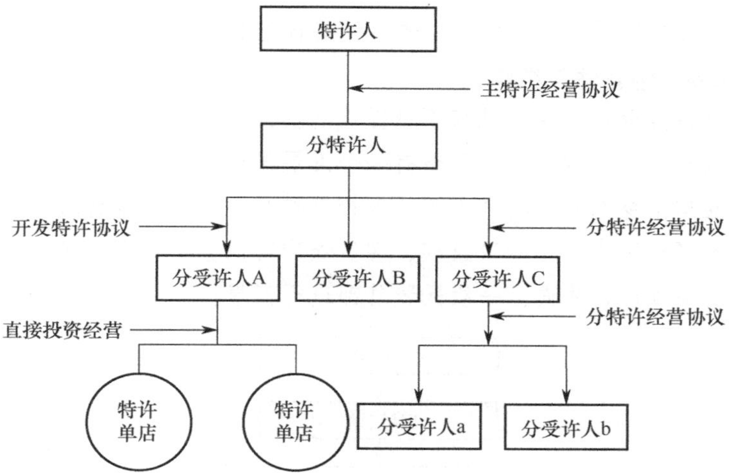

图 5-7　混合特许

5.3.3　其他类型的授权模式

1. 特许发展代理授权模式

特许发展代理授权模式中，特许人授权特许代理商为特许人招募加盟者。特许人与特许代理商签订代理合同，特许代理商作为特许人的一个代理服务机构，代表特许人招募加盟者，为加盟者提供指导、培训、咨询、监督和支持。而特许经营合同，则由特许人与加盟者直接签署，特许代理商不构成特许合同的主体。特许发展代理授权模式的本质不是特许经营授权，而是商事代理行为。特许发展代理授权是开展跨国特许的主要方式之一，赛百味是采取特许发展代理授权模式的典型。

特许发展代理授权模式的优点：特许人可以利用代理商的资源进行快速扩张，减少了特许人开发特许网络的费用支出；特许人能够对特许权的销售保持较强的控制力，并对受许人实施有效控制而不会过分依赖代理商；可以直接收取特许费，并能够方便地终止特许合同。特许发展代理授权模式的缺点：特许人要对代理商的行为负责，并要承担被加盟者直接起诉的风险；由于大多属于跨国性代理授权业务，还需要承担汇率等方面的其他风险。

赛百味的区域发展代理制

赛百味是世界上最大的潜水艇三明治特许经营机构，在 82 个国家拥有超过 3 万家分店，目前已成为国际快餐业大军的一个领先者。赛百味的特许经营体系规模之巨、单店数量之多、涉足地域之广、文化差异之大给其管理带来了巨大的难度。

特许经营中常见的授权模式有三种：单店特许授权、区域特许授权、区域主授权（二级特许）。其中，区域主授权更适用于国际特许经营授权。但是，赛百味并没有推行区域主授权的方式，其创新独特之处在于引进了发展代理制。

1. 赛百味特许经营体系结构

在赛百味特许经营体系中，总部下设区域总部，分管全球范围内的各个地区，各个大区又划分为若干小的区域，每个区域有一个发展代理，具体负责区域市场开发和加盟商督导管理。在这个体系中，特许人不会直接监控受许人，而是通过区域总部、发展代理逐层监管。发展代理有一定的决策权，在区域内可以直接处理许多有关加盟商的管理事务，遇到重大事项时，才向上一级区域总部进行汇报。

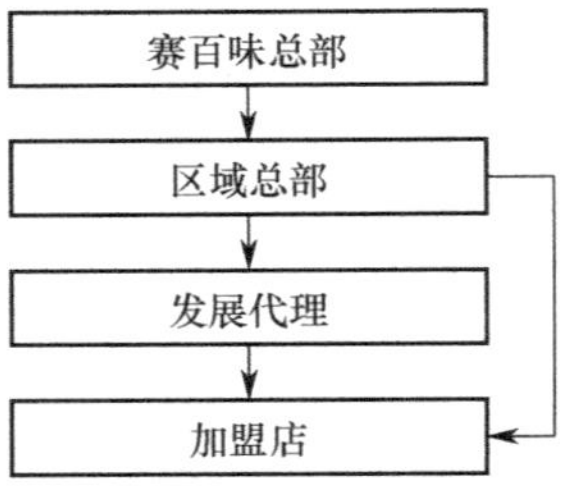

目前，赛百味在全球有200多个发展代理。在中国有两个发展代理，分别在北京和大连。

2. 成为发展代理的条件

（1）首先成为赛百味的受许人，并经营加盟店6个月以上，并且加盟店的运营完全符合总部的各项要求。

（2）提交发展代理申请并提交商业计划书。

（3）必须参加赛百味总部的相关培训。

（4）发展代理要定期召开加盟商大会。

3. 发展代理的报酬

加盟金中提取50%，特许权使用费提取33%，如果不能达到区域发展目标，这个比例将会降低。

4. 发展代理的职责

（1）负责在授权代理区域内协助总部发展加盟店。

（2）协助总部对加盟商进行资格审核和培训。

（3）负责对加盟商选址和开店进行指导。

（4）为新开设加盟店进行一定时间的驻店辅导。

（5）对加盟店的经营提供长期的服务、指导和监督。

（6）负责赛百味品牌在代理区域内的推广和维护，领导当地加盟商建立营销委员会等。

2. 委托加盟授权模式

在特许经营的具体实践中，特许人常常根据具体情况进行授权模式的创新，如在不同地区、特许经营发展的不同阶段，因地制宜地采取不同的授权模式，或者将上述几种授权模式甚至将特许经营和直营连锁加以变形，或者进行混合使用。委托加盟授权就是将直营连锁与特许经营模式进行结合的一种授权模式。

委托加盟授权模式的具体操作是由总部将自己的直营店委托给加盟者来进行具体的经营管理，加盟者需要交纳一定的加盟费，但不需要负责店面的投资和租金，总部和加盟者按照营业利润的一定比例进行分成。委托加盟授权结合了直营连锁和特许经营的优点，总部能够保持对门店的控制力，同时通过委托加盟经营的方式，充分调动加盟者的积极性，使单店的经营更加灵活和高效。7-Eleven、全家便利店等特许经营体系，均采取委托加盟的方式，取得了很大的成功。

5.3.4　特许经营授权模式选择需要考虑的因素

前面介绍了各种不同类型的特许经营授权模式及各自的特点。特许经营授权模式的选择，往往是特许经营制胜的重要因素。不同的特许经营企业在不同的发展时期和阶段、不同的市场，可能采取不同的特许经营授权模式。一般来说，特许经营授权模式的选择需要考虑以下六个关键因素（见图 5-8）。

图 5-8　特许经营授权模式选择需要考虑的关键因素

1. 战略规划

特许加盟作为一种商业模式，是为战略服务的。在进行特许经营授权模式选择时，首先要考虑其是否与战略匹配，是否有助于战略目标的实现。从某种程度上讲，战略决定特许经营授权模式的选择。

发展初期阶段的特许经营体系，应当以单店特许授权模式为主，既有利于特许人对特许经营体系的管理与控制，也有利于受许人专心致志地经营加盟店。

当一个特许经营体系发展到一定规模后，可以考虑采取区域开发特许授权模式。例如，可以从某区域现有的单店加盟商中，选择一个成熟且具有实力的加盟商，授予其在某一区域开设多家单店的权利。

当一个特许经营体系发展到更大规模之后，并且需要进行更大或更快的市场扩张如开展跨国业务时，特许人可以考虑采用二级特许或复合特许，但这些授权模式，特许人需要承担非常大的品牌风险，对特许人的管理控制能力提出了巨大挑战。

2. 单店模式

单店模式需要考虑两大因素：一是单店模式复制的难易程度。比如，服务型模式相比产品销售型模式复制起来要难一些，因为服务型模式往往对人的依赖性更强，标准化程度相对较低，如果采取区域授权较容易失控。二是单店规模。包括投资规模和经营规模。如果单店规模小、投资少、运营管理相对简单，则采取区域授权可以达到降低成本、快速发展的目的。反之，如果单店规模大，采取单店直接授权方式可能更合适。

3. 加盟商模型

不同的特许经营项目，对加盟商在理念、资金、经营管理等方面的能力素质要求往往有较大的差异；即使同一项目，单店加盟商和区域加盟商的素质模型也不一样。因此，在选择特许经营授权模式时，需要考虑按素质模型的要求是否容易找到合格的加盟商。否则，不仅达不到“借力”的效果，还容易使整个特许经营体系和品牌受到伤害。像肯德基等国际特许经营品牌，之所以在中国采取“不从零开始”的“熟店转让”模式，主要也是考虑目前中国特许经营市场还处在尚未成熟的阶段，加盟商在单店开业运营前期经营能力有局限性。

4. 资源状况

特许经营授权模式的选择需要结合总部（特许人）的资源，特别是人力、资金等方面的资源状况。在开发一个新的市场而资源相对缺乏或对当地市场缺乏了解时，一般采取区域授权模式，如星巴克、必胜客等在刚开始进入中国市场发展时，就是采取区域授权的模式；当特许人资源丰富并且自身能力较强时，可以由总部（特许人）在区域市场建立区域总部（管理中心），采取单店授权模式进行发展。比如，肯德基在中国各个区域市场建立的数十家分公司或子公司，充当区域总部的角色，负责对区域内的单店进行运营管理。

5. 竞争状况

从市场竞争角度看，“攻其短”是一种重要的竞争策略，授权模式本身也是一种竞争武器。假如竞争对手采取单店特许授权，其弱点往往是扩张慢，市场覆盖面窄，缺乏规模效应，那么这时可以考虑区域特许授权进行快速扩张，抢夺市场，快速形成规模。反之，若对手采取区域特许授权，市场面大，战线长，往往对加盟店终端的管控能力弱，这种情况下，采取聚焦市场、精耕细作的单店特许授权，更容易将貌似庞然大物的对手击垮。

6. 管理能力

总部需具备较强的管理能力，主要体现在单店盈利、单店运营标准化及对整个体系的支持控制等方面。这种管理能力的建立和提升，需要以完善的特许连锁管理体系为基础。以完善的管理体系为基础的区域特许授权有助于快速扩张；反之，如果管理体系不到位、管理能力弱，采取区域特许授权则容易失去控制。

5.4 特许经营费用设计

在特许经营体系中，特许人出售的核心商品本质上是品牌、经营模式等无形资产，但出售的不是无形资产的所有权，而是无形资产的使用权。无形资产的使用，会给受许人带来经济利益，且带来经济利益的大小，很大程度上取决于无形资产的投入成本。特许人转让无形资产使用权的目的，就是获取收益，因此必须收取转让使用费用，即特许经营费用。

特许经营费用主要分为加盟费、特许权使用费、广告基金、保证金及其他费用等。其他费用包括特许经营转让费，培训费，设备、原料和产品费等。

5.4.1 加盟费

1. 加盟费的概念

加盟费又称加盟金、初始特许费，是特许人将特许经营权授予受许人时所收取的一次性费用。对于特许人来说，收取加盟费是对开发出一个成功经营模式的补偿，是对预先投入的回报；对于受许人来说，交纳加盟费是购买一个成功的经营模式，是一种投资。

2. 影响加盟费标准的主要因素

（1）品牌价值。品牌价值对加盟费有着重要影响。从某种意义上说，加盟费实质上是一种“入门费”，体现的是特许人所拥有的品牌价值。品牌价值高、知名度和美誉度高，愿意加盟的人就多，加盟费就高，反之就低，甚至为零。例如，麦当劳的加盟费为 4.5 万美元，而我国有些特许经营企业根本不收加盟费。部分国际特许（连锁）经营品牌价值如表 5-1 所示。

表 5-1　部分国际特许（连锁）经营品牌价值

品　牌	品牌价值（百万美元）	国　家
可口可乐	67 000	美国
麦当劳	27 501	美国
百事可乐	12 690	美国
耐克	10 897	美国
宜家	8 763	瑞典
肯德基	5 350	美国
必胜客	4 694	美国
柯达	4 406	美国
阿迪达斯	4 290	德国
星巴克	3 099	美国

数据来源：全球最佳品牌百强排行榜。

（2）单店盈利能力。如果单店盈利能力强，加盟投资回报率高，投资回报周期短，受许人往往愿意接受相对更高一些的加盟费。

（3）开发成本及其他支出，即开发特许经营权所投入的成本，包括品牌、商标、形象系统、专利技术、经营模式等。总体来讲，开发成本越高，加盟费可能越高。当然，不可能将所有的开发成本让一个或几个受许人来分摊。

其他支出包括特许推广与加盟招募费用、加盟店开业前培训支持等方面的费用等。

（4）区域范围与合同期限。一般来说，授权区域越大，加盟费越高，反之则越低。同样，特许经营期限越长，加盟费也越高，反之则越低。

（5）其他因素，如市场竞争或特许人发展战略等因素。当特许人想要快速扩张时，可能会考虑降低加盟费门槛甚至不收取加盟费，而当特许人想要控制特许经营单店发展的速度和质量时，则会提高加盟费门槛。

总之，加盟费标准既要考虑受许人的承受能力，又要考虑特许人自身投资的收回，同时还要考虑品牌价值。纵观全球主要的特许经营企业，加盟费收取的标准一般为加盟店投资的5%～10%。例如，开办一家特许餐厅的投资为200万元，那么加盟费为10万～20万元。当然，如果特许经营项目投资额过小，也可能超过这个比例。

3. 加盟费的收取方式

加盟费的收取一般都采用现金形式，并且一般特许经营合同都规定，加盟费交纳后，不管是合同到期还是中途退约或其他情况，加盟费都不予返还。

有的特许人不收取加盟费，而是通过从给受许人提供的设备器材、产品或服务中进行加价来获得回报，其实质是一种变相收取加盟费的方式。

5.4.2 特许权使用费

1. 特许权使用费的概念

特许权使用费通常也称后续特许经营费、管理费、权益金，是指特许人为了向受许人提供不间断的支持和服务，按一定的标准或比例向受许人定期收取的费用。对特许人来说，收取后续费是对受许人提供持续培训与指导的成本，体现的是特许人向受许人提供的持续支持和指导的价值。对于受许人来说，交付后续费是购买特许人不间断的支持与服务的唯一重要的保证。

2. 影响特许权使用费标准的因素

在不同行业或不同的特许经营企业，特许权使用费收取的标准是不一样的。特许权使用费收取的基本原则是受许人能够承受，同时能支撑特许人对特许经营体系进行支持和维护的运营成本和费用。影响特许权使用费标准的因素包括：

- 特许经营权的价值，包括特许经营品牌价值、给受许人能够带来的收益大小等。

- 特许人给予受许人日常运营管理进行培训和支持的费用。
- 特许经营总部日常运营的成本。

3. 特许权使用费收取的形式

特许权使用费基本的收取方式有两种：一种是按营业额比例收取，另一种是定额收取。

两种方式各有利弊。按营业额或利润额的一定百分比来收取特许权使用费，最大的困难在于如何真实地掌握受许人的实际营业额，除非按照他们从特许人手中的实际采购额来计算，但必须保证特许人是唯一的商品供应者。按照定额收取是指采取固定的额度和标准收取特许权使用费，这种方式可以不考虑加盟店的实际营业额，总部对能收到多少费用非常明确，但是不利于总部和加盟店之间形成更加紧密的共同发展的协作关系。麦当劳、肯德基、7-Eleven 等成功的特许经营企业，都采取按比例收取特许权使用费的方式。

另外，还有采取商品或服务加价来收取特许权使用费的方式，但这种方式一般只适用于主要原材料、产品或服务全部由特许人供应的情况，否则加盟店从其他渠道进货，特许人就无法收到特许权使用费。

5.4.3 广告基金、保证金及其他费用

1. 广告基金

广告基金指特许人按加盟店营业额的一定比例或约定的定额标准向受许人收取的广告费用。在特许经营体系中，大多数加盟者只有一家或少数几家店，不可能负担大部分广告费用，而将所有特许加盟店联合起来，建立广告基金，由特许人统一进行管理，进行统一的广告投放，则能够使每个加盟店都受益。

有的特许经营体系是按照营业收入的比例来收取广告基金的，这个比例在不同的行业会有所差别，通常为营业收入的 1%～5%；而有的特许经营体系是按照定额的标准来收取的。另外，也并不是所有的特许经营企业都向受许人收取广告费用。

我国《商业特许经营管理条例》第十七条规定："特许人向受许人收取的推广、宣传费用，应当按照合同约定的用途使用。推广、宣传费用的使用情况应当及时向受许人披露。"因此，从严格意义上讲，特许人收取的广告费用不能算作特许人的收入，而是整个特许经营体系内部能够让所有加盟店受益的公益性基金，并且该费用的使用情况在特许经营体系中也应该是公开透明的。

麦当劳的联合广告基金制度

设立广告基金是麦当劳的重要营销策略。由于大部分加盟者只有一家或少数几家店，

不可能负担大部分广告费用，而大家联合起来，就可以筹集到较丰厚的广告基金。

为了能够让麦当劳在更大范围做电视广告，1966年，麦当劳总部决定建立联合广告基金制度，并组建了麦当劳全国加盟者联合广告基金会，基金会的资金源于参加这一计划的加盟店和麦当劳公司直营店，其额度大约占每年总营业额的3%～4%。除了总公司广告部，麦当劳在美国各地还有若干个广告基金，这样品牌宣传的广告经费就充足了，经营者利用这笔巨大的款项，可以做强势广告宣传。

在宣传品牌的过程中，麦当劳坚持统一广告与区域广告相结合的原则，即不同地区、不同的广告基金，在宣传同一个品牌时可以实行不同的创意。也就是说，各个地区可以根据自己地域的促销重点和当地价值观、消费习俗等对同一个汉堡包做不同的广告设计。

2. 保证金

保证金是为保证受许人在加入特许经营体系后不违反特许经营合同，由特许人向受许人收取的担保性费用。如果受许人不及时支付应向特许人支付的应付款项或出现其他违反特许经营合同的情形时，特许人有权将保证金充抵应付款项或罚金，情节严重的还有权没收保证金。但在特许经营合同期间，受许人没有违反特许经营合同的行为，特许人应当将保证金返还给受许人。保证金一般以现金方式交纳。

保证金收取过高或过低都是不合适的。过高将增加受许人的负担，这有违特许经营体系互惠互利、共赢双赢的理念，可能也会造成推广招商时在竞争上处于不利地位。过低则可能对受许人起不到约束作用，在受许人真的违约时保护不了特许人的合法权益。因此，保证金标准的确定，着重考虑的是受许人如果违约可能给特许经营企业带来的损失。

3. 其他费用

其他费用包括根据特许经营合同，特许人为受许人提供相关服务而向受许人收取的费用，如特许经营转让费，培训费，设备、原料和产品费等。

特许经营转让费是指特许经营合同未到期，受许人欲将自己的特许经营权转让出去，需要向特许人交纳的费用。

培训费是指特许人对受许人进行培训而收取的费用。由于收取了加盟费，特许人在受许人开设加盟店前对受许人的培训通常是免费的。而在加盟店开业之后，有的特许人对受许人进行培训可能会收取一定的费用。

设备、原料和产品费，是指如果特许人代为受许人购买各个单店统一使用的设备、原料和产品的话，受许人就需要支付这笔费用。

在不同的特许经营体系中，以上所说的特许经营转让费，培训费，设备、原料和产品费等费用有些可以免收。如果要收取的话，也应该在特许经营信息披露文件和特许经营合同中对收费的项目、标准、方式进行明确。

思考

（1）特许经营加盟模式设计包括哪几部分内容？特许经营加盟模式设计需要遵循哪些基本原则？为什么要遵循这些原则？

（2）什么是特许经营权？特许经营权由哪两大类权益构成？

（3）特许经营授权模式主要有哪几种？这些模式分别有什么优点和缺点？

（4）选择特许经营授权模式时，需要考虑哪些因素？

（5）特许经营费用主要有哪几种？这些费用的标准如何确定？特许经营费用收取的方式有哪些？

案例分析

三大外资便利店逐鹿中国市场

7-Eleven、全家、罗森三家日系品牌便利店在中国市场不同区域的发展虽有侧重，但竞争者的脚步正在悄悄逼近。

京津地区：罗森加速追赶

在北京市场，先入为主的 7-Eleven 一直保持着规模优势。7-Eleven 在 2004 年进入北京，截至 2018 年 8 月共有 254 家门店。罗森于 2013 年进入北京，截至 2019 年 1 月共有 106 家门店。全家于 2014 年进入北京，2020 年的目标是在北京突破 100 家门店。

7-Eleven 在 2009 年进入天津，截至 2018 年 10 月大概有 140 家门店；罗森于 2019 年 1 月 15 日在天津首开两店，虽然刚刚进入天津，但将 7-Eleven 视为追赶竞争的对象。

从连锁拓展方式来看，7-Eleven、罗森、全家均已经开放加盟，7-Eleven 在 2015 年试行“附属店”的模式，原本只允许经营一家店的加盟主可以同时经营多家店。

华东地区：全家有压倒性优势

以上海为中心的华东地区，从门店数量上看，全家以超过 2 000 家门店占据绝对优势，其次是最早进入上海的罗森，到 2019 年年初在上海大约开出了 1 220 家门店。7-Eleven 于 2009 年才正式进入上海市场，是由 7-Eleven 的母公司授权台湾统一商超集团经营的，截至 2018 年 11 月 12 日，上海和浙江地区的 7-Eleven 门店达到 141 家，其中 115 家位于上海。

川渝地区：罗森暂时领先

三大日系便利店进入川渝地区的时间相差不多，但发展速度很悬殊。2010 年罗森进入重庆，2019 年突破 300 家门店。7-Eleven 在 2011 年就进入了成都，到 2019 年年初有 75 家门店，预计未来五年内成都的 7-Eleven 便利店将扩张至 400 家。2013 年，新希望、三井物产、7-Eleven 三方成立合资公司来作为 7-Eleven 在重庆的运营主体，目前 7-Eleven 在重庆约有 50 家门店。全家便利店 2012 年在成都开出第一家门店，目前在成都有 74 家门店，与 7-Eleven 规模相当，但目前还未进入重庆。

珠三角地区：7-Eleven 先发优势明显

除北京、天津和成都是由日方直接管理外，7-Eleven 在其他城市采取的是区域特许授权。华南及香港、澳门的 7-Eleven 是由香港牛奶国际有限公司经营的，7-Eleven 在 1992 年就在华南市场开设了 5 家店铺，1997 年进入广州市场，截至目前，在华南市场总数超过 1 000 家。

全家便利店 2007 年进入广州，2012 年和 2014 年分别进入了深圳和东莞，全家在上述三地的门店已经超过了 400 家。

罗森目前尚未在珠三角地区布局，而是选择了华中以武汉为中心进行扩张，2016 年罗森进入武汉之前，7-Eleven 和全家都暂未踏足这块市场，中百超市是罗森在湖北区域的独家、特许区域加盟商，未来几年，中百超市将在武汉新拓至少 500 家“中百—罗森”便利店。截至 2018 年 12 月，中百—罗森总店数已突破 300 家。

问题：

（1）7-Eleven、全家、罗森三家日系连锁便利店品牌在中国市场扩张分别采取了哪些连锁模式和特许经营模式？

（2）为什么 7-Eleven 和罗森在中国的部分区域市场采用了区域特许授权模式？区域特许授权模式有什么优势？

实训

企业实训

根据本章阐述的关于特许经营加盟模式的原则和方法，结合企业情况，设计或优化本企业的特许经营加盟模式。

课堂实训

（1）实训题目：餐饮企业特许经营加盟模式设计。

（2）实训目的：掌握特许经营加盟模式设计的基本原则和方法，将这些原则和方法与具体的行业或企业实践结合起来。

（3）实训要求：3～5 名同学为一组，选择当地的一家餐饮企业，最好该餐饮企业在当地已经有多家分店，在对该餐饮企业进行调研分析的基础上，为其设计一个适合的特许经营加盟模式。

（4）实训结果：提交该餐饮企业的特许经营加盟模式设计报告，报告要分析该餐饮企业的特点及其在经营管理上的优势和劣势，以此为其设计特许经营加盟模式，并阐述特许经营加盟模式中关键要素设计的理由。

第 6 章

特许经营推广与招商

黑奥秘：做好门店赋能，扩张水到渠成

2020 年新冠肺炎疫情来袭，黑奥秘是行业内最快发布应急行动纲领、升级营销策略、转变业务模式的品牌。在将应急预案第一时间同步给门店后，黑奥秘除了提供补助让加盟商的实体门店延期开业，还为门店提供线上直播及短视频的教案及疫情应对策略，通过 SaaS（Software as a Service）系统及直播的结合教用户如何在家做好头发理疗，不仅获得用户好评，门店也取得了良好业绩。

黑奥秘在头发理疗专业领域内排名第一，是头发理疗品类的开创者，也是中国该领域发展最快的连锁品牌。在黑奥秘创始人吴庆辉看来，构建良性加盟体系、扎实做好门店赋能，连锁扩张发展只是水到渠成的事。

头发理疗开创者

黑奥秘公司自 2006 年成立至今一直扎根在头发健康领域，在沉淀 13 年后，于 2019 年 5 月正式将之前的品牌“再出发”升级为“黑奥秘”，同时将门店形象、服务系统、产品研发、品牌传播体系全部升级，将行业之前的“治秃头”“治脱发”“养头发”等类目，统一归为“头发理疗”，成为“头发理疗”品类开创者。升级后，黑奥秘立马受到了行业内外瞩目，两个月后便获得黑马基金 Pre-A 轮投资。

产品研发是根本

产品力是黑奥秘及 700 家门店赖以生存的根本，也是黑奥秘品牌创始人最看重的板块。黑奥秘每年拿出全部营业收入的 10%左右进行产品研发，与四川大学高分子学院及日本东京头皮环境与毛发再生研究中心成立联合实验室，定期产出高效防治脱发、白发研究成果。

线上线下新模式

黑奥秘在 2019 年年初就搭建好了第三代 SaaS 系统，除了让门店绑定得更紧密，也让品牌和用户更亲密。线上与线下的融合，让黑奥秘提前布局头发理疗 2.0 商业模式。在 2020 年新冠肺炎疫情期间，新模式发挥了巨大的作用。黑奥秘通过 SaaS 系统帮助门店实现线上直播分享居家头发理疗专业知识、居家食疗，用短视频、直播带货，首播粉丝就破万人；居家护理服务及送货上门服务更是让很多门店一天收入过万元，达到非疫情期间都难以实现的业绩。

组织赋能加盟商

黑奥秘总部成立五大战区负责全国连锁门店，门店扶持团队占总部总人数的 70%，销售招商团队仅占 8%。五大战区主要负责门店开业前选址、人员招聘、培训、门店装修、线上拓客，开业时的活动策划、种子用户培养、会员体系纳入、美团大众点评、阿里新零售等线上导流平台接入、督导到店指导等，以及开业后的员工管理（激励制度、员工成长路径设计）、用户管理（会员在线化、裂变机制设计）等门店运营管理多方面工作。这些完善的赋能机制让门店只专心做好专业服务和用户体验。

良心分配促发展

尽管黑奥秘一个区区数十平方米门店一年营业收入有的高达数百万元，但黑奥秘并不分享加盟店的利润，只在加盟之初收取 3 万元的品牌加盟费，对于加盟店来说，这是一个很低的门槛。对于总部来说，黑奥秘的利润绝大部分来自产品和供应链，加盟费占比微乎其微。

由于黑奥秘在品牌、模式、产品、服务、支持方面的优势，黑奥秘门店的好评率及转介绍率较高，门店存活率高达 92%。自品牌升级后，黑奥秘新店增速接近一天一家店，并且有 70%的加盟商是黑奥秘门店的前用户。

职业指导

推广与招商的相关职位介绍

推广与招商，是特许经营企业非常重要的一项工作。不同的特许经营企业，负责该项工作的部门叫法可能有所不同，如有的叫特许部、开发部或推广部，有的叫发展部、招商部、拓展部、市场部等。

不管部门的叫法怎样，特许经营推广与招商部门的基本职能是相似的，即负责特许经营项目的对外推广，加盟商招募、甄选、加盟谈判等工作，有的还需要负责加盟店选址指导、评估，加盟店营建等加盟店开业前的系列支持和指导工作。

特许经营推广与招商部门的职位设置常常有：推广（开发、招商）专员、主管，选址专员、主管，营建专员、主管，推广（开发、招商）部门经理、总监等，下面介绍这些职位的基本职责和任职要求。

职　　位	基 本 职 责	任 职 要 求
推广（开发、招商）专员、主管	负责特许加盟前期推广、招商、加盟咨询、加盟申请的初步评估等工作。在部门负责人的指导下负责加盟商谈判、资格审查及其他招商事项	• 具有特许经营和市场营销的理论知识基础 • 熟悉特许经营推广与招商流程 • 对本项目的优势有较深刻的了解和认识 • 具有良好的沟通、谈判能力
选址专员、主管	负责加盟店的选址指导、评估等相关工作，并提出选址评估建议报告	• 具有特许经营和市场营销的理论知识基础 • 熟悉加盟店选址原则和标准 • 具有较强的市场调研和选址评估能力
营建专员、主管	负责加盟店的装修、布局、店内规划等相关营建工作的实施或指导、监督评估	• 具有特许经营和市场营销的理论知识基础 • 熟悉加盟店装修、布局和店内规划的具体标准和要求 • 具有较强的建筑装饰施工管理和监理能力、经验
推广（开发、招商）部门经理、总监	参与特许经营推广与招商计划的制订并负责计划在本部门的分解和具体实施，领导本部门人员完成工作目标，对本部门员工的工作进行指导、监督和考核	• 具有良好的特许经营和市场营销的理论知识基础 • 具有多年特许经营推广与招商工作经验 • 具有良好的沟通、谈判能力 • 具有一定的部门管理工作经验和能力

阅读指南

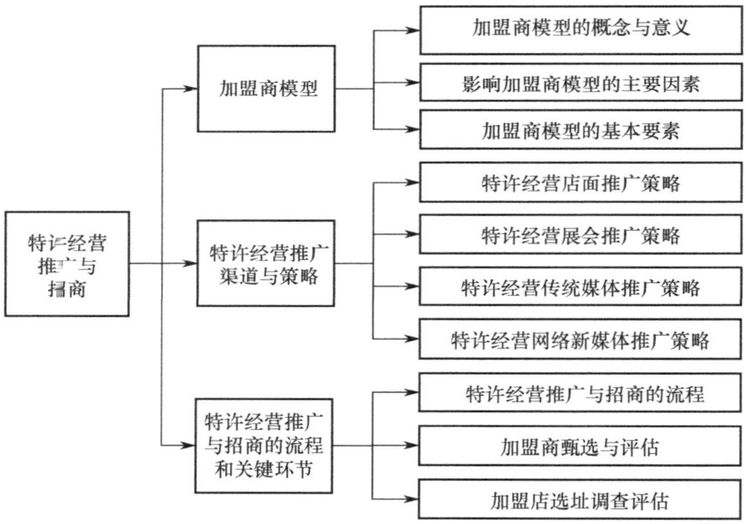

推广与招商、培训与训练、运营与督导是特许经营体系运作的三个重要的系统。本章专门介绍特许经营的推广与招商。

6.1 加盟商模型

6.1.1 加盟商模型的概念与意义

所谓加盟商模型，就是加盟某个特许经营体系时，加盟商所需具备的基本资质要求。

如同企业招聘员工时的任职资格要求一样，加盟商模型是特许人甄选加盟商的基本框架条件和标准。加盟商模型的建立，有助于明确特许经营推广与招商的目标，提高招商工作的效率，更是寻找优秀加盟商以稳定和发展特许经营体系的重要基础。

6.1.2　影响加盟商模型的主要因素

不同的特许经营体系或不同的特许加盟模式，其加盟商模型均可能存在较大的差异。一般来说，以下因素会影响加盟商模型形成。

（1）特许经营业务特点或单店模式。因特许经营业务的行业属性或单店模式的差异，可能对加盟商具有不同的要求，比如，在有的行业，加盟商必须具备行业经验才能成为加盟商，而有的行业则不需要加盟商具备行业经验。

（2）特许加盟模式。一个单店加盟商和一个区域加盟商会有很大的差异。同样是单店特许，普通的单店授权和托管特许授权模式对加盟商的要求就有很大的不同。普通的单店授权一般要求加盟商具备自己经营管理加盟店的能力；而托管特许授权因为有特许人对单店运营进行托管，则强调加盟商的投资能力，不一定要求加盟商单店的日常经营管理经验和能力。

（3）特许人的企业文化差异。尽管特许经营强调受许人应该在特许人的统一模式下进行经营，但是不同的特许经营体系中，由于企业文化的差异，可能对受许人的开拓创新精神有不同的理解和要求。例如，保守型的特许经营企业要求加盟商完全按照统一模式进行操作，而具有创新理念的特许经营企业，在一定范围内可能允许加盟商结合市场的情况进行创新和探索。

6.1.3　加盟商模型的基本要素

尽管不同的特许经营体系中加盟商模型具有较大的差异，但在形成加盟商模型时，一般都会考虑以下基本要素。

（1）企业文化认同程度。企业文化是企业经营管理的基本理念和准则，成功的特许经营企业都具有优秀的企业文化，因此，企业文化的认同是加盟商成功的根本，也是特许经营品牌文化保障的根本。而且，特许经营是一种长期的合作关系，如果加盟商缺乏对特许经营体系文化理念的认同，也不利于特许人和受许人长期合作。

（2）加盟动机。不同的加盟商在寻找加盟投资项目时，可能有不同的动机。有的加盟商希望通过加盟创业，奋力拼搏发展一番事业，有的加盟商只是让自有的闲置资金能获得稳定的投资回报，而有的加盟商纯粹只是为了个人某方面的兴趣爱好。因此，特许人需要慎重考虑怀有什么样的加盟动机的加盟商才是最适合的加盟商。

（3）个人信誉。几乎每个注重自身品牌和体系稳定的特许经营企业都会注重加盟商的个人信誉，一个缺乏个人信誉的受许人不仅可能在与特许人合作过程中缺乏诚信，还可能影响对顾客的服务及与供应商的合作关系。例如，2008 年 3 月，华润万家在广东东莞市八达路的加盟店老板卷款潜逃，其中包括 200 多名供货商被卷货款数百万元，尽管从法律角度来说华润万家总部无须承担对供货商的赔偿责任，但是该事件对华润万家品牌带来了巨大的损害。据称，该加盟商经营其他零售卖场时，有过卷款的前科。

（4）资金实力。不同特许经营项目对资金的要求有所不同，资金要求可以量化到具体的数字。不同的特许经营体系还对资金的来源有要求，有的允许部分是借款，有的则可能要求全部是自有资金。

（5）经营经验和能力。不同特许经营体系和加盟方式对经验和能力要求不一。有的要求加盟商必须具备同行业和相关行业的经验，有的则对经验和能力没有要求。

（6）文化素质。文化素质是反映加盟商个人素质能力的一个基本指标。文化素质太低，很可能在学习能力、经营管理能力、沟通能力上都会受到限制。当然，并非一定具有高学历才能成为一个合格的加盟商。

（7）身心健康状况。加盟特许经营体系并不意味着保证获得盈利，加盟商需要承担一定的经营风险和经营管理压力，另外，加盟创业需要加盟商付出辛勤的劳动，因此要求加盟商身体健康。

6.2 特许经营推广渠道与策略

特许经营企业应根据特许经营推广战略，充分利用各种渠道和机会进行特许经营推广，以吸引尽可能多的潜在加盟商。特许经营推广的渠道和方式有很多，比如：

- 在相关报纸、杂志、电视等媒体上投放广告。
- 参加特许经营展会或相关行业展会、专业展会。
- 召开加盟说明会，发布特许经营招商信息。
- 建立特许经营项目网站，并通过互联网发布、传播加盟信息。
- 委托咨询顾问机构、行业协会、代理机构等第三方进行代理招商。
- 通过邮件进行特许经营推广。
- 鼓励特许经营企业内部员工加盟创业。
- 利用直营店和加盟店店面进行推广。

以下介绍店面、展会、传统媒体、网络新媒体四种常见的特许经营推广方式。

6.2.1 特许经营店面推广策略

1. 店面是特许经营推广的重要渠道

（1）单店店面是特许经营品牌体验的窗口和传播渠道。单店是了解一个特许经营品牌的最重要的窗口。当一个特许经营体系拥有众多的店面时，这些店面本身就是一种非常好的宣传和推广。事实上，很多特许连锁品牌很少投入广告，靠店面同样能获得良好的品牌效应。

（2）店面推广更具有可信度。“耳听为虚，眼见为实。”随着特许经营市场的竞争越来越激烈，特许经营企业通过各种媒体进行特许经营推广与招商的广告投入越来越多，使得潜在加盟者有些眼花缭乱，加上有的投机分子利用特许经营进行招商诈骗，导致不少加盟者血本无归，因而加盟者越来越理性，越来越谨慎。如今，媒体、展会等推广与招商的效果已经大打折扣了，加盟者更多倾向于通过对特许经营品牌旗下的店面进行考察来决定是否加盟。

（3）从忠诚顾客到加盟者。很多加盟者在加盟前是某个特许经营品牌的忠诚顾客，正是由于在特许经营体系某个店里的消费体验，通过接触和了解，产生对该特许经营品牌的认同，进而产生加盟投资的动机。在全国数千个特许经营体系中，这类加盟者的比例越来越高。

2. 店面建设的基础性工作

正是由于店面在特许经营推广过程中具有重要的作用，不管是直营店还是加盟店的单店管理都显得尤为重要。从消费者和加盟者的角度来看，一般来说，单店店面管理需要注重以下方面。

（1）店面形象系统。店面的形象如同人际交往的“第一印象”，是否能够给消费者和潜在加盟者留下良好的印象显得非常重要。店面形象系统不仅包括店面招牌、员工着装、店面装修，还包括店内布局规划、商品陈列等店内整体环境的每个细节。

（2）商品与服务品质管理。商品与服务是单店经营的核心，因而商品与服务品质管理是其管理的重点。很难想象，一个商品品质不佳或服务不周的店面能够吸引到顾客，更不要说让顾客产生加盟投资的动机了。

（3）店面的盈利能力。一个不能盈利的单店很难持续经营，也很难激发潜在加盟者的加盟投资欲望。如果加盟店不能盈利，店面的各种负面信息均可能显现出来，可以想象对顾客或潜在加盟者有什么样的影响了。

（4）企业文化建设与特许经营关系管理。一个特许经营体系不仅要让加盟店能够赚钱，还要建立优秀的企业文化，优秀的企业文化既能够激发店面员工的工作热情，又能够给顾客带来热情、积极、快乐的感受。特许经营企业还应该加强与受许人的沟通和关系管理，顺畅的沟通和良好的特许经营合作关系，不但能提升特许经营体系的运营效率，还能够加强加盟商对特许人的认同感。缺乏沟通和良好的特许经营合作关系，加盟商可能对特许人产生诸多抱怨和不满，当这些抱怨和不满传递给顾客或潜在加盟者时，往往会产生致命的后果。

3. 店面推广的策略和方法

除了以上提到的一些“基本功”，有一些策略和方法还可以作为通过店面进行特许经营推广的参考。譬如，在特许经营体系的店面招牌上打上特许加盟招商咨询电话，在店内放置特许经营推广宣传资料，在顾客服务手册上增加特许加盟的附属信息，组织或鼓励潜在加盟商对店面进行参观考察等。总之，通过店面进行特许经营推广的方法和策略很多，各个特许经营企业可以利用各自的优势因地制宜进行尝试和创新。

6.2.2 特许经营展会推广策略

专业展会的意向加盟者相对集中，能够有效展示特许经营企业或项目形象、方便与潜在加盟者现场进行沟通，是特许经营推广与招商的常用方式。但是，并不是参展就一定能够获得良好的推广效果，任何一次参展，都需要审慎评估和精心策划，才可能达到预期的目标。

1. 自身情况评估

首先企业需要对自身情况进行评估，确定是否适合采取展会的形式进行特许经营推广。

（1）特许经营项目的定位和加盟商模型。例如，一个关于农村养殖的项目或小型农资产品特许加盟的项目，其招商对象一般是农村个体经营户或养殖户，那么可能就不太适合通过在城市举办的展会进行推广与招商。

（2）特许经营推广阶段和计划。例如，在特许经营导入期，特许经营模式还不成熟，所发展的加盟店也有一定的尝试性，这个时候一般不适合通过展会进行大规模招商。

（3）结合特许经营推广的目标市场来考虑参加哪些区域的展会。例如，计划启动华北市场，最好考虑参加华北市场的展会，而不是去参加华东市场的展会。

2. 展会的选择评估

并不是所有的展会都适合特许经营企业参加，参加展会需要投入大量的人力和财力，一个错误的参展选择，对企业来说是一个巨大的浪费。因此在参展前，要对展会的情况进行较为全面的评估，以期获得良好的效果。一般来说，可从以下几个方面对展会进行评估和选择。

（1）展会的主题定位。适合特许经营招商的展会大致可以分为特许展会、创业投资展会、行业展会三种类型。特许展会的参展观众意向相对明确，专业素质相对较高，是特许经营推广主要选择的展会类型；也可以考虑参加创业投资展会，但是其涉及面比较广，参展观众也相对分散；行业展会的好处是不仅可以吸引对本行业具有一定经验的人员或机构加盟，还可以在参展的同时与行业的上下游企业进行沟通。

（2）展会的影响力。现在的展会越来越多，展会的品牌化程度也越来越高。毫无疑问，展会品牌影响力越强，展会招商效果越好。评估展会影响力，除了展会的主题定位，还需要了解展会的主办方和承办方、展会的规模、展会地点、展会举办过多少届及往届展会的情况、展会召开前针对目标观众投放的广告情况等。

（3）展会的管理、配套服务。一个好的展会，在展会的管理、服务上都具有很高的专业性，这一点可在与展会的组织机构进行联系沟通，以及它们提供的参展说明书或参展手册中看出来。专业的招商展会往往还提供加盟说明会的场地服务，如果想强化展会推广与招商效果，这是一个很好的选择。

（4）参展方式及费用情况。了解参展的费用情况，有利于对参展的投入产出进行量化的预测分析。

3．选择好的展位

不同的展位可能带来不同的效果。一般可以根据组织方提供的信息来选择大小合适的展位。除了考虑展位大小，位置是最关键的。最好的展位一般是展厅入口的第一个（或第一排）展位，其次是沿着主通道两侧的展位，再次是端头展位。在比较大型的展会中，展位可能被分成很多排，每一排两端的展位就是端头展位，它们就像超市端头货架的位置，能吸引更多人注意力。

4．做好参展前的准备工作

（1）准备好宣传材料和相关沟通工具。既然是为了招商而参展，参展前就需要准备足够的宣传资料和相关的沟通工具，如宣传册、招商手册、观众登记表、加盟申请表、名片及相关的项目资料。

（2）做好展台的设计与布置。毋庸置疑，一个漂亮的展台比一个空荡荡的白色台板更吸引人。很多情况下，展台设计和布置可以交给专业的设计公司做，但即便如此，参展企业也需要对整个设计和布置进行把关。展台的设计需要考虑一些基本的环境因素，包括人流情况、展厅高度、走道地板颜色、走道的宽度及展会有关展台设计和布置的其他要求或限制。另外，展台的设计与布置还需要考虑一些细节，如灯光、文字、展台的摆放布局等。展台的设计与布置应突出重点，将需要重点突出的商品或物品展示在展台中最醒目的地方。

（3）对展会现场工作人员进行展前培训。在展会上，现场人员的不佳表现将给企业带来负面的影响，而这些不佳的表现实际上通过展前的培训就可以避免。展前培训包括基本礼仪与着装要求、特许经营基础知识、项目介绍及加盟政策、现场沟通技巧、常见加盟问答和展会现场特殊情况处理等内容。

（4）参展前的预热工作。在展会之前，可以为展会做一些铺垫性的预热工作，如邀请意向加盟商来展会现场进行观摩和咨询，将参展计划告知那些可能对自己的特许经营项目感兴趣的人，通过相关媒体发布特许经营招商计划等。

5. 展会现场的组织管理与沟通技巧

（1）展会现场的组织管理。成功的展会活动需要良好的组织管理，需要对展会现场的工作进行分工协作。一般来说，一个展台需要有展台经理、推广人员、展示人员等。展台经理是展台现场的负责人，负责展台现场内外的一切组织工作；推广人员负责吸引观众并向观众推介特许经营项目；有的项目可能需要专人（展示人员）向观众展示产品。

（2）展会现场的沟通技巧。展会开门前，需要做好各项准备工作，如产品的展示陈列、加盟宣传资料的发放等。在展会现场，推广人员应主动跟观众交流，简练、概括性地介绍项目的特点。如果对方表现出想进一步了解的意向，可以邀请其坐下来详谈。在了解了对方的背景和需求，并介绍了项目各方面情况后，最好能对沟通的关键要点做一个总结，并填写沟通情况的记录表，给对方提供相应的加盟项目资料，以便对方进一步了解，也可以预约对方在展会后的某一天进一步面谈。每谈完一个个，便对沟通的过程做一个回顾和评价，看看哪些环节需要改进。在每天展会结束后，全体工作人员也需要对当天的情况进行总结评价，一起探讨更好的方法和技巧。

（3）提高展会招商效果的一些方法。加盟商现身说法、现场签订意向协议、举办加盟说明会等都能在一定程度上提高展会的招商效果。

6. 展会后的工作

（1）意向加盟者的追踪。展会结束后一周内，应与意向加盟者取得联系，并向他们提供进一步的资料信息，或者邀请对方到总部或样板店进行参观及进一步的沟通，其后进入正常的加盟资格审核、谈判，直至签约的程序。

（2）展会效果的评估。展会结束后一周内，有必要对展会的整体工作进行评价，包括对展会的投入与收效情况、参展的技巧等进行总结。这样的总结将是下次参展获得更大成功的基础。

6.2.3 特许经营传统媒体推广策略

媒体广告是特许经营推广的常见方式。然而，广告界有一句名言：“广告费用有一半是浪费的，但问题是你并不知道是哪一半。”事实上，如果没有很好的媒体广告选择、评估和策划，很可能浪费的广告费用还不止一半。

1. 了解各种类型的广告媒体特性

进行广告媒体选择时，首先需要了解不同广告媒体类型的特征，不同类型的广告媒体有其不同的传播特征，其受众也是不一样的，即便同一种广告媒体如电视媒体，也会有各种频道，不同频道所对应的受众也有很大差异。按照载体的不同，广告媒体可以分为平面媒体、电视媒体、广播媒体、户外媒体、新媒体（网络媒体，将在后面单独介绍）五大类型，表 6-1 介绍了几种主要广告媒体的基本特性。

表 6-1　几种主要广告媒体的基本特性

媒　体	优　势	局　限
报纸	时效性、灵活性强，当地市场覆盖面大，可信度高	保存时间短，复制质量差，读者传阅率低
电视	综合视觉和听觉符号，感官吸引力强，受众注意力高度集中，传播面广，受众多	绝对成本高，广告拥挤，展露时间短，受众选择余地小
广播	成本低，受众总量大	只有声音效果，比电视注意程度低、展露时间短、受众选择余地小
杂志	地理和人口选择性强，可靠，声誉好，保存时间长，复制质量高，读者传阅率高	广告版面购买前置时间长，时效性差，刊登位置不能保证
直接邮寄	受众可选择性高，灵活性强，信息传播高度个人化，同一媒体内无广告竞争	成本较高，邮寄广告过多容易引起受众反感，邮寄名单获得比较困难
户外广告	展露时间长，成本低，竞争强度低	受众可选择性差，广告创造性受到限制

通过了解不同类型广告媒体的特性，特许经营总部就可以找到适合自己进行特许经营推广的广告媒体类型。

2. 广告媒体的评估

在对具体的广告媒体进行评估时，一般从以下几个角度进行。

（1）发行量。媒体的发行量主要针对大众媒体，是衡量媒体规模和影响面大小的一个重要尺度。

对于报刊媒体来说，发行量指的是每期发行（包括零售和订阅）的总份数；对于电视和广播媒体，发行量指的是收看或收听的受众总量。

（2）媒体受众。媒体受众指接收某种媒体并且通过这种媒体获取信息的人，包括直接接触者和通过传阅接触者。

（3）有效受众。所谓有效受众，是指接触媒体并具有广告诉求对象的特点的受众。在考虑特许经营推广与招商的媒体选择评估时，媒体的有效受众就是有可能成为受许人的潜在加盟商，这是在媒体选择评估时的一个非常关键的因素。有不少特许经营企业在选择媒体的时候，只是考虑媒体的知名度和发行量，却忽略了分析该媒体到底有多少有效受众，因此经常出现花了不少钱，却没有起到好的推广与招商效果的情况。

（4）千人成本。千人成本是指在某一媒体发布的广告接触 1 000 个受众所需要的费用，一般的计算公式是：千人成本 =（广告费用/到达人数）× 1 000。这个尺度可以明确地显示出在某一媒体发布广告的直接效益，因此常常作为评估媒体的重要量化标准。为了以最低成本获得最大效益，一般选择千人成本最低的媒体。

3. 广告发布的有效频度

广告是一种营销方式，更是一门艺术。从广告的定位、诉求策略、广告表现到媒体排期，都会影响广告的效果，其中，广告发布的频度也是影响广告效果的重要因素。

关于广告发布的有效频度，最为著名的是克鲁格曼（Krugman）博士在 1972 年提出的“三打理论”。他认为，人们普遍相信的“广告需要不断强化才能防止受众忘却”的观点是片面的，广告不断显露，并不如广告发布最初的 2～3 次有效。他的核心观点就是，消费者第一次看广告时知道是什么商品，第二次看广告时则了解商品的特征，第三次看广告时可以明确了解商品是否符合自己的需求，以后再看多少次，其效果都是一样的。

当然，“三打理论”并非绝对，有效频度还与项目情况、市场状况、媒体选择、广告创意等多种因素相关（见表 6-2），因此，在考虑广告发布时，还需要对这些因素进行综合考虑，以获得最佳的推广效果。

表 6-2 影响广告发布最低有效频度的因素

项目情况	新产品或新项目	新产品和新项目过去没有广告积累，因此最低有效频度的值会高于已经有广告铺垫的产品
	复杂性	复杂的产品和项目需要较多次说明，因此最低有效频度的值高于简单的产品和项目
	市场占有率	产品和项目市场占有率越高，最低有效频度的值越低
市场状况	市场区隔	市场细分越准确、策略越正确，最低有效频度的值越低
	细分的指标	受众心理细分标准清晰明确，可以降低广告的最低有效频度的值
	竞争状况	消费者的品牌忠诚度越低，最低有效频度的值越高 消费者群体平均年龄越低，最低有效频度的值越低 竞争品牌广告活动活跃时，最低有效频度的值比较高
媒体选择与广告创意	内容	广告内容越有吸引力，最低有效频度的值越低
	单位	广告版面越小、时间越短、时效越差，最低有效频度的值越高
	受众的媒体注意度	受众的媒体注意度越高，最低有效频度的值越低
	媒体组合	媒体组合越合理，最低有效频度的值越低

6.2.4 特许经营网络新媒体推广策略

由于具有便利、高效、无时空限制、低传播成本等特点，互联网已成为特许经营企业塑造和传播特许经营品牌及加盟商招募的重要渠道。随着互联网的发展，新媒体层出不穷，而且不断进行演变。

基于互联网的新媒体平台，主要包括但不限于：门户、搜索引擎、微博、微信、SNS、博客、播客、BBS、RSS、百科、手机、移动设备、App、视频等。

在特许经营招商推广实务中，新媒体推广并不是单一地通过上面渠道中的一种进行，而是多种渠道整合进行，甚至可以与传统媒体相结合，形成全方位立体式推广。

1. 官网

作为外界了解特许经营体系的窗口，建立特许经营品牌网站十分有必要。目前几乎所有的特许经营体系的总部都建立了自己的网站。网站建设是通过互联网进行特许经营推广的一项基础性工作。

特许经营企业（项目）网站的建设特别需要注重网页的设计和内容的规划。特别是网站首页的设计，如同店面的门面，既要美观、有亲和力，又要方便访问者查找相关内容。一个好的网站，常常是图文并茂、设计精美、引人入胜的。通过网站，潜在加盟者能了解特许经营企业或特许经营项目的相关信息，获得对特许经营品牌的体验。

2. 微博、微信

如果说官网是互联网时代的产物，那么微博和微信（包括微信公众号、服务号、小程序）则是移动互联网时代的标配。作为社交新媒体，微博和微信不仅能带来大量的流量，而且具有客户关系管理功能，能够对潜在加盟商进行信息管理。

3. 搜索引擎

百度等搜索引擎，是在互联网上进行特许经营推广的一个很好的方式。研究结果显示，超过 80%的网络用户习惯通过搜索引擎来寻找所关注的产品、服务或其他商业信息，其中，90%的人只查看搜索引擎结果页面的第一页。

因此，特许经营企业应尽量使主要搜索引擎中搜索企业或项目网站名称时，特许经营企业或项目网站能在检索结果的首页或靠前的页面中显示。如果不能出现在搜索引擎的第一页或靠前的页面中，信息排名落在竞争对手之后，访问者首先访问的是竞争对手企业或项目的网站，这样就容易错过推广与招商的机会。要使特许经营企业或项目推广的信息能够出现在搜索引擎的首页或靠前的页面，可以通过付费或网络技术优化的方式来实现。

4. 垂直网络媒体平台

适合特许经营企业进行推广的垂直网络媒体平台一般有两大类型：一是行业类网络平台，如餐饮、美容行业网站或自媒体等；二是特许经营专业类网站，如中国特许加盟网（www.mxj.com.cn）等。垂直网络媒体平台的特点是目标较精准，而且费用相对较低。

5. 视频直播平台

5G 时代也是短视频爆发的时代。特许经营企业可以利用短视频进行场景化、互动性的推广传播。视频直播平台主要分为三类：一是以爱奇艺、腾讯等为代表的传统视频平台；二是以快手、抖音为代表的短视频平台；三是以斗鱼、虎牙、YY 等为代表的直播平台。

6.3 特许经营推广与招商的流程和关键环节

6.3.1 特许经营推广与招商的流程

特许经营推广与招商需要遵循严格的流程，严格的流程既能提高加盟商甄选和加盟店开办的成功率，也能提高推广与招商的工作效率。一般情况下，从推广与招商信息发布到新的加盟店开业，一共需要经历八个步骤（见图 6-1）。

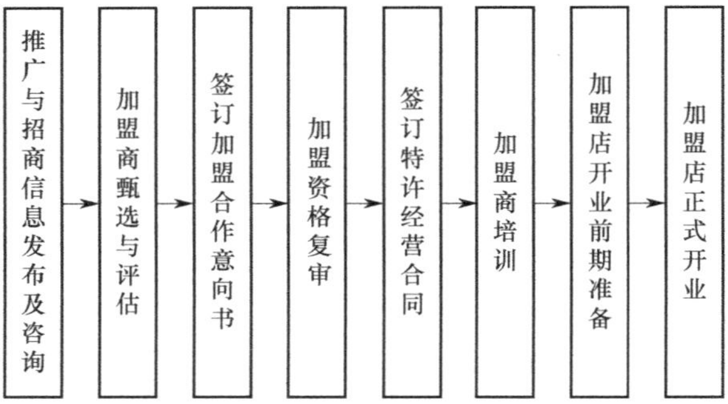

图 6-1 特许经营推广与招商的流程

1. 推广与招商信息发布及咨询

有关特许经营推广与招商信息发布的渠道和策略，我们在上一节中已经做了详细的介绍。在推广与招商信息发布过程中，特许经营企业的推广部门会向加盟申请人发放加盟指南、加盟申请表等资料，并向加盟申请人提供相关的咨询，有的还会邀请和安排加盟申请人来特许人公司和样板店参观，其目的在于让加盟申请人对特许经营项目有更多了解，以产生加盟的欲望。

2. 加盟商甄选与评估

当加盟申请人填写好了加盟申请表的相关内容并反馈到特许经营总部时，特许经营总部负责特许经营推广与招商的部门会就加盟申请表的相关内容进行认真评估。如果加盟申请人的情况符合加盟的基本条件，则一般会邀请加盟申请人面谈沟通，以确认加盟申请人是否符合加盟要求。此过程同样也是加盟申请人进一步了解特许人的过程。

由于加盟商评估是一项非常重要而系统的工作，在 6.3.2 节中专门介绍加盟商评估的具体内容和方法。

3. 签订加盟合作意向书

特许人经过对加盟申请人的初步评估后，经过双方沟通，通常情况下，在双方签订特许经营合同之前都要签订一份加盟合作意向书。签订加盟合作意向书的目的：一方面，在正式的特许经营合同签订前，加盟申请人还必须准备开办加盟店的店铺等，因此需要约定将加盟申请人在某一区域市场的加盟资格保留一定的时间；另一方面，在签订正式的特许经营合同前，仍然是特许人和加盟申请人相互进行考察的时期。

4. 加盟资格复审

在签订加盟合作意向书后，加盟申请人需要按照特许人的指导和要求寻找适合的店址，并准备工商营业登记等事项。在此过程中，特许人会对加盟申请人各方面情况做进一步的调查评估，包括对加盟申请人提供的店址进行调查评估，如果加盟申请人的情况及店址的情况经过评估符合要求，则意味着加盟申请人的加盟资格得到进一步确认。

加盟商甄选与评估和加盟店选址评估是加盟评估过程中的两个关键环节，6.3.2 和 6.3.3 两节将对加盟商甄选与评估和加盟店选址评估的内容及方法进行详细介绍。

5. 签订特许经营合同

在加盟申请人完成加盟前的准备工作，特许人完成对加盟申请人加盟资格的复审后，双方即可正式签订特许经营合同，同时特许人授予加盟商相应的授权证书和标识。

需要特别说明的是，特许经营合同的签订还必须履行相关法律的要求。我国《商业特许经营管理条例》规定，在正式签订特许经营合同之日前至少 30 天，特许人须以书面方式向受许人进行信息披露，并提供特许经营合同文本。由于特许经营信息披露及特许经营合同涉及重要的法律法规，我们将在本书的第 9 章专门进行介绍。

6. 加盟商培训

在与加盟商签订特许经营合同后，特许人即开始启动对加盟商及其员工的培训。在培训前，往往特许人要指导和帮助加盟商进行加盟店员工的招聘，包括指导加盟商确认需要招聘员工的岗位、数量、招聘标准、基本的薪酬结构等。

（1）培训对象。当准备开业的加盟店人员招聘到位后，特许人的培训部门即开始对加盟商及其员工进行系统化的培训。一般来说，开业前培训的对象包括加盟商本人、加盟店店长和经理、加盟店其他关键岗位的店员。

（2）培训内容。除了有关特许经营企业的企业文化、特许经营企业介绍、基础知识等通用知识，一般来说，需要针对不同的岗位分别安排课程的培训。

（3）培训方式。开业前的培训一般采取集中授课和在岗实习的方式进行。集中授课主要是讲述基本的知识、理论、方法、技能。在岗实习一般在特许人的直营样板店中进行，或者在加盟店正式开业前的试运行期间，特许经营总部委派培训督导人员进行现场指导，在岗实习主要强调的是具体的岗位操作技能。

（4）培训考核。成熟的特许经营体系，对加盟店上岗前的人员培训有严格要求，按照既定课程培训完后，会进行严格的培训考核，对考核合格者颁发培训合格证书和上岗证书。对未通过培训考核的人员，禁止其上岗作业。

7. 加盟店开业前期准备

经过系统培训后，加盟商即开始准备加盟店的开业事宜。由于新的加盟商很多是初次涉入该特许经营业务，即便以前有过相关的经验，但是对刚加入的特许经营项目的运作也缺乏足够的了解，因此开业前的支持对新的加盟商来说非常重要。除了选址和员工招聘与培训，特许人对加盟商的支持一般还包括以下五个方面。

（1）加盟店营建支持。一般情况下，特许人会协助提供加盟店装修设计和经营场所布局规划的相关图纸，以供加盟店参考，特许人还可能会提供施工方面的具体标准和相关经验。有的特许经营总部可能设有营建部门，负责为加盟店提供设计规划和施工服务。在整个过程中，特许人既是支持辅导者，也是监督者，也就是说，如果加盟店装修不能达到特许人的要求，特许人可能不会允许加盟店开业。

（2）经营设备、材料提供和采购建议。开业前，特许人须按特许经营合同约定向加盟店提供相关设备和材料。如果不是由特许人提供的，则特许人需要对相关设备、材料的采购提供建议，包括采购渠道，供应商信息，设备或材料的具体规格、标准、数量及价格信息等。

（3）经营策略制定。在市场调查研究的基础上，帮助加盟店制定在当地市场的经营和竞争策略，包括价格策略、促销策略、公关宣传策略、客户服务策略等。

（4）商品配送。基于加盟店的定位和经营策略，根据特许经营合同约定，为加盟店提供相关的货品，并且提供货品陈列、销售策略等方面的指导。

（5）开业策划。“一个好的开始，是成功的一半”，对大多数的店面经营来说，开业都是一次重大的营销活动，因此特许人一般会利用自己的成功经验，指导或协助加盟店进行开业活动策划，以期获得“开门红”的良好效果。

8. 加盟店正式开业

在经过精心的准备和策划后，加盟店就可以择日开业了。有的特许经营体系在加盟店开业时，总部会派出专门的督导人员协助加盟店开业，并驻店扶持一段时间，以帮助加盟店的运营走向正轨。

6.3.2 加盟商甄选与评估

加盟商甄选与评估是特许经营推广与招商流程的关键环节，其核心是通过各种方式对意向加盟商进行调查评估，以判断其是否能成为特许经营体系的合格加盟商。

1. 加盟商甄选与评估的内容

（1）加盟申请人的基本情况，主要包括加盟申请人的姓名、性别、年龄、籍贯、联系方式、婚姻状况、家庭情况、身体健康状况、兴趣爱好、受教育程度等。表 6-3 是某特许经营品牌的加盟申请人基本情况表。

表 6-3　某特许经营品牌的加盟申请人基本情况表

<table>
<tr><td>加盟申请人姓名</td><td colspan="2"></td><td>身份证号</td><td colspan="4"></td></tr>
<tr><td>通信地址</td><td colspan="5"></td><td>邮　编</td><td></td></tr>
<tr><td>电　话</td><td>（区号）</td><td colspan="2">（办）</td><td colspan="2">（宅）</td><td>传　真</td><td></td></tr>
<tr><td>手　机</td><td></td><td>寻　呼</td><td colspan="2"></td><td>E-mail</td><td colspan="2"></td></tr>
<tr><td colspan="8">个人资料</td></tr>
<tr><td>性　别</td><td></td><td>出生年月</td><td></td><td>户籍所在地</td><td></td><td>婚姻状况</td><td></td></tr>
<tr><td>身体状况</td><td colspan="3"></td><td colspan="2">兴趣爱好及特长</td><td colspan="2"></td></tr>
<tr><td>家庭住址</td><td colspan="7"></td></tr>
<tr><td colspan="3">家庭主要成员情况</td><td colspan="5"></td></tr>
<tr><td colspan="8">主要学习经历</td></tr>
<tr><td colspan="2">学校</td><td colspan="2">毕业时间</td><td colspan="2">专业</td><td colspan="2">学历</td></tr>
<tr><td colspan="2"></td><td colspan="2"></td><td colspan="2"></td><td colspan="2"></td></tr>
<tr><td colspan="2"></td><td colspan="2"></td><td colspan="2"></td><td colspan="2"></td></tr>
<tr><td colspan="2"></td><td colspan="2"></td><td colspan="2"></td><td colspan="2"></td></tr>
</table>

（2）职业经验，主要包括加盟申请人的工作经历、经营管理工作经验、加盟其他特许经营体系的经验等。表 6-4 是某餐饮特许经营企业的加盟申请人工作经历与经验记录表。

表 6-4　某餐饮特许经营企业的加盟申请人工作经历与经验记录表

<table>
<tr><td colspan="4">工作经历</td></tr>
<tr><td>时间</td><td>单位</td><td>职务</td><td>离职原因</td></tr>
<tr><td></td><td></td><td></td><td></td></tr>
<tr><td></td><td></td><td></td><td></td></tr>
<tr><td></td><td></td><td></td><td></td></tr>
<tr><td colspan="4">工作经历证明人</td></tr>
<tr><td>姓名</td><td>公司</td><td>职务</td><td>联系电话</td></tr>
<tr><td></td><td></td><td></td><td></td></tr>
<tr><td></td><td></td><td></td><td></td></tr>
<tr><td></td><td></td><td></td><td></td></tr>
<tr><td colspan="4">如有特许加盟经验，请描述：</td></tr>
<tr><td colspan="4">如有餐饮行业工作经验，请描述：</td></tr>
<tr><td colspan="4">如有大众服务和销售工作经验，请描述：</td></tr>
</table>

（续表）

如有员工管理经验，请描述：
你以往事业上最大的成就是什么？成功的关键是什么？请描述：

（3）加盟理念，主要包括意向加盟者的加盟动机、自我认知、加盟合作理念、管理理念等方面。以下是某图书特许经营体系加盟申请表中关于加盟理念的部分内容。

某图书特许经营体系加盟申请表（部分）

1．您申请加盟XX书屋的最主要原因是：

① 想拥有自己的事业 ② 热爱图书事业 ③ 获得在当地市场的竞争优势 ④ 找一条赚钱谋生之路 ⑤ 其他（请写出）______________________________

2．您是否已在当地开设书店？________（是、否）

如果有，书店名称__________经营面积__________平方米，年销售额______万元，年纯利__________万元，按经营规模在当地排名第__________________，您目前书店经营的困难主要是____________________________。

3．您希望得到XX书屋的哪些支持？

① 图书配送，进书渠道 ② 品牌引进 ③ 会员制销售模式 ④ 营销支持 ⑤ 其他_____

4．您如何经营XX书屋？

① 聘人经营管理 ② 自己兼职经营管理 ③ 自己全职经营管理

5．您自己举办XX书屋具有哪些方面的优势？

① 相关从业经验：__________________________________

② 资金投入：____________________________________

③ 当地公共关系：__________________________________

④ 家庭成员支持情况：______________________________

⑤ 其他优势（请写出）：_____________________________

（4）财务状况。如表6-5所示，对加盟申请人的财务状况调查主要包括加盟申请人能够投入的资金量大小、个人收入及资产状况、信用记录状况等。

2．加盟商甄选与评估的方法

（1）问卷调查法。问卷调查法是最常用的甄选与评估方法。具体操作如前所述，设计好加盟申请表和问卷，由加盟申请人填写，加盟申请人反馈申请调查表和问卷后，特许人对加盟申请人提供的信息进行评估。

表 6-5　某特许经营体系加盟申请人财务状况调查表

您可以投资×××特许加盟项目的自有资金为　　　万元人民币			
财务报表（个人）——资产与负债			
资产	人民币（万元）	负债（请列举）	人民币（万元）
银行存款			
股票、债券			
应收账款、应收票据			
事业投资（可变现资金）			
房屋等不动产			
其他			
资产总计（A）		负债总计（B）	
净资产总计（A－B）		——	
个人最近一年全年收入（万元人民币）			
薪水		营利收入	
奖金（佣金）		房地产收入	
股息红利/利息收入		其他收入	
总计年收入		——	
1. 如以上资产负债包括配偶和其他人名下的所有资产负债，请说明：			
2. 如以上资产是以别人赠送的形式获得的，请说明：			
3. 如有其他共同出资人，请您的合作伙伴也同样单独填写申请表。			
4. 如您为其他任何人（公司）作担保人，请描述名称、金额等。			
5. 如您有信用不良记录和遭其他金融机构拒绝往来，请说明：			
6. 如您投资的事业有过重整、破产和倒闭情形，请说明：			

（2）面谈评价法。通过了加盟申请的初步评估后，特许人一般会约请加盟申请人进行面谈，面谈一般会就申请表中的相关内容进行求证，面谈还会涉及其他相关内容。有的特许经营体系在招募加盟商时，可能需要经历几次面谈，每次由特许经营总部的不同人员就不同内容进行沟通。

（3）访谈调查法。以电话、电子邮件、见面访问等方式，对加盟申请人情况知情的人员进行访谈调查。

（4）委托调查法。委托相关专业机构调查加盟申请人的银行信用记录、犯罪记录等情况。

（5）实地调查法。在有的情况下，特许人会委派专门的人员到加盟申请人现有工作单位和家庭所在地进行实地调查。

（6）实习考察法。有的特许经营企业会让加盟申请人在特许人的直营店和样板店内实习数天，通过实习过程中的表现来考察加盟申请人是否适合做加盟商。

（7）培训考核法。培训考核是加盟申请人已经通过了前期的资格评估审查，进入培训阶段的考核评估。成熟的特许经营体系都会有一整套完善的培训体系，同时对意向加盟商和新加盟商也有严格的要求，如果培训考核通不过，可能不会获得加盟资格。

6.3.3 加盟店选址调查评估

对一个加盟店来说，选址具有战略性意义，在很大程度上决定了加盟店是否能够经营成功。因此在第 4 章中将选址模型作为单店盈利模式构建的要素。

在成熟的特许经营企业中，由专门的部门和人员负责加盟店的选址指导和评估。如果没有一个好的店址，加盟资格通常也难以通过。而选址调查评估，就是通过各种方式来确认备选的店址是否符合选址的原则和标准，能否使加盟店经营获得成功。在具体操作中，选址调查评估包括目标城市市场调查评估、商圈调查评估、店址调查评估、选址决策四个层次。

1. 目标城市市场调查评估

首先，选址应从大处着眼，把握区域市场的整体商业环境，由于区域市场大多以城市为单位，因此下面以城市为例来进行介绍。

（1）城市类型。先看地形、地理、气候等自然条件，继而调查行政、经济、历史、文化等社会条件，判断是工业城市还是商业城市，是中心城市还是卫星城市，是历史城市还是新兴城市。

（2）城市设施。学校、图书馆、医院、公园、体育馆、旅游设施、政府机关等公共设施能起到吸引消费者的作用。因此，了解城市设施的种类、数目、规模、分布状况等对选址是很有意义的。

（3）城市规划。街道开发计划、道路拓宽计划、高速公路建设计划、区域开发规划等，都会对未来商业产生巨大的影响，应该及时捕捉、准确把握其发展动态。

（4）交通条件。在城市条件中，对店铺选址最直接的影响因素是交通条件，包括城市区域间的交通条件、区域内的交通条件等。

（5）经济发展状况。包括城市 GDP 及近两年增长率、人均 GDP、社会零售消费总额、人均收入、人均消费、同行业从业人员人均收入等。

（6）消费者状况。包括城市总人口，市区人口，人口结构、数量、比例，市区有多少户家庭，户均人数，从业人员数量，收入，消费水平及消费习俗等。

（7）竞争对手状况。包括该城市竞争对手的数量、门店数量，经营情况等。

（8）媒体情况。包括平面媒体、电视媒体、广播媒体、户外媒体的数量、发行量、发行对象、发行方式、广告报价等情况。

2. 商圈调查评估

（1）商圈的概念。商圈是指商店以其所在地点为中心，沿着一定的方向和距离扩展，吸引顾客的辐射范围，简单地说，就是来店顾客所居住的区域范围。不同的商店由于所在地区、经营规模、经营方式、经营品种、经营条件的不同，商圈规模、商圈形态存在很大差别。同样一个商店在不同的经营时期受到不同因素的干扰和影响，其商圈也并不是一成不变的，商圈规模时大时小。一般来说，商圈由核心商业圈、次级商业圈和边缘商业圈构成。核心商业圈是离商店最近、顾客密度最大的地方，约占商店顾客的 50%～70%，在核心商业圈的外围，顾客较分散，市场占有率相对较小。

（2）确定商圈的方法。确定商圈一般有两种基本的方法：一种是参照法，另一种是调查法。

所谓参照法，即参照某一类似的市场或地区已有的店面的商圈规模大小确定。这种方法在使用上为了尽可能地接近本店所在地区的实际情况，可根据参照市场或地区店铺在经营规模、经营特色上的不同，以及居民人口分布、城市建设、交通设施状况、商业布局等方面的差异，进行合理的修正，以取得较为准确的商圈饱和指数。

所谓调查法，即通过填写调查问卷的方法，把握在所定商圈范围上最远的而且愿意到预定地址购物的消费者的信息，以确定商圈。调查问卷的内容应包括住址、来店频率（次/周或次/月）等信息。根据收回的调查问卷进行统计，将所收集的最远的消费者的住址在图上画线连接起来，商圈范围就自然显现出来了。

一般来说，参照法比较适合已经有意向店址但还没有开业的门店，调查法适合已经开业经营的门店。在加盟店进行选址调查评估时，采取参照法比较适合。当加盟店运营一段时间后，可以采取调查法以使商圈范围进一步明确。

（3）商圈调查评估的内容。

- 商圈类型和特性：属于什么样的商圈类型，是商业区还是住宅区，是文教区还是办公区等。
- 商圈特性的研究，包括商圈范围，即核心商业圈、次级商业圈、边缘商业圈。
- 商圈内的人口数预估与消费者特征，如年收入、支出、消费习惯等。
- 道路及停车状况，以及店址附近主要道路的交通流量，包括人流、自行车流、汽车车流等。
- 调查竞争情况、现有竞争者的商业形式、位置、数量、规模、营业额、营业方针、经营风格、经营商品、服务对象。
- 相关的法规、税收、执照、营业限制等。

3. 店址调查评估

店址调查评估包括店址基本条件评估、店址周边情况评估、店址客流评估三个方面。

（1）店址基本条件评估。

- 店面面积结构。包括店铺面积、形状、地基、倾斜度、高低、门面宽度、方位等。
- 可视性和易接近性。店面要容易被看到，容易被找到，方便进入。

- 营业基础设施。包括水、电、通信等门店正常营业所需的基本设施条件，有的还需要考虑是否有停车场等附属设施条件。
- 租金。租金往往是开店的一笔大的固定支出，要考虑是否在合理范围内。
- 法律条件。在新建分店或改建旧店时要查明是否符合城市规划及建筑方面的法规，特别要了解各种限制性的规定。

（2）店址周边情况评估。

- 周边环境评估。包括店址周边的交通状况、公共设施，甚至包括环境卫生等，是否适合加盟店的经营。例如，在一个垃圾站旁边开一家餐厅，肯定不会有好的生意。
- 互补商家评估。所谓互补商家，是指经营的商品或服务不同但顾客类型相同或相近的商家。换句话说，开店也需要一个好邻居。例如，时尚女装店与美容化妆品店就可以形成互补，它们的经营类别不一样，但目标顾客相似，这样的店铺在一起，就容易共享客流。
- 竞争商家评估。消费者进行购物消费，往往喜欢到店面集中的地方，这样就能够“货比三家”。因此，选择竞争店集中的地方开店，不愁没有客流。但是，需要注意的是，加盟店与这些竞争店相比，是否具有差异性或竞争力。表 6-6 是某特许经营企业进行竞争对手调查所使用的调查表。

表 6-6 竞争对手调查表

调查项目	具体描述
竞争对手名称	
地点	
与本店的距离	
面积	
开业时间	
经营定位	
商品品类	
员工人数	
销售额/月	
客流量/日	
服务水平	
与店铺的距离	
宣传促销活动	
竞争优势	

（3）店址客流评估。客流量的大小是影响加盟店成功的关键因素。一般来说，门店的客流分为自身客流、分享客流、派生客流三种类型。自身客流就是那些专门为购买某项商品或服务而来店的顾客所形成的客流；分享客流是指邻近的互补店所带来的客流；

派生客流是指顺路进店的顾客所形成的客流，这些顾客并非专门来店购物。

对分享客流和派生客流一般要采取实地调查的方式进行调查评估，即派人在店址周边的主要道路、互补店进行人流的调查和统计（见表 6-7、表 6-8）。

表 6-7　人流调查统计表

地点：__________　调查人：__________　调查时间：________

时　段	机动车流量（辆）		自行车流量（辆）		人流量（人）		备注
	上行	下行	上行	下行	上行	下行	
7：00—8：00							
8：00—9：00							
9：00—10：00							
10：00—11：00							
11：00—12：00							
12：00—13：00							
13：00—14：00							
14：00—15：00							
15：00—16：00							
16：00—17：00							
17：00—18：00							
18：00—19：00							
19：00—20：00							
合计							

表 6-8　互补店客流调查表

互补店：__________　调查人：__________　调查时间：____________

时　段	节假日人数	平时客流	备注
7：00—8：00			
8：00—9：00			
9：00—10：00			
10：00—11：00			
11：00—12：00			
12：00—13：00			
13：00—14：00			
14：00—15：00			
15：00—16：00			
16：00—17：00			
17：00—18：00			
18：00—19：00			
19：00—20：00			
合计			

由于在选址阶段，加盟店尚未开业，因此自身客流的评估主要采取的是比较法或推算法。比较法就是根据与特许经营体系类似的选址情况来推算加盟店的人流；推算法就是根据城市市场状况、商圈情况、人流状况及加盟店的经营策略来进行自身客流的推算。

4. 选址决策

经过前面三个步骤的调查评估后，最后需要对店址进行确认。店址确认常常是将几个备选店址的情况放在一起来进行综合比较和评估，最终还要根据调查评估数据对备选店址进行销售额和盈利状况预测，以最后确定最佳的店址。如果经过评估预测不能获得盈利，那么就应该放弃这个店址。

肯德基的选址策略

肯德基对餐厅的选址非常重视，选址决策一般是两级审批制，需要通过两个委员会的同意：一个是地方公司，另一个是总部。其选址成功率几乎是百分之百，这是肯德基的核心竞争力之一，以至于它的竞争对手麦当劳在选址时会采取跟进策略。这样不仅可省去考察场地的时间和精力，还可以节省许多选址成本。

一、商圈的划分与选择

1. 划分商圈

肯德基计划进入某城市，首先通过有关部门或专业调查公司收集这个地区的资料。商圈规划采取记分方法，例如，这个地区有一个大型商场，商场营业额在 1 000 万元算 1 分，5 000 万元算 5 分，有一条公交线路加多少分，有一条地铁线路加多少分。这些分值标准是多年平均下来的一个较准确的经验值。通过打分把商圈分成几大类，以北京为例，有市级商业型（西单、王府井等）、区级商业型、定点（目标）消费型，还有社区型、社区商务两用型、旅游型等。

2. 选择商圈

选择商圈即确定目前重点在哪个商圈开店，主要目标是哪些。在商圈选择的标准上，一方面要考虑餐馆自身的市场定位，另一方面要考虑商圈的稳定度和成熟度。餐馆的市场定位不同，吸引的顾客群不一样，商圈的选择也就不同。商圈的成熟度和稳定度也非常重要，要考虑设立店铺的地方将来是否有可能成为成熟商圈。

二、聚客点的测算与选择

1. 要确定这个商圈内最主要的聚客点在哪里

例如，北京西单是很成熟的商圈，但不可能西单任何位置都是聚客点，肯定有最主要的聚集客人的位置。肯德基开店的原则是，努力争取在最聚客的地方及其附近开店。

过去古语说“一步差三市”，开店地址差一步就有可能差三成的买卖。这跟人流活动的线路有关，可能有人走到这，该拐弯，则这个地方就是客人到不了的地方。也许差不了一个小胡同，但生意差很多。这些在选址时都要考虑进去。人流动线是怎么样的？在这个区域里，人从地铁出来后往哪个方向走？对这些问题，肯德基都会派人去掐表，去测量，在有一套完整的数据之后才据此确定地址。选址时一定要考虑人流的主要动线会不会被竞争对手截住。

2. 聚客点选择影响商圈选择

聚客点的选择也影响商圈的选择。因为一个商圈有没有主要聚客点是这个商圈成熟度的重要标志。例如，北京某新兴的居民小区，其居民非常多，人口素质也很高，但据调查显示，找不到该小区的哪个地方是主要聚客点，这时就可能先不去开店，在这个社区成熟或比较成熟后，知道其中某个地方确实是主要聚客点才开店。

思考

（1）为什么要进行加盟商模型设计？特许经营发展速度越快越好吗？

（2）特许经营推广有哪些主要渠道？通过传统媒体、新媒体、展会、店面等方式进行推广，各自有什么优点？分别需要考虑哪些因素？

（3）特许经营推广与招商流程中有哪几个步骤？

（4）在特许经营推广与招商流程中，哪几个环节是最重要的？

（5）加盟商的甄选与评估主要包括哪些方面？一般采取什么方法进行甄选与评估？

（6）加盟店选址调查评估包括哪几个层次的内容？店址的调查评估包括哪些内容？

案例分析

谭木匠——让产品和店面说话

2019 年，纽约时间 10 月 19 日，谭木匠美国纽约旗舰店在法拉盛区的中心街道正式开业，这也是继加拿大多伦多旗舰店开业后，谭木匠在北美市场的第二家店。

作为全球首家专业生产木梳的上市公司，谭木匠不仅把木梳这一生活小物件做到了极致，而且致力于将中国传统手工艺文化推向全球。迄今为止，谭木匠已在新加坡、加拿大、马来西亚、美国、日本等多个国家开设海外旗舰店，谭木匠海外市场拓展的思路也从以往的卖货思维转变到品牌思维，意在传递中国品牌新形象。截至 2019 年年底，谭木匠已在全国及海外共有特许加盟专卖店 1 200 多家。

与很多特许经营企业通过投入大量媒体广告来迅速成名并快速发展加盟的做法不同的是，谭木匠的广告投入极少，而是将其主要资源和精力投入产品和店面形象设计等方面。

1. 品牌策划

谭木匠公司曾用“三峡”“先生”等作为产品品牌，但效果不好，最后才推出“谭木匠”这个品牌。“谭木匠”是一个很好的品牌名称，“木匠”是对中国传统木工手艺人的称呼，“木匠”前冠以“谭”字，符合中国传统商号的取名习惯，念出来，就给人一种沧桑、厚重的历史感。这三个字的造型也称得上匠心独运，“谭”用隶书，“木”是几块木板搭成，“匠”则配以木工作坊劳作图，极具中国传统文化特色。

2. 店面设计

谭木匠的专卖店面积虽然不大，但是地点都选在城市闹市区，人流大，消费能力高。

谭木匠在店面上有统一的风格要求，经营单类产品，首先就给人高档次的专业形象，增强了人们的购物安全感，也满足了人们对购物体验的心理需求。挂满四壁的格式精致小梳，给人置身于梳子王国的感觉。店头的全木包装，店内木质展台的精巧设计，极具特色的陈列，与其他木梳简陋的销售场所形成鲜明对比，陈列和装饰的文化氛围，彰显了独特的品牌个性，很容易就让路过的人留下深刻印象，很多人就是偶然路过才知道有“谭木匠”，进而成为谭木匠的客户，甚至老客户。

3. 产品规划

品质与创新，是谭木匠产品设计与生产的核心。谭木匠将传统工艺与现代专利抛光技术、插齿技术结合起来，用料考究，具有防静电、保健、顺发等基本功能，梳子梳齿圆滑、手感舒适，产品外观将实用和艺术很好地结合起来，创造了多样的梳体造型，赋予其艺术美的品位。

按照木材质地划分，谭木匠的产品有黄杨木、檀木、牛角等系列；按用途划分有普通桃木梳、护发梳、合家欢、婚庆梳、婚庆梳及发夹、镜子、佛珠等系列产品。产品开发概念有牡丹、翠竹组成的“花开富贵，竹报平安”“凤求凰”“鹊桥仙”等系列，突出民族特色，符合中国人的欣赏习惯，为产品增添文化特色。丰富的产品系列不仅使消费者有了更多的挑选余地，也扩大了消费群体，还能体现谭木匠优秀的产品研发和设计能力，这又是高档次品牌应该给客户留下的印象。

谭木匠普通木梳的外包装是黑色或蓝底白花的中式小布口袋，高档木梳有礼品盒包装，非常富有中国传统特色，礼品袋、礼品盒的设计使谭木匠的产品不仅有实用价值，还成为馈赠佳品。

4. 价格策略

价格与包装一样，能够体现品牌地位。谭木匠有三条定价策略。一为高价，谭木匠的梳子，最便宜的是 18 元，最贵的超过 200 元，普通的黄杨木梳子，价格是 38 元。高价位不仅使谭木匠获得了很高的利润，而且也与其专卖店的销售方式和地理位置相协调，还能传播出品牌的不同凡响。二为统一定价，所有专卖店的价格是一样的。三为不还价，一律按照标价出售，没有折扣。谭木匠的定价策略向消费者传递的信息是，谭木匠的梳子与其他梳子存在很大区别，谭木匠产品物有所值，从而也坚定了消费者的购物信心。

5. 特许发展

谭木匠通过在品牌形象、店面形象、产品设计等方面做足内功，获得广泛的知名度和美誉度，并吸引了大量来自海内外的加盟投资者。然而，谭木匠在特许经营发展方面始终保持非常冷静的头脑，一直把握发展的速度和节奏。谭木匠每年都收到上千份加盟申请，但通过审核的仅几十家。谭木匠的创始人谭传华说："对于那些不诚实的加盟商，宁可我自己赔钱，也要否定。"

问题：

（1）从谭木匠案例和开篇的黑奥秘案例中，你得到哪些启示？

（2）你认为谭木匠和黑奥秘在特许加盟的发展策略上有什么共同之处？

实训

企业实训

（1）为本企业提炼、优化特许加盟商模型。

（2）为本企业设计门店选址调查评估表。

（3）为本企业策划特许加盟推广和加盟招商策略方案。

课堂实训

1. 选址调查评估

（1）实训题目：选址调查评估。

（2）实训目的：理解选址对单店经营的重要性，了解选址的基本程序和方法。

（3）实训要求：3～5 名同学为一组，联系一家特许连锁经营企业，参与或协助其进行一个门店的选址调查和评估，包括城市整体市场调查评估、商圈调查评估、店址调查评估，以及单店经营预测分析。

（4）实训结果：按照实训要求的内容，提交一份完整的选址报告。

2. 特许经营推广与招商策划

3～5 名同学为一组，在当地选择一个特许经营企业，为其进行特许经营推广与招商方案的策划，其中，包括特许经营发展的目标市场选择、特许加盟模式选择、加盟商模型、推广渠道与策略、加盟招商流程等。

第 7 章

特许经营培训与训练

21 世纪不动产升级培训体系为"C21 大学"

作为人力密集型、流动大、门槛低的行业，培训一直是中介行业效率竞争的核心板块。

在中国，21 世纪不动产被称为中介行业的"黄埔军校"，这源于在过去近 50 年的特许加盟支持系统构建中，21 世纪不动产集合全球优秀门店与顶级咨询公司联合打造的一整套培训课程及机制，能全面满足一家门店的经纪人从零到管理者、店东、卓越店东的全角色升级路径。

在过去 20 年的发展中，有不少业内人士受过 21 世纪不动产课程理念的影响。其国际管理课程（International Management Academy，IMA）提供了中介门店的管理核心理念及方法指导，被誉为中介行业的"MBA 课程"。

为了在新时期给平台上的企业家提供更多支持，21 世纪不动产升级培训体系为"C21 大学"，要打造陪伴经纪人和店东终身学习的平台。

在店东层面，除引进创业家成长必修课（Manager Certification Program，MCP）、招募 21（RECRUIT21）、保留 21（RETAIN21）等原版课程，巩固店东嘉奖认证体系外，21 世纪不动产还特别启动"领袖商学院"项目，首期与浙江大学合作，开展研习交流。

同时，21 世纪不动产"创业家导师团"第一批导师亮相，该项目会发挥 21 世纪不动产现有优秀企业家的力量，帮助更多潜力门店发展裂变。

除了在培训层面加大投入，21 世纪不动产还将通过"城市合伙人计划"给予店东直接的资金支持，帮助店东共同成长。

21 世纪不动产的培训体系还涵盖经纪人的发展和成长计划，包括区域新人培训、店内培训、经纪人业务能力训练专项课程及对经纪人嘉奖认证体系等。

职业指导

培训技能是管理者需要具备的基本技能

复制是连锁经营和特许经营的基本特征，培训是其实现复制的基本功能。实际上，培训能力不仅是连锁经营或特许经营企业需要具备的基础能力，也是管理者需要具备的基本管理技能。

在连锁经营或特许经营企业，培训不仅是培训部门的工作，也是各级管理者（包括门店基层管理人员）的基本职责。作为管理者，履行培训职责，不仅仅是在作为企业内部培训师的时候，更多体现在日常的管理工作之中。

懂培训、会分享的管理者将有助于提高团队的凝聚力，提升团队的学习力，从而提升企业工作效率，提高核心员工留任率，节约企业运营成本。

因此，不论你的职业规划是成为一名创业者，还是成为企业（包括门店）的管理者，都需要不断提升自己的培训技能。

阅读指南

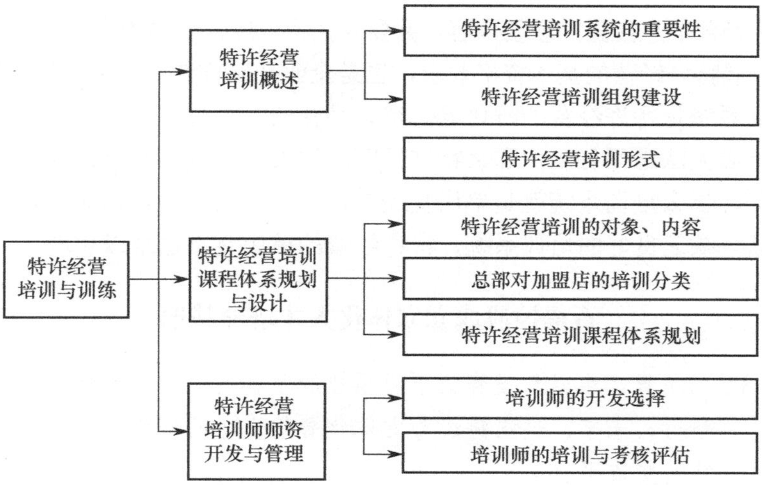

7.1　特许经营培训概述

7.1.1　特许经营培训系统的重要性

1. 培训与训练的区别和联系

培训和训练是意思相近、联系密切，但侧重点略有不同的两个概念。简单地说，培训更多侧重传播和传授知识、理念和经验，在方式上更多采取讲授的方式，即“我说你听”，从结果上来说，更多是“知”。训练更多侧重“练”，即通过指导和练习，使学员掌握或提升某种具体的技能或能力，在方式上倡导“从应知到应会”“从知识到技能”，不仅仅是“我说你听”，更多是“我说你听，我做你看，你做我看，你做你说”，从结果上来说，更多是“会”。

相对来说，“训练”更适用于技能与操作层面，有不少连锁经营或特许经营企业将专门负责门店运营作业层面培训的部门命名为“训练部”，将门店承担店内新员工或基层员工技能培训的资深员工称为“训练员”。而“培训”的含义相对更加广泛，在具体应用时，既可以包括基层的技能操作训练，也可以包括各个层级非技能操作的知识、理念、经验的传播和传授。

因此，很多连锁经营或特许经营企业，并没有将“培训”和“训练”进行过多的区分，而是统称为“培训”。为了行文方便，在本书中也更多采用“培训”的概念。

2. 培训系统对特许经营的重要意义

培训能力是开展特许经营的必备条件。我国《商业特许经营管理条例》第七条明确规定：特许人从事特许经营活动应当拥有成熟的经营模式，并具备为受许人持续提供经营指导、技术支持和业务培训等服务的能力。《商业特许经营管理条例》还将培训的内容和方式等作为特许经营信息披露的重要内容，并要求在特许经营合同中予以明确。可见，培训能力是企业开展特许经营的基本资格要求，也是企业开展特许经营的必备条件。

（1）培训系统是特许经营的孵化器。特许经营的本质是成功的单店经营管理模式的复制。如果单店无法进行复制，那么特许经营的发展也就缺乏基础。如果说标准化是单店复制的前提，那么培训系统就是单店复制的过程和工具，换句话说，培训系统是特许经营的孵化器。缺乏良好的培训系统，特许经营的单店复制也难以实现。

百福控股成立立体化人才培养基地

2018 年 8 月 24 日，由弘毅投资旗下百福控股主办的“百福大学启动仪式暨首届开学典礼”在北京举行。未来，这里将成为立体化餐饮人才的培养基地，同时将为行业搭建起先进管理经验的交流平台。

百福控股是弘毅投资打造的中国唯一系统性布局品牌“新”餐饮的投资和管理平台，是香港联交所上市公司（代码 01488）。截至 2019 年年底，弘毅与百福已连续投资或收购 14 个知名餐饮品牌：比萨玛尚诺、和合谷、新辣道鱼火锅、权金城烤肉、权味、西少爷肉夹馍、遇见小面、好色派沙拉、大弗兰、越小品、美奈小馆、仔皇煲、Seesaw Coffee、福客麻辣烫。

百福大学通过构建“发现”与“储备”两项核心业务能力，对百福控股旗下品牌提供人才培养计划，满足企业在不同时期对人才的需求。

人才一直是困扰中国餐饮连锁经营行业发展的痛点。中国连锁经营协会发布的调查数据显示，目前餐饮连锁行业主要有人力资源、持续扩张、成本、供应链、科技应用五大痛点，其中，90%的企业认为人力资源问题最为突出。随着产业的快速发展，餐饮行业对专业人才，尤其是先进管理人才的需求更大。

（2）培训系统是实现激励的重要方式。人是企业经营过程中最活跃、最能创造价值的要素。人的潜力的良好发挥，能为企业创造更好的业绩。好的培训系统，不仅能够传授知识和技能，还能够点燃加盟创业者和员工的创业激情与工作热情，激励他们创造更好的经营业绩。

（3）培训系统是企业文化和品牌文化的传播途径。特许经营的核心是品牌经营，企业的管理是文化的管理。优秀的特许经营企业都具有优秀的企业文化和品牌文化，能够将企业文化和品牌文化通过员工渗透到企业的每个经营环节，从而对内形成强大的企业文化凝聚力，对外形成强大的品牌影响力。良好的培训系统，是企业文化和品牌文化的重要传播途径。

7.1.2　特许经营培训组织建设

1．特许经营企业培训组织的演变

培训部门应根据连锁经营或特许经营企业不同发展阶段进行设置，并且随着连锁经营或特许经营企业的发展速度和规模进行演变和升级（见图 7-1）。

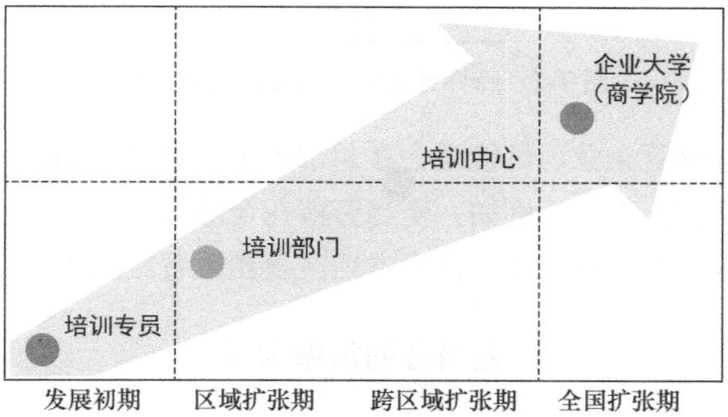

图 7-1　特许经营企业培训组织的演变

在连锁经营或特许经营企业的发展初期，可能还没有专门的培训部门，只设有培训专员负责特许经营相关培训工作。在此阶段，企业主要提供的是门店基础运营层面的培训内容。

连锁经营或特许经营企业进入区域扩张期或发展到一定数量（通常在 10 家以上）时，则有必要成立专门的培训部门。在此阶段，培训部门除了提供门店基础运营层面的培训内容，还可能提供加盟商及门店店长的经营管理能力培训。

随着连锁经营或特许经营企业进入跨区域扩张期，则可能有必要将培训部门升格为培训中心，承载更大的培训功能以支撑区域快速扩张。在此阶段，培训中心除了提供门店或加盟店相关的培训，还要承担区域运营督导、区域经理的培训职责。

当连锁经营或特许经营企业进入全国扩张期，则可能需要将培训中心升格为企业商学院或企业大学。企业商学院或企业大学除了承载原培训中心的培训职能，往往还需要承担公司高管和区域加盟商高管，甚至包括供应商的相关管理培训职责。

2. 特许经营企业的培训组织结构

成熟的特许经营企业的培训组织一般分为总部培训部门、地区（或区域加盟商）培训部门、门店培训专员三个层次（见图 7-2）。由于培训对特许经营企业来说具有重要的意义，和普通企业通常将培训工作隶属于人力资源管理部门不一样，大多数特许经营企业的培训部门在部门级别上和开发、运营、人力资源等部门平行，直接向总经理汇报工作。也有发展初期的特许经营企业，其培训管理可能在一段时间内隶属于人力资源部门或运营管理部门。

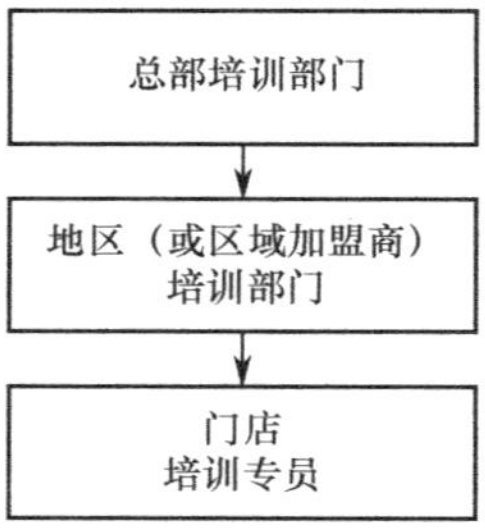

图 7-2 特许经营企业的培训组织结构

一些大型的特许经营企业，可能还会在总部或地区总部单独设立企业大学或培训中心，负责具体的培训实施工作。例如，麦当劳就在全球设立了 7 所汉堡大学，各个汉堡大学下面还设有地区学习发展中心，负责本地区麦当劳餐厅连锁系统的培训。

麦当劳的汉堡大学

1. 全球汉堡大学

麦当劳于 1961 年开始了汉堡大学的培训课程，其目的在于传承麦当劳的全球经营管理经验。如今，美国麦当劳汉堡大学拥有可容纳 200 多名学生的教室、1 座大礼堂、6 间多功能室、6 座剧院式教室、17 间会议室及 1 座图书馆。学校在扩大市场份额、员工管理及保持市场领先地位等课程中提供 20 种语言的同声传译系统。

麦当劳分别在美国、德国、巴西、澳大利亚、日本、英国、中国设立了 7 所国际汉堡大学，每年有来自 121 个国家的 7 500 多名学生到汉堡大学参加培训课程，每年有超过 3 000 名经理人修习高级运营课程。自 1961 年至今大约有 80 000 名麦当劳餐厅总经理、特许经营商、供应商得到了汉堡大学的培训文凭。汉堡大学今天已能培养工商管理硕士。

2. 中国汉堡大学

2010 年 3 月 30 日，麦当劳中国汉堡大学正式落成，这是麦当劳全球的第 7 所汉堡大学。其明确的使命是，致力于成为世界领先的企业培训学习和发展机构，为当下和未来培养以客为先、世界一流的领导者。

汉堡大学可以说是麦当劳的最高学府，旨在培养管理者，提升领导力。汉堡大学不仅为餐厅总经理及以上级别的运营管理人员提供专业培训，还为不同部门的中层管理人员提供学习和发展的机会。

麦当劳的培训课程确保管理人员能获得他们职业发展所需的新知识和新技能，保证他们在适当的时间学习适当的内容，提高管理者的知识和技能是促进业务发展最重要的方法。中国汉堡大学的核心课程包括：

- 餐厅领导实务课程。
- 企业领导实务课程。
- 新任顾问发展计划。
- 引导卓越训练课程。
- 新任经理发展计划。
- 新任总监发展计划。

7.1.3 特许经营培训形式

1. 特许经营培训形式顶层设计

简单地说，企业培训主要有三种形式，即走出去、请进来和自己做（见图 7-3）。所谓“走出去”，就是将人员派出去参加各种长期或短期的进修或培训；“请进来”就是将具有某一方面专业研究或专业经验的学者、专家请到企业来，为企业传经授道；“自己做”就是企业建立内部培训师制度，形成内部的培训体系。

对特许经营企业来说，通过“自己做”来解决培训问题比较好，特别是涉及对加盟店的培训，涉及各个运营操作的细节。通过“走出去”或“请进来”难以达到培训的目的，而内部培训师了解实际情况，培训会更有针对性，会更加务实。另外，“自己做”还可以有效地整合特许经营企业的资源，挖掘员工的潜能，发挥各级主管的主观能动性，及时发现问题和解决问题，打造学习型组织。再者，“自己做”也有利于企业经营诀窍等商业秘密的保护。

当然，有的方面还是要用“走出去”“请进来”等形式来了解企业外部的先进理念、技术和经验，特别是中小型的特许经营企业，自身的专业能力和经验及培训力量有限，完全靠“自己做”的培训形式，很难得到提高。即使较成熟的特许经营企业的内部培训师，也需要经常到外面“充电”，否则闭门造车，经验、能力、效果往往会大打折扣。另外，企业还应该鼓励各级员工不断进行自我培训即自学的培训方式来提升自身能力和素质。

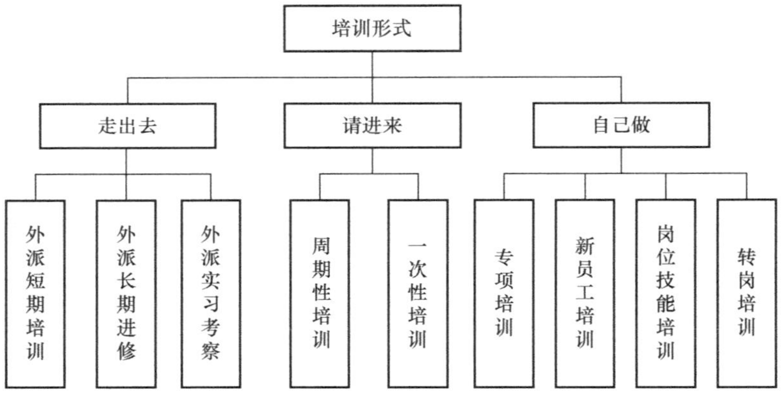

图 7-3　企业的培训形式

2．特许经营培训的主要方式

（1）课堂讲授。课堂讲授是最为传统的培训方式，即通过课堂集中授课方式，由培训讲师给学员讲授特许经营企业的文化理念、行业知识、经营管理经验方法等。课堂讲授适合非技能性的知识经验传授。

（2）岗位实训。岗位实训是将学员安排到实际的工作岗位上，在教练员或辅导员的指导之下，以见习或实习的方式进行学习和训练，以掌握具体的工作技能。

（3）训练营。训练营通常是将学员对象组织在一起，在详细的课程内容规划基础上，通过将各种培训方法进行组合，从而达到快速提升学员对象能力的培训目的。不少特许经营企业会定期举办“店长训练营”“加盟商训练营”，通过组合课堂讲授、岗位实训、角色扮演、小组竞赛、行动学习等方法，实现良好的互动培训效果。

（4）在线课程。在线课程培训方式越来越受到特许经营企业的青睐。随着技术的不断完善，原有的课堂讲授、技能演示、互动研讨、考核考试、培训管理等培训实施和管理工作，都可以通过在线培训系统来实现。分布在各地的加盟商或门店员工可以不必集中到总部的培训教室，由此可大大降低企业的培训费用，而且培训时间非常灵活，可以将学员的“碎片化”时间有效利用起来。现在有很多培训平台可以支持特许经营企业开展线上培训，有些上规模的连锁经营或特许经营企业更是投入巨资自行开发在线培训系统来实现高效的培训。

福奈特：在线绩效支持打开沟通新渠道

作为以特许经营模式为主的知名洗衣品牌，福奈特在全国有 1 500 多家直营及加盟连锁店，共 7 000 多名需要培训的一线人员。对总部而言，如何保证这些背景各异的加盟商对外呈现统一的形象，并且让大家使用“福奈特的语言”进行沟通，是个大难题。

拒绝高昂的沟通成本

为了打造专业统一的对外形象，福奈特进行过很多尝试，例如，定期收集洗衣事故和经验案例，下发给各连锁店；安排神秘顾客到访门店，并出具调查报告；及时公告加盟政策的更新，发放投资人对账单；与加盟商加强线下互动和支持等。为保证时效，最初很多资料和文件都是通过快递发放的，粗略算下来，一年用于上述沟通所投入的快递费居然高达 20 万元人民币。

为了更加高效地为各加盟商提供支持，同时降低沟通成本，福奈特自 2013 年起开始构建移动绩效支持平台，打开了与一线加盟店沟通的新渠道。

岗位规范一看即会

对于基础的岗位培训课程，如洗衣、叠衣等，福奈特有自己统一的标准操作规范。以前福奈特将这些操作规范以文档、书本的形式下发，新员工经常觉得难以理解，不好掌握，但如果每次都请老师傅亲自示范，又费时费力。

利用这个平台，福奈特快速制作了所有岗位的标准操作规范视频课程。新员工一上岗就能立即收到跟自己岗位匹配的培训课程，一看就会，课程学习结束后可直接在平台上参加岗位考试。店长和总部可以随时查看新员工的学习效果，再辅以老师傅的现场指导，让新员工快速熟悉业务，在最短的时间内胜任岗位。

业务支持一键到位

提供方便、快捷的支持和沟通机制也是福奈特打造移动绩效支持平台的出发点之一，希望通过平台达到“一键到位”的业务支持效果。因此，这个平台具备了快速收集加盟商会议报名、向加盟商传递账单、加盟商在线下单订货等功能。

同时，福奈特将多年收集积累的事故案例、快速预警等业务支持内容也全都一键推送到店端，便于员工学习，降低同类事故的发生率。总部发出了通知、新闻、公告及满意度调查之后，都可以在平台上进行实时追踪，精确掌握每条信息的送达率，知道哪些店收到了信息、是否查看、做了哪些反馈，还有哪些店没有收到，需要后续跟进。

让公司管理“动”起来

移动绩效支持平台不仅是福奈特提供绩效支持、促进知识转化的工具，更是激发员工主动学习、优化公司管理流程的一大法宝。在日常工作中遇到难题时，员工可以立即在平台上搜索、寻找解决方案，也可以提问，向其他加盟商、同事、上级、专家高手寻求帮助。

在使用期间，总部管理部门还摸索发现了用户创造内容（User Generated Content，UGC）的新模式，通过定期整理平台上的问答结果，提炼出优化流程，进行经验推广以促进全员改善，真正让公司管理“动”起来。这样的做法，一来免除了不必要的管理支出，让沟通零成本，实现总部与加盟商的无障碍“对话”；二来促进了标准化，不仅提升了公司的管理水平，对品牌形象的维护也大有裨益。

7.2 特许经营培训课程体系规划与设计

7.2.1 特许经营培训的对象、内容

1. 特许经营培训的对象

由于特许经营的本质就是不断地发展新店，特许经营体系的主要收入来源于加盟店的经营收益，一个庞大的特许经营体系需要大量的门店人员及运营督导管理人员。因此，除了一般的员工培训，特许经营体系中培训的重点对象是加盟店人员及总部（包括地区总部）的运营督导管理人员。

（1）加盟店人员，包括加盟商、加盟店店长等相关管理人员，加盟店一线员工。

（2）总部（包括地区总部）的运营督导管理人员，主要包括运营督导专员等，这些人员负责对加盟店日常经营管理的指导和监督工作。

2. 特许经营培训的内容

特许经营培训的内容主要包括经营意识和理念的培训、岗位知识与技能的培训、管理制度和服务规范的培训、人员素质的培训。

（1）经营意识和理念的培训。特许经营企业通过开展企业文化、价值观、经营理念培训，在特许经营总部与加盟店员工之间建立相互信任关系。

（2）岗位知识与技能的培训。特许经营企业通过开展岗位专业和相关专业的知识、岗位职责、操作规范和专业技能培训，使一线员工具备完成本职工作所必需的基本知识，掌握、运用并不断提高岗位技能，保证产品和服务质量的标准化与稳定性。

（3）管理制度和服务规范的培训。特许经营企业通过开展内部管理制度及服务规范培训，保证各连锁店在管理模式及服务标准上的规范性与一致性。

（4）人员素质的培训。特许经营企业通过开展企业经营管理、心理学、人际关系学、社会学等方面的培训，满足员工自我实现的需要。

7.2.2 总部对加盟店的培训分类

根据加盟店从加盟申请到开业直至日常运营的过程，我们可以将培训分为以下三类。

1. 加盟前培训

加盟前培训是指总部为潜在加盟商提供的培训，主要目的是让潜在加盟商了解特许经营体系和特许经营品牌的情况，便于特许人对潜在加盟商进行资格评估。培训内容包括企业文化与经营哲学、对加盟店单店经营的描述、有关特许经营提供的产品与服务的

实际操作经验等。

2. 开业前培训

开业前培训主要是指在加盟店开业前，特许经营总部向加盟店管理人员和一线员工提供的包括经营管理、专业技能、制度规范等方面的培训，使加盟店能够迅速开展工作，保障加盟店运营管理工作的顺利进行。

3. 经营过程中培训

经营过程中培训主要是指在加盟店运营的过程中特许经营总部所提供的培训，具体可分为初期开业现场培训、经营期间持续培训。

（1）初期开业现场培训：主要在加盟店开业期间为其提供协助而设。培训内容包括指导管理人员进行经营管理、岗位技能培训、管理制度与服务规范的宣贯、解决技术问题等。

（2）经营期间持续培训：主要指在加盟店经营期间，总部根据市场、业务、技术的发展变化，或者针对加盟店经营过程中产生的问题开展的培训，使加盟店及时掌握新产品、新技术，及时提升经营管理和岗位技能水平。

7.2.3 特许经营培训课程体系规划

1. 特许经营培训课程体系整体规划

由于特许经营企业的培训涉及多个岗位、多项内容，因此，首先需要对整个培训课程体系进行规划和设计。培训课程体系整体规划一般采取矩阵形式，即结合培训岗位（培训对象）和培训内容（培训课程）两个维度来进行（见表 7-1），清晰明了地规划出每个岗位需要培训的内容。

表 7-1　某餐饮特许经营企业培训课程体系规划示例

内容	加盟商	店长	厨房主管	前厅主管	后厨人员	服务员	采购员
企业文化	√	√	√	√	√	√	√
基础知识	√	√	√	√			
餐厅运营管理	√	√	√	√			
厨房管理	√	√	√		√		√
菜品管理	√	√	√		√		√
前厅管理	√	√		√		√	
服务规范	√	√	√	√	√	√	√
员工礼仪	√	√	√	√	√	√	√

成熟的特许经营企业如麦当劳、肯德基等，其培训课程体系还会结合员工职业生涯规划进行相应的培训课程规划（见表 7-2）。

表 7-2 麦当劳汉堡大学培训课程体系

对象	岗位职责	培训课程	时间（天）	培训内容
店长受训生	储备店长	餐厅基础运营课程（Basic Operation Course，B.O.C）	5	学习如何加强与小时工的交流，如何进行小时工的训练，如何指挥餐厅的运营等
第二店长代理	协助店长分管小时工作业分配及餐厅生产管理	餐厅基础管理课程（Basic Management Course，B.M.C）	5	学习如何进行作业分配、餐厅运营指挥等全方面经营管理技能
		餐厅中级运营课程（Intermittent Operation Course，I.O.C）	5	学习与巩固人才培养、经费控制、销售促销等方面的餐厅运营管理知识和技能
第一店长代理	协助店长进行餐厅全面管理	餐厅高级运营课程（Advance Operation Course，A.O.C）	7	学习更高层次餐厅运营管理知识，学习市场管理、人事管理、财务管理、机械设备构造与原理、心理学等知识和技能
店长	餐厅最高负责人	店长课程（Store Manager Course，S.M.C）	4	通过讨论会等形式学习最高级的餐厅运营管理知识和技能，加强独立运营能力和与下属沟通的能力
运营督导员	管理 8～10 家餐厅	运营督导员课程（Operation Consultant Course，O.C.C）	5	学习作为公司管理人员如何协助和辅导店长进行餐厅管理等相关知识和技能，进一步提高个人的领导能力
运营督导经理	管理 6～8 名运营督导员	运营督导经理课程（Operation Manager Course，O.M.C）	4	充分理解整个公司的组织系统和经营方向，学习如何积极发挥自己的能力来为公司的经营出谋划策

2. 门店岗位培训课程设计

作为常规性的岗位培训内容，有必要首先做好培训课程的设计，以便在合理的培训时间内达到最佳的培训效果。例如，麦当劳对小时工的培训，就有非常详细的流程和培训内容，使新加入的小时工能够很快适应岗位工作的要求，也满足了麦当劳对小时工的大量需求（见表 7-3）。

表 7-3 麦当劳初级小时工的培训课程设计

阶段	程序	时间（分钟）	内容
入职训练（50～60 分钟）	观看录像	30	在办公室观看录像，由训练员进行公司概况和各项规定的说明
	卫生及礼仪	10	对洗手方式及礼仪进行检查
	店铺参观	20	进行店铺内的引导，对各个区域进行说明
基础训练（120～190 分钟）	作业岗位说明	20～40	• 进行个别岗位指导 • 由训练员对岗位名称、设备和机械的使用方法进行说明
	岗位观察检查表（SOC）的说明	10～20	• 进行提示 • 依照 SOC 进行逐步操作
	实行和观察	10～20	• 小时工在训练员的观察下操作 • 小时工参照训练员的做法再次实施

（续表）

阶段	程序	时间（分钟）	内　　容
基础训练（120～190分钟）	疑难问题回答	20～30	• 训练员边回答小时工的问题，边进行示范操作 • 小时工反复进行操作实习
	SOC 检查	10～20	• 训练员检查小时工的操作方式 • 将检查结果计入表格，做出是正确还是错误的判断
营业清闲期间的训练（50～90分钟）	检查	10～20	• 由训练员进行正确和错误的评判 • 小时工进行自我练习 • 在营业清闲期间由训练员进行检查
	训练员跟随	10～20	• 对错误项目进行跟随 • 由训练员示范规范操作
	小时工自我汇报	20～30	• 小时工对错误项目进行改善 • 进行自我汇报
	错误项目检查	5～10	• 训练员再度进行检查
	最终检查	5～10	• 营业清闲期的检查全部完成后，向小时工训练经理汇报，接受经理的检查

7.3　特许经营培训师师资开发与管理

良好的培训效果需要通过优秀的培训师来实现，因此培训师师资是培训系统的核心要素。培训师师资的开发与管理，关键在于把握培训师的开发选择、培训师的培训与考核评估等几个关键环节。

7.3.1　培训师的开发选择

1．外部培训师

外部培训师即特许经营企业外部、某一领域的权威专家学者或具有丰富实践经验且表达能力良好的专业人士。通过外部培训师培训，有利于拓展特许经营企业的视野，借鉴外部专家的研究成果或成功经验。

根据特许经营企业与外部培训师的合作周期，一般可以分为长期性培训师和临时性培训师。长期性培训师即在一定的合作周期内，为特许经营企业提供多次持续性培训工作，这种方式有利于培训内容的延续性。临时性培训师也就是一次性的培训讲授，如果培训效果好，往往可能成为长期性的外部培训师。

2．内部培训师

内部培训师即源于特许经营企业内部的培训讲师，由于来自企业内部，对企业非常了解，具有丰富的一线工作经验，往往培训内容比较有针对性。根据工作时间比例，一般来说，内部培训师可以分为专职培训师和兼职培训师。

（1）专职培训师，即全部时间皆从事培训工作的培训师，除了培训授课，往往还肩负培训课程开发、培训教材撰写等相关工作。专职培训师往往要求具有一线的具体实践工作经验，并且需要定期和不定期到门店经营管理一线进行调研或岗位实践，否则培训内容容易与一线操作脱节。专职培训师的好处是投入全部精力负责相应培训工作，专业性较强。但对中小特许经营企业来说，如果专职培训师太多，则人力资源成本较高。

（2）兼职培训师，即本身在特许经营企业其他岗位任职，培训只是其临时性工作或兼任的工作。兼职培训师在企业内部是某一方面的技术专家或具有一线操作经验的专业人士。兼职培训师专业经验丰富，并且由于是兼职，对特许经营企业来说人力资源成本相对较低，因而是中小特许经营企业常见的培训师师资来源。但兼职培训师可能面临的问题是，由于同时兼任其他工作，无法将全部时间投入培训工作中，还可能在时间上出现本职和兼职工作的冲突。

7.3.2 培训师的培训与考核评估

1. 培训师的培训

培训师本身是一个专业性很强的职业，一个优秀的培训师，不仅要在讲授的内容方面有专门的研究或经验，还需要具备专业的培训技能。实践证明，培训师的专业技术和技能是很强的，如培训项目的设计与开发、培训课程的设计等。要提高培训的针对性和有效性，没有专业的培训技能，效果往往会大打折扣。因此，一个合格的培训师对待每一次的培训都会认真分析培训需求，为企业量身定制培训计划，因材施教提升员工知识和技能。对于培训的效果，培训师会认真评估和跟进、分析和总结，在培训受众的同时，自己也得到了很大的提高。

特许经营企业的内部培训师一般来自企业内部，在具体经营管理或技术操作一线具有丰富的经验，但是在培训师的专业技能方面往往比较缺乏，常常出现培训内容枯燥、培训手法单一、课堂气氛冷清、培训效果不佳等现象。因此，需要加强对内部培训师的培训，针对内部培训师的培训的主要内容包括：

- 如何建立培训师的专业形象。
- 如何进行培训课程的开发与设计。
- 如何采用有效的培训方法以增强培训效果。
- 如何对培训现场进行掌控。
- 如何提高培训师的沟通能力、表达能力、激励能力等。

目前，有不少专业机构能够提供培训师的专业培训，如 TTT（Training The Trainer）等。特许经营企业可以通过派内部培训师参加这一类的培训，或者邀请专业培训师到企业来指导的方式来提升培训师的培训技能。

2. 培训师的考核评估

建立培训师的考核评估制度，有利于培训师的发展，也有利于培训效果的不断提升。培训师的考核评估一般包括以下几个方面：

- 培训师的职业态度、专业形象、培训技能、实际效果等。
- 培训教材的逻辑性、适应性等。
- 培训方式、时间、设施等。

在具体的考核评估方式上，可以通过培训师自评、学员评价、专家评价等多种方式进行。通过多角度的评价，以此建立起对培训师的能力和业绩考核的基础，也能促进培训师的能力和培训效果的提升。

培训工作的评价可采用表 7-4 的形式。

表 7-4　培训工作的评价

培训项目					
培训师		培训方式			
对培训师的评价	敬业程度	□优	□好	□尚可	□劣
	讲授水平	□优	□好	□尚可	□劣
	讲授方式	□优	□好	□尚可	□劣
	实战性	□优	□好	□尚可	□劣
对教材的评价	教材适用性	□适用	□基本适用	□不适用	
	教材难度	□较难	□适中	□较简单	
	教材逻辑性	□合理	□适中	□不合理	
对培训组织的评价	培训内容	□优	□好	□尚可	□劣
	培训方式	□优	□好	□尚可	□劣
	培训时间	□太长	□适合	□不足	
	培训设施	□优	□好	□尚可	□劣
	培训收获	□较大	□一般	□较少	□无
	建议：				

思考

（1）培训系统对特许经营有什么意义？
（2）特许经营培训的内容主要包括哪些？
（3）特需经营培训课程如何规划？
（4）培训师师资如何开发和管理？

案例分析

肯德基的多层次培训体系

1996年肯德基在中国建立了专业培训教育基地，专为餐厅管理人员设立，每年为来自全国各地的2 000多名肯德基的餐厅管理人员提供上千次的培训课程。培训课程包括品质管理、产品品质评估、服务沟通、时间管理、领导风格、人力成本管理和团队精神等。

在管理人员的培训计划中能看到如何同心协力做好工作、基本管理、绩效管理、项目管理、七个好习惯、谈判与技巧等科目。据了解，肯德基最初的培训课程部分来自国际标准的范本，但最主要的是来自当地资深员工的言传身教及对工作经验的总结。因此，教材的审定和重新编写主要是补充一线员工在实践中获得的新知识、新方法。每一位参加教育发展中心培训的员工既是受训者，也是执教者。

1. 肯德基的内部培训体系

肯德基的内部培训体系分为职能部门专业培训、餐厅员工岗位基础培训及餐厅管理技能培训三部分。

（1）职能部门专业培训。肯德基所属的百胜餐饮集团设有专业职能部门，分别管理肯德基的市场开发、营销、企划、技术品控、采购、配送物流系统等专业工作。

为配合公司整个系统的运作与发展，百胜餐饮集团建立了专门的培训与发展策略。每位职员进入公司之后要去肯德基餐厅实习7天，以了解餐厅运营和公司企业精神的内涵。

（2）餐厅员工岗位基础培训。作为直接面对顾客的餐厅员工，从进店的第一天开始，每个人就都要严格学习工作站基本的操作技能。从不会到能够胜任每一项操作，新进员工会接受公司安排的平均近200个工作小时的培训，通过考试取得结业证书。从见习助理、二级助理、餐厅经理到区经理，随后每一段的晋升都要进入这里修习5天的课程。根据粗略估计，每培训一名经理，肯德基就要花费好几万元。

在肯德基，见习服务员、服务员、训练员及餐厅管理组人员全部是根据员工个人对工作站操作要求的熟练程度，实现职位提升、工资水平上涨的。在这样的管理体制下，年龄、性别、教育背景等都不会对你未来在公司的发展产生任何直接影响。

（3）餐厅管理技能培训。目前，肯德基在中国有大约5 000名餐厅管理人，针对不同的管理职位，肯德基都配有不同的学习课程，学习与成长的相辅相成，是肯德基管理技能培训的一个特点。

当一名新的见习助理进入餐厅，适合每一阶段发展的全套培训科目就已经在等待着他。最初，他将要学习进入肯德基每个工作站所需要的基本操作技能、常识，以及必要的人际关系的管理技巧和智慧。随着他管理能力的提升和职位的升迁，公司会再次安排不同的培训课程。

当一名普通的餐厅服务员经过多年的努力成长为管理数家肯德基餐厅的区经理时，

他不但要学习领导入门的分区管理手册，同时还要接受公司的高级知识技能培训，并具备获得被送往其他国家接受新观念以开拓思路的资格和机会。除此之外，这些餐厅管理人员还要不定期地观摩录像资料，进行管理技能考核竞赛。

2. 纵横交流，传播肯德基理念

为了密切公司内部员工关系，肯德基还举行不定期的餐厅竞赛和员工活动，进行内部纵向交流。

另外，肯德基从 1998 年起开始强化对外交流，进行行业内横向交流。肯德基已举办了数届“中式快餐经营管理高级研修班”，为来自全国的中高级中式快餐管理人员提供讲座和交流机会。由专家为他们讲述快餐连锁的观念、特征和架构，市场与产品定位，产品、工艺、设备的标准化，快餐店运营和配送中心的建立等。

3. 肯德基对供应商的培训

肯德基公司的技术部和采购部在以星级系统完成每年对供应商的各项评估的同时，也针对供应商各自的弱点和不足进行相应的培训，从而把餐饮业的国际标准质量要求带给肯德基的供应商。

技术部主要负责技术转移，如对各家禽厂家推行养殖技术中“公母分饲”技术、鸡肉深加工技术、分阶段屠宰技术等；采购部则经常拜访供应商，积极举办交流会，安排一些经验不足的小型企业参加有经验的大型供应商的交流会，从中扶持小型供应商的发展。

问题：

从肯德基的多层次培训体系的案例中，你得到哪些启发？你认为肯德基的培训体系中有哪些值得特许经营企业借鉴？

实训

企业实训

根据本企业特许经营战略与模式，为本企业规划培训体系，包括课程规划与师资规划。

课堂实训

（1）联系一家特许经营企业，在了解其发展战略和业务及加盟模式后，协助该企业进行特许经营培训课程规划，最后形成特许经营培训课程规划表。

（2）联系一家特许经营企业，根据企业需要，开发一门培训课程（时长不少于 1 小时），形成 PPT 课件，并在企业进行试讲，并请听课人员填写评价表进行评价。

第 8 章

特许经营运营与督导

麦当劳的经营理念与运营管理策略

麦当劳是成功运用特许经营的国际范例。麦当劳在 BrandZ 全球最具价值品牌排行榜连续 11 年排名前十名。2019 年，麦当劳在该榜单排名第九名，品牌价值超过 1300 亿美元。

目前麦当劳在全球 100 多个国家有近 40000 家餐厅。麦当劳 1990 年进入中国内地市场。目前，中国是麦当劳全球第二大市场、美国以外全球最大的特许经营市场，以及全球发展最快的市场。截至 2019 年年底，中国内地有超过 3300 家麦当劳餐厅，员工超过 19 万人。2019 年，麦当劳中国服务顾客超过 10 亿人次。

最能体现麦当劳特色和核心理念的是其 QSCV 原则。Q 表示质量（Quality），是指麦当劳为保障食品品质制定了极其严格的标准。严格的标准使顾客在任何时间、任何地点所品尝的麦当劳食品都是同一品质的。S 表示服务（Service），是指按照细心、关心和爱心的原则，麦当劳提供热情、周到、快捷的服务。C 表示清洁（Clean），是指麦当劳制定了必须严格遵守的清洁工作标准。V 表示价值（Value），传达麦当劳“向顾客提供更有价值的高品质食品”的理念。麦当劳根据 QSCV 原则，制定了详细、严格的量化标准，使其成为所有麦当劳餐厅从业人员的行为规范。这是麦当劳餐厅运营标准化、管理规范化的重要内容。

为了使各加盟店都能够围绕上述原则执行餐厅运营标准化和管理规范化的内容，为顾客提供满意的服务，麦当劳还建立了严格的检查监督制度：一是常规性月度考评（通常由门店自评和区域督导考评）；二是公司总部的检查；三是抽查（通常在选定的门店每年进行一次）。除此以外，麦当劳还通过神秘顾客制度来考察门店的食品质量、环境卫生、顾客服务等日常运营情况。

在总部与加盟商的关系上，麦当劳也处理得非常成功，主要有三个特点：一是麦当劳收取的首期特许费和年度品牌费都很低，减轻了加盟商的负担；二是总部始终坚持让利原则，把采购中得到的优惠直接转给各加盟商；三是麦当劳总部不通过向加盟商出售设备及产品来牟取暴利。

麦当劳的诚意换来了加盟商和供应商的忠诚，麦当劳与加盟商、供应商的关系是相互制约、共存共荣的合作关系。这种共存共荣的合作关系，为加盟商各显神通创造了条件，使加盟商的经营管理良策层出不穷。例如，风靡全球的“麦当劳叔叔”就是一位加盟商与广告公司共同创作出来的，后被总部采用并推广；“联合广告基金会”模式也是由加盟商于 1996 年创建的，后被总部所采用。

加盟商对总部的合理建议，促进了麦当劳的改革，增强了麦当劳的市场竞争力，麦当劳也因此获得更大的发展。

职业指导

特许经营体系的督导员

督导员是指负责对特许加盟店的日常经营管理进行指导、监督，隶属于总部或地区分部的管理人员。在特许经营体系中，督导员是总部和加盟店之间的桥梁，是总部的管理代表，也是加盟店的经营管理顾问，因此是特许经营体系中非常重要的岗位。我们以日本 7-Eleven 为例，说明督导员的工作职责及任职要求。

目前在日本有 10 000 多家 7-Eleven 便利店，日本 7-Eleven 有 1 000 多名督导员负责便利店的指导和管理，督导员的直接领导是区域管理员，设有区域办公室，每位区域管理员负责管理大约 10 名督导员和 80～120 家店铺，对督导员的工作进行指导；区域管理员的上级领导是大区管理员，7-Eleven 将日本划分为 13 个大区，设有 13 名地区管理员，这些人一般常驻 7-Eleven 日本总部，主要职责是监督、指导区域管理员的工作。

从上可知，7-Eleven 运营督导系统最基层的就是督导员，每位督导员管辖 7～8 家便利店，他们就住在所管辖的区域附近，一周到各个店铺 2 次，每次在店铺停留指导的时间为 3～4 小时。作为督导员，不仅要向店铺提出各种好的建议，而且必须亲自动手，为加盟店进行示范；督导员要时刻检测店铺周边的环境变化，以此指导店铺经营；另外，督导员还应遵循公司的规范化管理原则，每次巡视完店铺后，需要将指导、检查的结果和问题做成书面报告，提交给总部。

尽管督导员只是 7-Eleven 运营督导系统的基层管理人员，但是要成为 7-Eleven 督导员并非易事，需要经过 5 个阶段的培养和磨炼。第一阶段是从事杂务工作，主要是进行卸货，为期半年到一年；第二阶段是做 7-Eleven 直营店的店员，从事日常店铺经营的具体业务，时间是两年到两年半；第三阶段是做该直营店的店长，负责店铺的经营管理，时间最少为半年。如果作为店长非常出色，就可以进入第四阶段，即接受店铺督导员的系统培训和考核，经过培训和考核合格后，才开始第五阶段，即督导员的实习阶段，时间为2～3个月。总之，在日本7-Eleven，要成为一个合格的督导员，需要3～5年的时间。

虽然不是每个特许经营企业的督导员成长和选拔都像日本7-Eleven那么漫长和严格。但是我们可以看到，作为督导员，一方面需要具备丰富的店铺管理经验，另一方面需要具备督导的专业知识和技能。

阅读指南

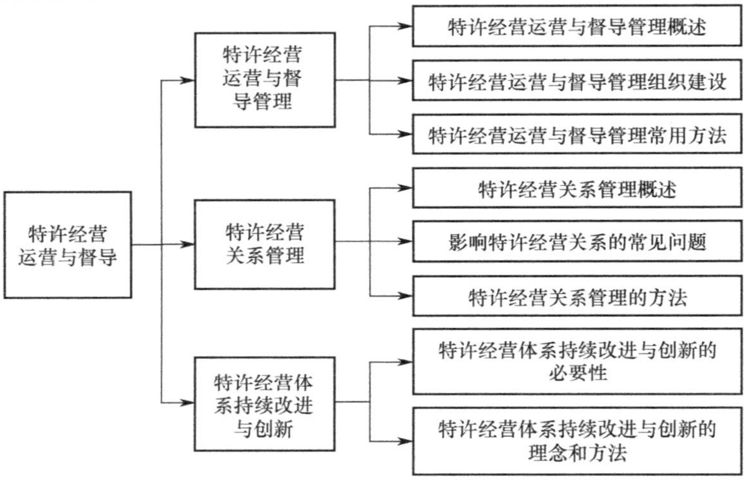

当特许经营体系建设完成，并且招募到加盟商以后，特许经营总部就开始进入特许经营体系的日常运营阶段。特许经营体系运营管理，也是特许经营体系最复杂、最重要的工作之一。本章重点介绍特许经营体系运营管理中的运营与督导管理、关系管理及体系持续改进与创新三个部分的内容。

8.1 特许经营运营与督导管理

8.1.1 特许经营运营与督导管理概述

1. 督导的概念

督导是指在特许经营体系中，由总部运营与督导部门的专门人员按照一定的规则、标准来对特许经营单店的理念、行为、人员、产品、服务、工作流程、经营管理策略等各个方面所进行的支持、指导、管理和监督活动。在很多时候，从事运营与督导管理工作的专业人员即督导员，也称督导。

2. 督导的定位

如图 8-1 所示，在特许经营体系中，督导起到了承上启下的作用。对特许经营总部而言，督导是总部与加盟店及顾客之间沟通的纽带，督导代表总部向加盟店提供支持、指导服务和监督管理；对加盟店而言，督导并不仅仅是对门店的经营状况进行简单的检查、考核和监督，督导还应善于发现加盟店存在的问题并协助解决问题、改进营业水平和提升经营业绩。因此，从这个角度看，督导是加盟店的顾问和参谋。对顾客而言，督导是联系特许经营总部的桥梁，是顾客在特许经营加盟店中获得优质产品或服务的保护神。

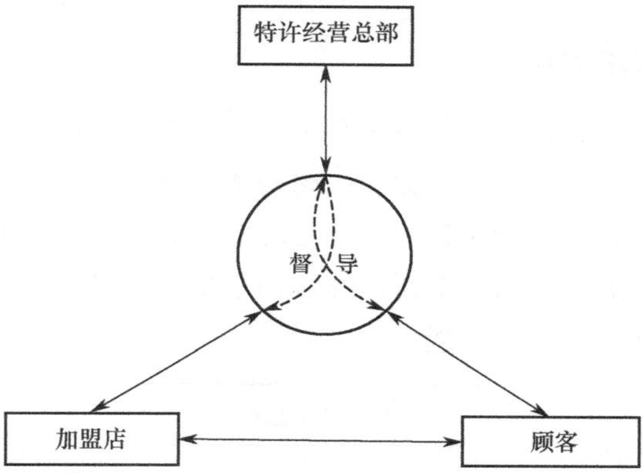

图 8-1　督导在特许经营体系中的定位

3. 督导管理的意义

在一个以特许人为中心的完善的特许经营体系之中，管理的核心就是要对整个特许经营体系进行有效控制与支持。而对特许经营加盟店进行有效的管理至关重要，也是科学地对整个特许经营体系实施有效支持与控制的基础。特许经营总部的运营与督导部门和其他各部门密切配合，针对加盟店所开展的运营活动予以监测、诊断和调整，并综合分析机能、计划机能和控制机能，最终通过督导实施培训、指导和监督，以达成管理目标，实现有效控制与支持，从而保证整个体系的高效平稳运转。具体来说，督导管理的意义包括以下三个方面。

（1）督导管理是加盟店经营成功的重要保障。如前所述，对受许人提供支持与服务是特许人的重要义务，也是受许人的加盟店获得成功的保障。特许人的运营与督导部门协同总部的其他部门，通过多种方式，对加盟店的日常经营管理进行分析、诊断，随时发现加盟店经营管理中存在的问题，并通过培训、指导等有效方式帮助加盟店改进营业水平，提升经营业绩。

（2）督导管理是确保特许经营标准执行的有力措施。统一、标准化的产品和服务及运营模式，是特许经营的基本特征，脱离了这一特征，特许经营不仅会走样，而且面临巨大的品牌风险。因此如何使特许经营体系的每个加盟店都能贯彻和执行特许经营的统一模式和标准，是每个特许经营企业在运营管理过程中最为关注的问题，而督导管理则为标准化的执行提供了强有力的支持和保障。

（3）督导管理是特许经营体系管控的手段。由于特许经营企业的发展往往相当迅速，而加盟店在地理分布上又遍及各地，并且加盟店与总部之间不属于产权隶属关系，这就导致特许经营体系运营的风险极大。因此特许经营企业都将督导管理作为特许经营体系管控的最常规手段。

8.1.2 特许经营运营与督导管理组织建设

1. 督导管理的组织架构

特许经营体系的督导工作，一般属于总部运营管理部门的核心职能。运营也常称为营运，顾名思义，运营即指以特许加盟店为核心的特许经营系统的营业与运行，因此，负责为加盟店提供支持、指导、监督的督导管理通常隶属于总部的运营部（见图 8-2）。在设立地区总部或区域加盟商的大型特许经营体系中，通常在地区总部或区域加盟商中，也会设立相应的督导管理部门或职能。

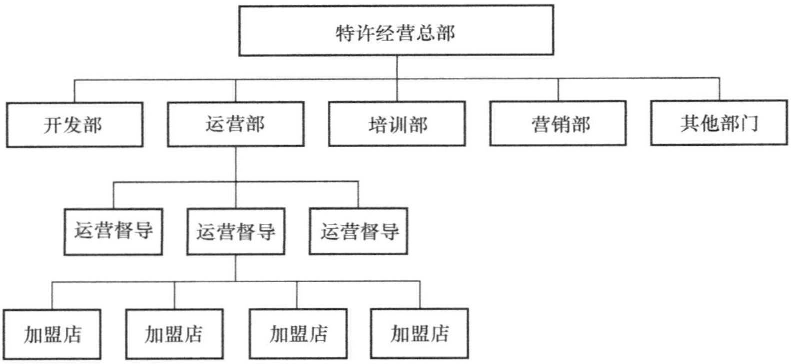

图 8-2 督导管理的组织结构

2. 督导的基本职责

督导是特许人和受许人之间的桥梁，督导的核心职责是贯彻特许人的政策、规范和标准，指导、支持和监督受许人的业务运行。特许经营总部的督导基本职责包括以下三个方面。

（1）运营标准维护。各个特许经营体系均在其产品服务品质、运营方式、店面形象等方面确定了标准，并通过培训、运营手册等形式传递给受许人。但与受许人之间的合作是长期的过程，因此特许经营总部要通过督导对受许人的运营水准进行监督，以维护特许经营体系的基本要求。

（2）运营顾问指导。在特许经营合同中，特许人通常会承诺，在日常的运营过程中给受许人提供相应的支持，以及管理和营销方面的咨询服务，包括市场分析、竞争对手分析、营业指导、单店管理、人事管理等具体工作。一位优秀的督导同时是受许人的有力支持者，对于加盟店出现的运营问题，他会协助受许人找出原因，并制定解决方案。

（3）信息沟通。督导的信息沟通职责包括三个方面的内容。首先是将总部的信息传递给受许人，虽然特许经营总部都会通过书面文件、会议等固定方式向受许人传递信息，但督导应当做到确保这些信息能被受许人接受和消化。其次是将受许人反馈的信息传递给总部，督导应当有能力区分和鉴定受许人所反映的信息类型，经过处理后反馈给总部的相应部门。最后是收集市场信息，提供给总部或受许人，因为督导实际上是总部运营部门一线人员，直接接触受许人、加盟店员工、顾客，并通过各种方式获得竞争对手、合作伙伴等方面的市场信息，这些信息是总部和加盟店进行决策的重要参考依据。

3. 督导的主要工作

概括起来，督导的主要工作就是计划、组织、协调、控制（见图 8-3）。

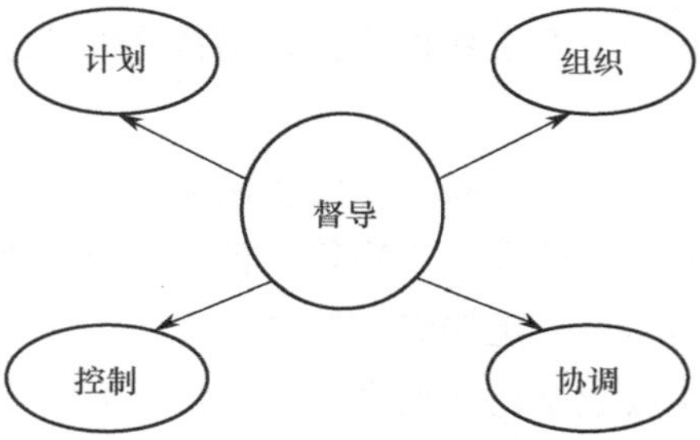

图 8-3　督导的主要工作

（1）计划。确定部门和岗位的目标及发展方向，并为此制定最佳的行动步骤。具体内容包括：有助于达成目标的相关政策；部门和个人的目标及计划；督导人员的行动计划和时间；关键点的控制；预算、人员、组织方式等。

（2）组织。督导管理活动，往往不仅仅局限于督导本人或运营与督导部门，还会涉及总部各个部门、众多加盟店及外部合作伙伴，因此在实施每项计划时，督导需要以适合的方式将相关的部门或人员组织起来，共同推进计划的实施工作。

（3）协调。协调的目的在于通过有效沟通加强内外的协作，以提高工作效率，达到良好的效果。具体内容包括：在总部内部，按照指挥链进行与上司和下属的协调、水平方面的协调，以取得总部其他部门的支持。在总部与加盟店之间，对日常的业务沟通和合作进行协调；在加盟店内部，要协调好加盟店员工与店长、加盟商之间的关系；外部协调，包括与特许经营体系外各个方面的供应商或合作伙伴等外部资源的协调。

（4）控制。当加盟店或相关配合部门或人员的运行与目标、计划或标准偏离时，要将大家拉回来，回到正确的轨道上。具体内容包括四个方面：

- 追踪，及时掌握进展情况。
- 检查，及时将实际效果与预设目标或标准进行比较，找到差距和问题。
- 诊断，通过对计划的执行等情况的调查诊断，寻找问题的根源。
- 纠正，采取措施和行动，解决存在的问题。

4．督导的素质能力要求

从督导的职责和主要工作可以看出，督导是一个对专业化水平和综合素质要求很高的职业，并不是一般人都能担任的。督导必须对整个特许经营体系的运行非常熟悉，尤其是对加盟店的运营管理具有丰富的经验。因此，很多特许经营企业的督导都是从优秀的店长中进行选拔的，并且经过了专业化的培训。作为一个合格的督导，对其素质能力的要求主要有以下几个方面。

（1）基本素质能力。要求具备企业管理、特许经营、市场营销等基本理论；理解并认同特许经营企业的企业文化和经营理念；熟悉特许经营企业的相关规章、制度、政策和中长期发展目标与计划；熟悉相关的政策法令；熟悉特许经营合同和相关特许加盟的管理制度；熟悉督导的工作职责及工作模式；熟悉特许经营运营手册及相关标准、规定的内容。

（2）管理素质能力。要求督导具备一定的团队建设和团队领导能力；具备良好的人际沟通能力和公关能力；有较强的分析、决策、计划、执行能力；能够很好地进行时间管理，能够承受一定的压力；有一定的咨询辅导能力。

（3）专业素质技能。主要包括门店商圈调查分析、商品陈列与管理、促销与销售策划管理、客户管理、信息数据分析、员工管理、经营分析等门店经营管理的实务性专业素质技能。

8.1.3 特许经营运营与督导管理常用方法

督导要实现对特许加盟店的支持、服务和监督管理，维护特许经营品牌和特许经营体系的稳定发展，必须具备良好的运营与督导管理方法。

1．现场督导

现场督导就是特许经营总部的督导定期或不定期地到加盟店现场进行调研、诊断，并对加盟店的日常经营及加盟店员工的岗位操作进行指导和监督。

现场督导几乎可以涉及加盟店经营管理的各个方面，包括店面形象与环境、员工态度技能、日常作业流程、产品或服务质量品质、客户服务质量、营销策略、财务与会计报表等。

现场督导是一种正式的交流与检查，督导部门或督导人员可以方便地对加盟店经营的各个方面进行检查，通过正式的渠道获得相关的数据。当然，当加盟店知道有督导来检查时，可能会积极表现，做出与平时不一样的举动和行为，或者隐藏存在的不利问题，从而也就使得督导结果不一定能真实地反映员工的工作行为和状态。因此，有的时候，现场督导也可能事先并不通知加盟店，采取“突然袭击”的方式进行。

2．远程督导

远程督导是指特许经营总部的督导人员不在加盟店的现场，通过管理信息系统、加盟店的经营报表、书面报告或口头汇报等方式获得加盟店经营管理信息，发现加盟店存在的问题，并予以相应的指导和建议。在信息技术日益先进的今天，许多特许经营体系都建立了远程视频管理系统，通过远程视频管理系统，总部能够实时了解和掌握加盟店的经营动态，及时对加盟店予以指导和监督。另外，特许经营总部的一些新政策、新标准、新技术、新营销策略方式的推出，也会通过系统直接传达给受许人及其加盟店。

3．神秘顾客

神秘顾客，即影子顾客，是指特许经营企业聘请经过专门培训的人员，以顾客的身份、立场和态度来体验加盟店的服务，从中发现加盟店经营中存在的问题。神秘顾客的监督方法最早是由麦当劳、肯德基、罗杰斯等一批跨国公司引进国内的。之所以叫神秘顾客，就是因为员工都不知道哪位是神秘顾客。

神秘顾客暗访这种方式之所以能被企业的管理者所采用，原因就在于神秘顾客来无影，去无踪，没有时间规律，这就使加盟店的经理和员工时时感受到某种压力，不敢有丝毫懈怠，从而时刻保持饱满的工作状态，提高了员工的责任心和服务质量。而且神秘顾客所观察到的是服务人员无意识的表现。从心理和行为学角度，人在无意识时的表现是最真实的。

神秘顾客在消费的同时，也和其他消费者一样，对商品和服务进行评价，对于发现的问题，与其他消费者有同样的感受。根据上述服务质量的特性，神秘顾客弥补了连锁加盟店内部管理过程中的不足，其作用主要体现在以下几方面：

（1）神秘顾客的暗访监督，在与奖惩制度结合以后，带给服务人员无形的压力，引发他们主动提高自身的业务素质、服务技能和服务态度，促使其为顾客提供优质的服务，且持续时间较长。麦当劳表示，神秘顾客从普通顾客的角度来考核麦当劳餐厅的食品品质、清洁度及服务素质的整体表现，帮助麦当劳管理者和餐厅经理设立对表现杰出员工的鼓励及奖励机制。

（2）神秘顾客可以从顾客的角度观察和思考问题，有利于加盟店更好地认识和改进问题，提高顾客满意度。

（3）通过神秘顾客发现问题，有利于加盟店系统地分析深层次的原因，改进管理方法，完善管理制度，从而增强竞争力。

（4）神秘顾客的监督可以强化特许经营体系的监督管理机制，可以改进服务人员的服务态度，加强内部管理。

（5）神秘顾客在与服务人员的接触过程中，可以听到员工对企业和管理者的“不满声音”，帮助管理者查找管理工作中的不足，改善员工的工作环境和条件，拉近员工与企业和管理者之间的距离，增强企业凝聚力。

当然，神秘顾客的评估工作也有它的不足，它只能是从顾客容易着手的方面进行，神秘顾客只能通过观察或与员工的简单沟通来获得相应信息，不能够深度挖掘管理工作中的深层次问题。

另外，在实施神秘顾客制度时，特许经营企业应该重视神秘顾客的挑选与培训，以保证他们评估工作的真实性。

4．督导检查表

督导检查表的使用是督导管理常用的方法，通过督导检查表能够准确记录加盟店运营的具体情况，反映存在的问题，并对加盟店的运营状况进行量化的评估和考核。表 8-1 是某连锁专卖店人员作业情况检查表。

表 8-1 某连锁专卖店人员作业情况检查表

门店名称：				
检查项目		满分	得分	检查情况描述
导购顾问	着装、仪容仪表是否得体、整洁	10		
	服务态度、言谈举止是否符合标准	10		
	对工作职责和规范、流程的熟悉程度	10		
	对商品陈列技巧（产品组合合理、产品层次分明、主推产品突出、宣传包装醒目、赠品堆放抢眼、演示效果生动、整体气势集中）的了解与运用水平	10		
	对商品知识的了解与应用情况（卖点、价格、组合）	10		
	对店面货品的熟悉程度（畅销品、滞销品、特卖品、最低售价、赠品）	10		
	对竞争品牌的性能、价格等是否清楚	10		
	销售技巧的掌握情况（当地市场消费者心理、导购技巧）	10		
	促销活动时，店面各岗位工作人员是否充足，工作流程是否有条不紊、紧密协作；对促销方案的理解、准备、实施是否达到连锁公司统一要求，实现预期的活动目标	10		
	货架仓储、门店仓储的维护	10		
收银员	收银员是否热情、有亲和力	10		
	收银台是否整洁	10		
	收银员是否熟悉各种产品的价格	10		
	收银员的收银操作是否规范	10		
总分		140		
总评：				

督导：　　日期：　　年　　月　　日

8.2 特许经营关系管理

8.2.1 特许经营关系管理概述

1．特许经营关系的概念

狭义的特许经营关系，是指自特许人和受许人签订特许经营合同开始直到合同终止或解除所构成的授权与被授权的关系总和。广义的特许经营关系，是指特许人和受许人（包括潜在受许人）双方自从知道对方的存在到特许经营合同签订，直到双方特许经营合同终止或解除所构成的关系总和。

2．特许经营关系的内涵

从特许关系的基本概念可知，特许经营关系包括了特许人与受许人之间的合同谈判、合同签订、特许经营费用支付、培训、加盟店营建、加盟店开业、加盟店日常运营等合作过程中的一切活动内容。就内涵来说，特许经营关系包括特许人和受许人双方之间的法律关系、经济关系、合作关系、相依互补关系等。

（1）特许经营关系是一种法律关系。特许人与受许人的关系，是双方通过签订特许经营合同产生的合同双方当事人的法律关系。特许经营合同是特许经营关系存在的基础，它关系到特许经营双方的切身利益，同时是解决特许经营有关纠纷的根本依据。特许人与受许人的这种关系建立在平等自愿的基础上，双方的权利和义务在合同条款中有明确的规定，特许人与受许人仅在双方签订的特许经营合同的范围内互相承担责任。

从法律关系的角度看，特许人和受许人虽同属一个特许经营体系，但在产权上并没有从属关系，因此特许经营法律关系是一种平等主体间的民事法律关系。作为分别独立的经济实体，特许人和受许人对外分别独立享有权利和承担义务。

（2）特许经营关系是一种经济关系。特许经营与普通经营方式在交易方面的区别主要体现在特许人与受许人之间的交易之中。在特许经营中，受许人从独立经营业务中取得收入，而特许人则主要从收取加盟费、销售特许经营权使用费、产品销售毛利等方式中取得收入。

特许人和受许人同在一个特许经营体系之下又是相互独立的经济实体，双方的利益是紧密联系在一起的，加盟店的生意好，总部才有利可图，相反，加盟店生意欠佳，总部利润也会受影响，双方只有做到通力合作，才能取得成功。所以，特许人和受许人是经济共生体，双方之间是一种利益紧密联系的经济关系。

（3）特许经营关系是一种合作关系。在特许经营行业，特许人和受许人之间有一种十分特殊的合作关系。这种关系非常微妙，既非上下级关系，又非纯粹意义上合作者的关系。双方的人事和财务关系都是独立的，受许人的业务是他自己的业务，他所考虑的是自己的商业利益，用自己的钱买进产品，并承担能否从销售中得到足够盈利的全部风险，但是，受许人又必须遵从特许人的统一化经营管理模式。因此，特许人和受许人同处同一特许经营体系下，如何有效实施对受许人的管理，如何处理这种特殊的合作关系，是许多特许经营企业都头痛的问题。

（4）特许经营关系是一种相依互补关系。特许经营的特许人和受许人既相互独立又相互依赖，这种关系通常被称为双赢。只有使特许人获得比直营更有效的发展，让受许人获得比独立经营更多的利益，特许经营才能进行下去。

3. 特许经营关系的特点

（1）时间性。特许经营关系的时间性特征体现在双方合作的长期性上面。我国法律规定，除受许人同意外，特许经营合同的周期应该不低于 3 年。而一些成熟的特许经营品牌如麦当劳、肯德基等，其特许经营合同周期在 10 年以上甚至长达 20 年。特许经营关系的这种长期性特征，要求双方保持合作关系的稳定性。

（2）阶段性。由于受许人对特许经营的认知往往需要经历一个过程，在特许人和受许人的合作过程中，受许人往往会经历一个从依赖到独立再到相互依赖的发展阶段过程（见图 8-4）。

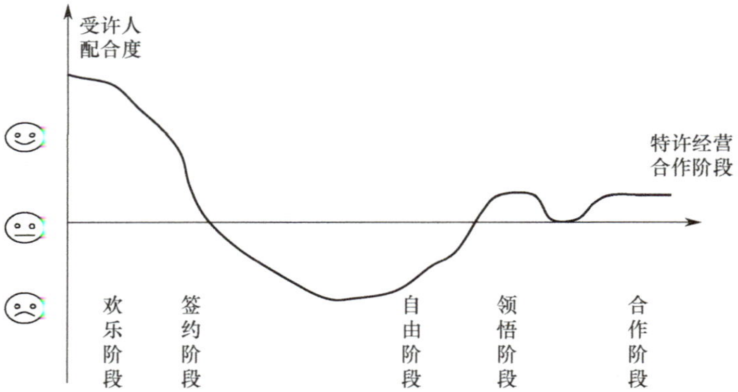

图 8-4 特许经营关系曲线

在加盟前，受许人对特许人往往有很高的期望和依赖，但是在加盟一段时间后，不少受许人认为其加盟店的经营都是靠自己努力打拼，因而忽视特许人存在的重要性，有的甚至出现我行我素、自行其是的状况。但是，经过一段时间的“独立”运营后，受许人可能遇到很多的问题或麻烦，光依靠自己难以解决，才逐步醒悟与特许人进行合作的重要性，并开始积极予以配合与协作。

了解在特许经营合作过程中阶段性的变化，有利于特许人与受许人的沟通，以及特许经营体系的有效管理。

（3）矛盾性。特许人与受许人之间的关系是一种复杂的关系，他们之间所有权分散，经营权集中。对特许人来说，受许人一方面给特许人带来利益，另一方面也可能会损害特许人的利益，甚至成为特许人的竞争者。对受许人来说，一方面需要特许人的支持，另一方面又想摆脱特许人的束缚。因此，在特许人与受许人的长期合作中，会因为经营理念、商业利益、行为模式等方面的差异而产生矛盾或冲突，这就要求双方能够在平等互利的基础上，加强沟通和理解，化解冲突和矛盾，以使特许经营体系健康发展，达到双赢的目的。

（4）人为性。特许经营中特许人与受许人之间的关系可能是商界最复杂的一种关系。特许经营常被比作“商业婚姻”，这说明在法律和商业关系背后存在着长期和高度相互依赖的个人之间的关系。对特许经营有广泛研究的澳大利亚心理学家格利高里·纳森（Gregory Nathan）写道：“如果我们忽视了特许经营中情感、动机和行为等人的因素，我们就忽视了特许经营关系。”

8.2.2 影响特许经营关系的常见问题

1. 认识和理念差异

（1）受许人对特许经营缺乏正确认识。受许人认为特许人提供的是一个快速致富的商业机会，幻想一夜变成百万富翁，这是非常不现实的。特许经营和任何商业机会一样，需要受许人付出努力、耐心与信心去经营。

（2）双方理念不一致。由于特许人和受许人双方的角色不一样，特许人非常重视品牌形象与特许经营体系的整体利益和长远利益，而受许人更加倾向于自己快速收回投资或获得更高盈利，因此，导致双方在经营理念上的差异性，进而影响特许经营合作关系。

正念与创新——瑜舍瑜伽连锁成功密码

2009 年在上海虹桥路 666 弄一个社区内，一个仅 135 平方米的工作室，全国首家社区型瑜伽馆在没有任何宣传推广的情况下悄然开业了。谁也没想到 10 年以后，它会成长为拥有近 200 家直营门店的、全国规模最大的线下瑜伽连锁品牌——瑜舍。瑜伽老师出身的创始人朱瑾自称红尘健康女战士，带领一群女性走出了一条特立独行的健康行业发展道路。

创新：与众不同的策略

不卖年卡卖次卡。摒弃同行惯用的时段卡模式，卖多次组合套餐。健身房赚的是客户不来的钱，瑜舍瑜伽老老实实上一节课挣一节课的钱，上不完课还能退。不妄图快速圈钱，所以持续关注服务成为重点。

精品小班制教学。动则几十人的瑜伽大课严重降低了练习质量，为了有效指导每一位会员，瑜舍从开业起就规定小班课人数最多 8 人，并结合一对一私教模式，打开了深度精准服务的模式。

瑜舍不止于瑜伽。比瑜伽更大的是“自然健康”板块，瑜伽只是瑜舍的引流项目，更重要的是为每一位会员通过多元方式解决亚健康问题，还推出了护理、净食、排毒等多个板块的业务。

合伙：女性觉醒的浪潮

2015 年启动女主人计划，开启瑜舍合伙创业的高速发展新篇章，短短 3 年时间，从 20 家到将近 200 家，实现门店规模 10 倍增长。在这个女性觉醒和社会角色转变的新时代，瑜舍瑜伽的从业人员多数是女性瑜伽老师，把内部员工发展成为门店联盟合伙人，帮助公司快速发展，让瑜舍一举成为全国规模最大的线下瑜伽连锁品牌。

加盟：相对标准与复制

2019 年，瑜舍从以前的女主人合伙模式逐步向全国连锁加盟模式转变。当瑜舍规模越来越大的时候，快速发展期相对粗放的合伙模式难以满足品牌规范化管理的需求。创始人毅然决定，收回合伙股份，转战全国连锁直营+加盟形式。连锁经营的核心是标准+复制，而瑜伽这个难以标准化的服务行业，也需要结合商业模式和市场需求形成相对的标准化，才有可能走得更远。敢为天下先，瑜舍提出了三年千店计划，在相对标准和规范管理基础上与时俱进，开启规模化复制和可持续盈利的新十年旅程。

使命：以正念成就事业

与大多数商业老板不同的是，瑜舍很少强调商业模式和发展速度。就好像高明的瑜伽不提倡体式，更强调内在的正念一样，瑜舍不断提醒自己企业存在的意义和企业文化的打造，以“重塑国人健康观念，提升国人生命质量”为使命，推广以瑜伽为代表的“自然疗法”，才是瑜舍的终极追求。“事情做对了，赚钱是顺便的事情。”这是瑜舍创始人经常说的话。

2. 经济利益冲突

盈利是特许人与受许人的共同追求，也是他们之间维系合作关系的物质基础。经济利益因素是特许人与受许人最容易产生纠纷与冲突的一个方面。双方之所以会在经济利益上产生冲突，主要原因有以下几方面。

（1）受许人经营业绩不佳。当加盟店的实际经营业绩与期望业绩存在巨大差距，却还需要定期向特许人支付特许权使用费时，他们就会产生怀疑态度，就会频频向特许人询问或抱怨，这时特许人和受许人就可能产生矛盾。

（2）特许人提供的商品或原材料、设备价格过高。有的特许人为了获得更大的利益，在特许经营合同约定的由特许人提供或配送的商品或原材料、设备等加价过高，使受许人在采购成本上无法获得价格优势，甚至比受许人自行采购的价格还要高。这种情况下，非常容易导致双方的矛盾，也不利于特许经营体系的发展。

（3）特许后期费用过高，受许人难以承受。受许人往往可以承受前期的加盟费，但持续向特许人支付的管理费用带给他们沉重的压力。特别是在受许人陷入财务困境或感到他们被忽视的时候，受许人与特许人发生冲突的概率是非常高的。

3. 特许人支持不力

受许人在加盟时，所看中的除了特许人在产品、品牌、技术等知识产权方面的优势，还有就是特许人在多年发展过程中所积累起来的先进的管理经验。受许人看到特许经营体系的样板店的经营业绩，看到其他先期加盟的受许人的经营报表，分析了特许人门店的成功率，确信特许人能够在管理上强有力地扶持他们成长，才会放心加盟。如果特许人管理上出现问题，受许人将是最大受害者。

特许人负责提供包括经营计划、产品开发、市场策划、人员培训、广告宣传等方面各种资源和运营管理的所有支持。如果支持缺乏或支持不充分，加盟店在当地的市场竞争中无法获得优势，甚至可能受到生存的威胁，这个时候特许人和受许人会发生严重的冲突。

4. 特许人的不当决策

特许人和受许人任何一方的经营管理措施不当均会引发双方的冲突。特许人在经营管理上没有符合受许人的期望与要求，很容易引起特许人与受许人之间的冲突。特许人的管理决策引起的冲突可能表现在以下几个方面。

（1）特许人的策略发生变化，给受许人带来损失。一个特许经营体系的重大经营决策基本上都是由特许人做出的，特许人在与受许人谈判时处在优势地位。如果总部在制定的企业革新的决策上出现失误，就会使整个加盟体系遭受损失甚至全盘失败，任何加盟店都无法独自逃脱。

（2）特许人限制了受许人的业务发展。特许人对想发展多家门店的受许人提出的条件和审批的程序过于复杂，甚至可能会否决受许人的要求。这种阻碍受许人发展的决定，也是受许人与特许人关系上出现冲突的一个普遍原因。

（3）特许人对受许人的自主性经营干预过多。特许人对受许人的过多干预将影响受许人的个性发挥，使受许人完全失去自由。如果特许人没有给予受许人足够的空间去发挥自己的能动性，那么受许人要么完全依赖特许人，要么反感特许人的强权干预，与特许人发生激烈冲突。无论出现哪种局面，对于特许人与受许人的关系都会有不良影响。

（4）特许人对于受许人在经营管理上的合理建议没有给予足够重视，使受许人心理上产生受挫情绪，影响受许人的发展积极性。

5．受许人的违约行为

受许人的经营管理落后或不遵守规则等原因也会引发特许人和受许人的冲突，主要原因可能有：受许人不具备经营管理必需的素质；受许人不能按时交纳有关费用或提供报告；受许人的经营自作主张，没有维持统一的经营标准；受许人抵制变化和改进措施；受许人经营中面临销售等实际困难，使其对特许经营合作产生了动摇，等等。

6．违反法律法规

违反法律法规所引发的冲突，主要表现在以下两个方面。

（1）特许人刻意欺诈。打着特许加盟旗号的各种广告铺天盖地，但实际上，很多企业根本不具备开展特许经营的能力或资质，没有成熟的盈利模式，更没有对加盟者的利益保障和督导。许多公司宣传过度，甚至不惜使用惊人的瞒天过海措辞，向加盟商夸大利润、承诺无风险或低风险是骗子的常用手段，诸如“没有风险的赚钱项目”“零加盟费，零风险！无须货款，欢迎加盟”等，使得不少创业投资者轻信而加盟，最终引起法律纠纷。

（2）受许人侵犯特许人的特许权。在特许经营中的欺诈有很多，既有特许人（尤其是那些假特许人）对加盟商的欺诈，也有受许人对特许人的欺诈，后者亦非常普遍，其危害甚至可以使特许人的品牌彻底断送。这种欺诈表现通常有：加盟商在特许人规定的区域、店数之外擅自开店，借以逃避加盟费、权益金等相关费用；在加盟终止后，继续使用具有特许人标志的物品、技术；违反特许人的统一化规定，如擅自提供非特许人体系内规定的产品或服务，擅自改变价格，擅自改变提供的产品或服务的质量，擅自从非指定供应商处进货等。这些行为都会对特许人的品牌带来巨大的损害。

8.2.3 特许经营关系管理的方法

特许经营关系存续时间长，并且具有很强的相互依赖性，因而成为商界中最为复杂的一种关系。特许人和受许人双方，尤其是在特许经营关系中处于主导地位的特许人，只有本着平等协作、互利双赢、共同发展的基本理念，通过多种方法和措施努力塑造和维系平衡的特许经营关系，减少特许人和受许人之间的冲突，避免不必要的损失，才可能使特许人和受许人皆获得成功，实现真正的双赢。

从特许人的角度来看，特许经营关系的管理主要有以下常见的方法。

1．选择合适的受许人

特许经营关系管理首先要做的是把握好受许人选择这一关。受许人的评估甄选是特许经营关系的开始，如果一开始就选错了合作伙伴，可以想象未来的合作历程会多么艰难。

在这一环节，特许经营企业可能出现的现象一是急功近利，一味追求发展速度，不管什么人只要交钱就可以加盟；二是对后期的特许经营关系管理和特许经营体系运营缺乏足够的认识，走一步看一步，反正先招到加盟商再说；三是特许人自己也不知道什么样的才是合格的受许人，往往只是跟着感觉走。这些现象都为合同签订后的特许经营关系管理埋下了巨大的隐患。

因此，在受许人评估甄选这一环节，特许人首先需要端正对特许经营关系管理的理念和认识，其次需要有一套合格受许人的选择评估方法。有关合格受许人的选择评估方法，我们在第 6 章中进行了详细介绍。

2. 有效沟通交流

特许人应该加强与受许人的沟通交流，让受许人总是能感到他是这个特许经营体系的一员。有效的沟通交流是任何成功经营活动的关键，通过沟通交流可以明白合作之后双方的利益与损失，了解合作伙伴除经济条件以外的其他优势。

因此，成功的特许经营企业经常组织受许人论坛、研讨会、培训等以保证有效沟通交流，了解受许人的想法，以及在其经营过程中遇到的各种问题。另外，特许人还可以与受许人建立牢固融洽的个人关系。一些特许人通过送生日礼物、特殊日子送花及提供服务或赠送纪念品等方式来促进关系。

3. 建立专业委员会

对于涉及整个特许经营体系的运行管理决策，特许人可以通过建立专业委员会的方式，让受许人也参与其中，充分听取他们的意见和建议，让他们也参与相关事务的决策。例如，一些成熟的特许经营企业会利用广大的受许人资源，建立受许人顾问委员会、地区加盟商管理协调委员会、广告基金管理委员会、新产品开发委员会等。特许经营企业通过这些委员会来协商解决受许人和特许人之间的共同事务，获得了很好的效果。

4. 加强对受许人的支持

（1）适度授权。“授权得当，皆大欢喜”，特许人应该根据特许经营体系整体状况及特许加盟授权模式，对受许人进行适当授权，使受许人能够有自我发挥的空间，同时能够使特许经营产品和服务更贴近本地化。当然，关键在于把握授权的尺度，让受许人自由发挥并不意味着其不要遵守特许经营体系的统一化原则。

（2）持续培训。随着关系的成熟，受许人更加关注如财务、管理、个人成长、市场营销甚至特殊促销等领域。特许人应该使受许人较快得到总部的专门技术培训，如营销和促销专门技术，以及产品或服务的研究和开发。

（3）运营与督导支持。如本章前面所述，运营与督导是一种重要的方式，运营与督导一方面帮助受许人解决了加盟店经营过程中的问题，另一方面加强了相互的了解和沟通，增进了受许人对特许人的信任和依赖，因此，运营与督导支持同时是特许经营关系管理的重要方式。

5. 给加盟商予以激励

特许人应该使受许人意识到在特许经营体系的成功中他们发挥了重要的作用。大多数特许人通过奖励的形式激励优秀的受许人，以显示他们了解受许人的业绩。一些特许人向成功的受许人提供业绩奖励，如现金或旅行。这些措施将加强特许人和受许人之间的了解，强化受许人对特许人的认同感。

8.3 特许经营体系持续改进与创新

8.3.1 特许经营体系持续改进与创新的必要性

特许经营体系必须时刻应对环境的变化，面对来自市场的竞争，不断进行改进和创新，以适应市场发展的需求，否则“逆水行舟，不进则退”，将被市场无情地淘汰。特许经营体系持续改进与创新的必要性，主要体现在以下三个方面。

1. 不断满足顾客需求

任何一个企业，只有不断满足顾客需求，提高顾客的满意度，才能获得顾客的认同和忠诚，才能使企业立于不败之地。特别是特许经营企业，多数属于面向终端消费者的商品零售或服务行业，如果不能不断对其产品、服务进行改进，适应消费者需求的变化，则很快会被市场所抛弃。

2. 进入新的市场

当一个特许经营品牌进入新的市场时，可能由于市场环境和消费习惯的差异，如果不进行改进或创新，那么特许经营品牌很难在新市场获得大的成功。在这方面，肯德基在中国是一个非常典型的成功案例。在国际市场排名第七的肯德基在 1987 年进入中国后，提出“立足中国，融入生活”，而且要“为中国而改变，打造新快餐”，在产品、服务等方面致力于本土化的改进和创新，成为中国最大的餐饮企业。而在国际市场排名第一的麦当劳，进入中国后相当长的时间内缺乏创新而被肯德基远远地甩在后面。

肯德基——立足中国，融入生活

肯德基在中国的成功正是得益于其立足本土市场的不断创新。早几年前肯德基就宣称，其不仅要“立足中国，融入生活”，而且要“为中国而改变，打造新快餐”，逐步融入中国人的方方面面、角角落落，努力成为中国人的一种生活方式。

产品开发是肯德基的“立足中国，融入生活”的重要表现，一如既往地研发推出新品，甚至也打破了过去只卖鸡肉产品的传统，开始出售其他肉类产品。如果说非典禽流感期间其在越南市场推出的鱼肉产品是不得已而为之的缓兵之计，那么随后在中国市场推出的深海鳕鱼、黄金蝴蝶虾、桑巴虾球、照烧猪排堡等则是经过精心策划的。于是人们看到几乎每个季节肯德基都有新品推出——从不辣的劲脆鸡腿堡到黄金烤鸡腿堡，从颇具中国风味的老北京鸡肉卷再到广东风味的咕咾鸡肉卷，从新奥尔良烤翅到新疆孜然烤翅，从葡式蛋挞到现在的卡布奇诺咖啡蛋挞，从经典的嫩春双笋到最新的沁凉果香沙拉，从芙蓉鲜蔬汤到番茄蛋花汤，从草莓圣代到冰纷彩豆圣代，从果珍橙汁到九珍果汁，肯德基从未停止过创新，总能变换花样针对国人的口味推出刺激味蕾的新产品。

3. 提升效率与效益

特许经营体系的改进和创新，也是特许经营体系提升效率和效益的需要。例如，中式快餐真功夫通过厨房设备的研发和创新，不仅解决了食品标准化的问题，而且极大地提高了其门店的运营效率。

8.3.2　特许经营体系持续改进与创新的理念和方法

1. 以市场和顾客需求为导向

如前所述，在市场经济环境下，满足市场和顾客的需求是特许经营体系存在的基础，也是特许经营体系进行持续改进和创新的方向与目标。有的特许经营企业，在进行产品服务及经营管理创新时过于主观，缺乏市场和顾客导向意识，在缺乏对市场和顾客需求的了解下推出产品服务或经营管理方案时，结果遭遇失败。

2. 树立特许经营体系改进与创新的全局观

（1）特许经营体系改进与创新所包含的内容。特许经营体系改进与创新不仅包括特许经营体系的产品和服务，还包括工作流程、经营模式、设备设施、技术工艺、店面形象、装潢设计等，也包括特许加盟模式、信息管理系统及特许经营体系管理中各个方面的经营管理方法和策略等。例如，肯德基除了不断推出新的产品，还曾经五次更改品牌标识。因此，特许经营体系的改进与创新包含了特许经营体系的任何一个方面，可以大到一个店面模式的整体推出，也可以小到一个具体动作的改进。

（2）特许经营体系改进与创新涉及的人员。从以上的内容可以看到，特许经营体系的持续改进与创新涉及特许经营体系中的每个人，包括特许经营总部、各个区域分部、直营店、加盟店及外部供应商等合作者。特许经营体系的运行体现在每个人日常工作流程中，因此，特许经营体系中所有的人都应注意细节、关注每个环节和步骤、关注每个细节的实施和完善。特许经营体系为每个工作都设计和规划了详细、科学、经过实践证明是成功的程序与步骤。作为特许经营体系中的一员，首先要不折不扣地执行。因为既定标准的严格实施，是特许经营体系持续改进与创新的基础。

3. PDCA 循环在特许经营体系改进与创新中的应用

（1）PDCA 循环的概念。PDCA 循环概念最早是由美国质量管理专家戴明于 20 世纪 50 年代初提出的，所以又称“戴明环”。PDCA 含义为：P（Plan）——计划，确定方针和目标，确定活动计划；D（Do）——执行，实地去做，实现计划中的内容；C（Check）——检查，总结执行计划的结果，注意效果，找出问题；A（Action）——行动，对总结检查的结果进行处理，成功的经验加以肯定并适当推广、标准化；失败的教训加以总结，以免重现，未解决的问题放到下一个 PDCA 循环。

之所以将其称为 PDCA 循环，是因为这四个过程不是运行一次就完结，而是要周而复始地进行。一个循环完了，解决了一部分问题，可能还有其他问题尚未解决，或者又出现了新的问题，再进行下一次循环，其基本模型如图 8-5 所示。

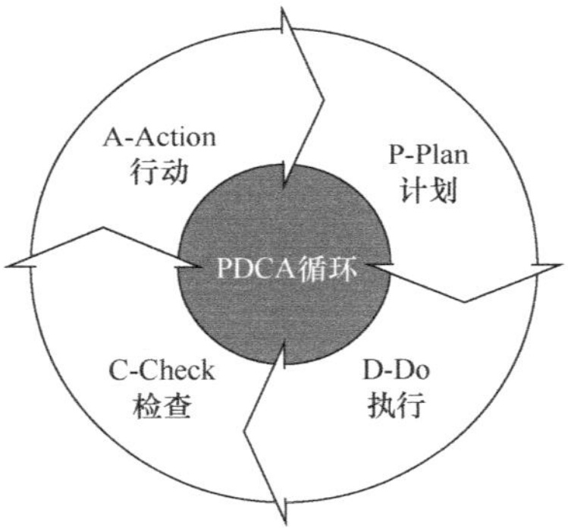

图 8-5　PDCA 循环

（2）PDCA 循环的特点。一是大环带小环。如果把整个特许经营体系的工作作为一个大的 PDCA 循环，那么特许经营总部、加盟店及各个部门、小组，还有各自小的 PDCA 循环，就像一个行星轮系一样，大环带动小环，一级带一级，有机地构成一个运转的体系。

二是阶梯式上升。PDCA 循环不是在同一水平上循环，每循环一次，就解决一部分问题，取得一部分成果，工作就前进一步，水平就提高一步。到了下一次循环，又有了新的目标和内容，更上一层楼（见图 8-6）。

（3）PDCA 循环的步骤和方法。PDCA 循环的四个阶段又可细分为八个步骤，每个步骤的具体内容和所用方法如表 8-2 所示。

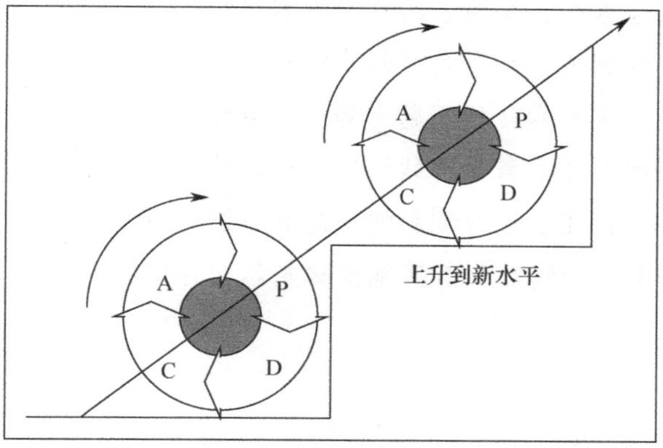

图 8-6　PDCA 循环阶梯式上升

表 8-2　PDCA 循环步骤的具体内容和所用方法

阶段	步　骤	主 要 方 法
P	1.分析现状，找出问题	排列图、直方图、控制图
	2.分析各种影响因素或原因	因果图
	3.找出主要影响因素	排列图、相关图
	4.针对主要原因，制定措施和计划	回答“5W1H”，即为什么制定该措施（Why），达到什么目标（What），在何处完成（Where），由谁完成（Who），何时完成（What time），如何完成（How）
D	5.实施计划	—
C	6.检查计划执行结果	排列图、直方图、控制图
A	7.总结成功经验，制定相应标准	制定或修改工作规程、检查规程及其他有关规章制度
	8.把未解决或新出现的问题转入下一个循环	

（4）PDCA 循环在特许经营体系中的运用。PDCA 循环是有效进行任何一项工作的合乎逻辑的工作程序，同样也可以应用于特许经营体系中的任何一个环节。一方面，特许经营体系中的任何一个系统或环节都需要保持稳定的运行质量，否则特许经营体系的产品和服务就无法实现标准化，另一方面，特许经营体系的任何一个环节都需要改进和创新，无论是标准执行还是改进与创新，PDCA 循环都是一种非常有效的方法和思路。当然，作为特许经营系统中的单店，首先要做到的是标准的执行，在体系允许的范围和途径中进行改进和创新。

思考

（1）简述督导在特许经营中的定位和意义。

（2）特许经营运营与督导管理的常用方法有哪些？

（3）什么是神秘顾客？神秘顾客的作用有哪些？

（4）什么是特许经营关系？它具有哪些特点？

（5）影响特许经营关系的常见问题有哪些？特许经营关系管理的方法有哪些？

（6）为什么特许经营体系需要持续改进与创新？

（7）特许经营体系持续改进与创新的理念和方法有哪些？

（8）PDCA 循环有哪些特点？其实施步骤是怎么样的？

案例分析

罗森便利——多项监管确保食品安全

罗森始创于 1939 年的美国，1975 年从美国获得特许加盟授权后在日本开出了第一家店铺。截至 2018 年 5 月底，罗森共有 15 971 家便利店，分别分布在日本、印度尼西亚、美国、泰国、菲律宾和中国等国。

罗森于 1996 年进入中国上海，成为最早进入中国华东市场的外资便利店。截至 2018 年 6 月底，罗森在上海、重庆、大连、北京及武汉地区拥有 1 642 家便利店。与本土便利店相比，罗森具有自有商品占比高及加盟模式灵活等特点，今后，罗森在中国将加快发展的速度，目标是到 2025 年突破 1 万家门店。

罗森便利店里有大约 3 000 种商品。新商品从开发到进入店铺，摆上货架，只需要 6 周的时间。在 3 000 种商品中，有很大比例是食品，在食品安全方面，消费者的要求越来越高，为此罗森也是精益求精，力求做到最好。

为了提供安全、安心的食品，罗森日本本部提供了强大的系统化管理和技术支持。日本罗森有专门的品质管理部门和团队，他们会不定期来中国的工厂和门店，并对商品质量安全进行检查和指导，每月至少一次。

罗森还设有专门督导，协助和监督店长进行质量管理工作，保证食品安全。通常情况下，每个督导负责 5～6 家店铺，每天都会到店铺巡查。像检查商品的保质日期是否到期，这都是督导的分内事。每个星期，督导和店长都要完成“每周监督管理表”“品质管理表”等，在公司大会上上交。

另外，公司层面也会安排“神秘顾客”不定期到一些店铺进行抽查，多种监管确保顾客能够在罗森买到安全、安心的食品。

罗森在中国有超过 50%的加盟店，因此对加盟店的管控非常严格。如果某家店铺在上述多项检查中屡次有不合格的现象，那么不管这家店铺的生意有多好，公司将毫不犹豫地取消其加盟合约。

罗森在盒饭、饭团及其他食品上，一直都以最先进的设备、技术和系统来支持。

罗森在商品开发上也颇下功夫，开发了一系列甜点及意大利面等商品来满足年轻女性的需求。

在罗森，上至管理层，下至第一线的门店工作人员，都有一个标准化的操作手册，为顾客服务时，要参照手册标准进行。当然，这并非一成不变教条化的遵循。一般犯了错误有两种情况，要么是员工没有参照手册进行工作，那么这属于管理方面的问题；要么是手册本身存在问题。因此，当出现问题时，不能一味责罚员工，而是要找到问题的根本原因所在。

此外，罗森的商品开发和采购人员会定期到日本工厂参观学习，让他们亲身感受总部对食品安全方面的管理和要求。很多工作人员参观之后，都对如此细致化的管理感到非常惊讶，认为令人难以想象。

问题：

（1）为了确保食品安全，罗森采取了哪些措施？罗森对门店的督导管理有哪些方式？

（2）如果某家店铺在有关食品安全的多项检查中屡次有不合格的现象，那么不管这家店铺的生意有多好，罗森都将毫不犹豫地取消其加盟合约。罗森为什么要这么严格？

实训

企业实训

设计或优化企业特许经营运营与督导体系，包括运营与督导组织架构、岗位职责、工作流程和方法等。

课堂实训

（1）走访 2～3 家特许经营企业，了解其督导体系的构成、工作流程及方法。

（2）寻找一家特许经营企业实习单位，用 PDCA 循环的方法来改进岗位工作。

第 9 章

特许经营合同与法律实务

花 70 万元买商标，“喜茶”为何要更名

2012 年起源于广东江门一条小巷的网红茶饮连锁品牌“喜茶”，经过数年发展，截至 2019 年年底，已在 43 个城市开出 390 家门店，然而，很多人并不知道如今红遍全国的“喜茶”最初并非叫“喜茶”，而是叫“皇茶”。

由于缺乏商标保护意识，“皇茶”创始人在早期创业时，没有提前将“皇茶”商标注册。随着生意越来越火，知名度变高，越来越多的仿冒店出现，由于没有商标权，“皇茶”创始人无法进行维权，后来多次申请注册“皇茶”商标，也都以失败告终。因此，“皇茶”被迫改名。皇茶创始人花 70 万元高价购得“喜茶”商标，将“royaltea 皇茶”正式更名为“HEYTEA 喜茶”。

类似于喜茶的商标问题，在连锁经营领域并非不常见。很多企业在成立初期，由于商标保护意识薄弱，导致后期商标维护和运营步履维艰。

没有商标保护，企业的名称就承担品牌风险和法律风险，对于企业发展尤其是特许经营扩张极为不利。而且，为了重新打造新的品牌，企业还需要付出艰苦的努力。

有了“皇茶”商标注册失败的教训，现在负责“喜茶”品牌运作的深圳美西西餐饮管理有限公司已经申请注册了近千个商标，更对旗下的产品都进行了全方位注册，使得喜茶品牌获得了良好的保护。

知识产权的许可使用是特许经营的核心，是特许经营合同的主要内容。而商标权又是特许经营及其知识产权的主要组成部分。因此，特许经营企业需要注重保护企业的知识产权尤其是商标权。

职业指导

从事特许经营，需要懂得特许经营的相关法律

1. 法务专员

在一些比较大型或成熟的特许经营企业，常常会设立法务专员这么一个岗位甚至法务部门，专门负责处理特许经营相关的法律实务。具体职责包括：

- 负责特许经营相关合同的起草、修订；
- 负责特许经营相关合同签订前的审核；
- 负责为本企业员工提供特许经营相关的法律培训；
- 负责加盟店与总部之间的相关法律纠纷的处理；
- 负责企业其他法律风险的防范。

法务专员一方面要熟悉甚至精通特许经营相关的法律法规，另一方面需要了解和熟悉特许经营企业的具体业务。

2. 其他职位

特许经营是一种以合同为基础的商业合作关系。即便你不是在法务专员的岗位上工作，只是在特许经营企业就职或者通过加盟来创业，你也非常有必要了解特许经营的相关法律法规。比如，作为推广与招商部门的人员，你需要对特许经营合同的相关事项非常精通；作为运营与督导部门的人员，你同样要非常熟悉特许经营合同及相关法律法规，因为这是对加盟店进行管理的重要基础；如果你是通过加盟创业，那么更需要对《商业特许经营管理条例》等相关法律法规及特许经营合同进行深入研究，以此来保护自己的合法权益。

▼ **阅读指南**

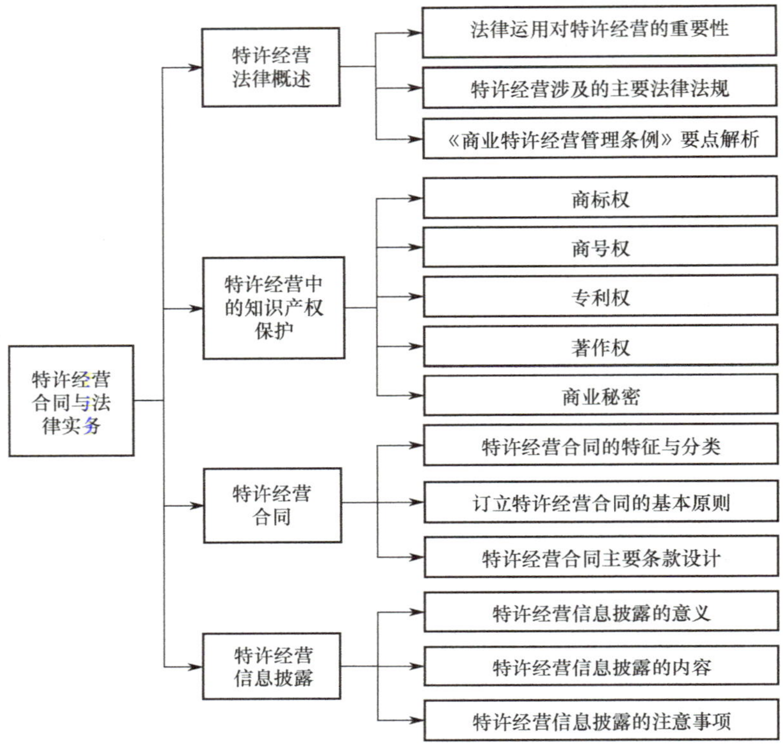

9.1 特许经营法律概述

9.1.1 法律运用对特许经营的重要性

1. 特许经营的核心是知识产权的许可使用

特许经营的核心是特许经营权的授权许可使用。特许经营权的构成要素可细分为两大部分：一部分属于知识产权，包括商标、商号、标志、经营模式、专利、管理和技术诀窍、商业秘密等；另一部分属于非知识产权性质的特许人专属权利，包括特许人产品、服务经销权、特许人商标、标志的生产权和分销权、特许人区域市场的开发管理权及其他专属权利。其中，知识产权是特许经营权的核心内容，从这个意义上说，特许经营的核心是知识产权的许可使用。因此，有关知识产权的法律研究和运用，对特许经营企业来说，显得尤为重要。

2. 特许经营是以合同为基础的商业模式

第一，特许经营是特许人和受许人之间的一种商业契约关系，特许经营合同是特许经营关系成立的证明。特许人和受许人双方不是总分公司、母子公司、委托代理等关系，在法律地位上双方属于独立平等的民事主体，各自对外独立承担责任；另外，特许经营中，特许人将特许经营权授予受许人使用，受许人向特许人支付一定费用作为对价，是一种双务合同关系。

第二，特许经营合同是维持特许经营体系生存和发展的重要保障。如前所述，特许经营的核心是知识产权的许可使用，因此对知识产权的保护尤为重要。只有对受许人的经营行为进行规范和约束，防止特许人的商标、标志等被假冒和滥用，才能维护特许经营的统一品牌形象和良好口碑，发挥特许经营的整体规模效应。此外，从受许人的角度来说，受许人加入一个特许经营体系时，更加关心自己在今后的经营中能否获得特许人的持续服务、支持和指导，以更快更好地收回投资、取得回报，而这些都是需要通过特许经营合同来得到保障的。

由此，特许经营作为一个以合同为基础的商业模式，必须以法律为依据，并通过法律手段来保护特许人和受许人双方的合法利益，维护特许经营体系的持续发展。

9.1.2 特许经营涉及的主要法律法规

1.《商业特许经营管理条例》

我国的《商业特许经营管理条例》(以下简称《条例》)，自 2007 年 5 月 1 日起施行。本条例主要对特许经营活动、信息披露、法律责任做了详细的规定。为保证《条例》的顺利实施，商务部还颁布了《商业特许经营备案管理办法》和《商业特许经营信息披露管理办法》。这两个办法主要是根据《条例》有关特许人备案制度和特许人信息披露制度的有关规定，对相关内容做出了更详细的规定。

2. 其他法律法规

除此之外，我国特许经营还依靠其余的一些法律法规来调整，包括但不限于：

- 《中华人民共和国商标法》；
- 《中华人民共和国专利法》；
- 《中华人民共和国著作权法》；
- 《计算机软件保护条例》；
- 《中华人民共和国公司法》；
- 《中华人民共和国合同法》；
- 《中华人民共和国反不正当竞争法》；
- 《中华人民共和国广告法》；
- 《中华人民共和国消费者权益法》；
- 《中华人民共和国产品质量法》；
- 《中华人民共和国仲裁法》。

除此之外，还有一些针对特许经营活动而出台的法律法规和规章，例如，《关于规范加油站特许经营的若干意见》《文化部关于加强互联网上网服务营业场所连锁经营管理的通知》《文化部关于促进和规范音像制品连锁经营的通知》《国家税务总局关于开展对外国企业取得利息、特许权使用费等征收企业所得税和营业税专项检查的通知》等。

9.1.3 《商业特许经营管理条例》要点解析

1. 规定了特许经营准入资格

《条例》明确了特许人从事特许经营活动应当具备的条件，具体包括三个方面的内容：

第一，只有企业可以作为特许人从事特许经营活动，其他单位和个人不得作为特许人从事特许经营活动。

第二，要求特许人从事特许经营活动应当拥有成熟的经营模式，并具备为受许人持续提供经营指导、技术支持和业务培训等服务的能力。

第三，就是通常所说的"两店一年"，也就是规定特许人从事特许经营活动应当拥有至少 2 个直营店，并且经营时间超过 1 年，主要目的是防止一些企业利用特许经营进行欺诈。同时，直营店具有一定的示范作用，便于意向加盟商或加盟商从直营店的经营中较为直观地了解特许人的品牌、经营模式、经营状况等。

2. 确立了特许人备案制度

特许经营在性质上属于合同行为，从事特许经营活动是当事人的民事权利，政府不宜对其实行行政审批管制，但需要对其经营活动进行必要的监督管理，以维护市场秩序，保护当事人合法权益。

鉴于此，《条例》确立了特许人备案制度，要求从事商业特许经营的特许人必须依法备案，明确规定特许人应当自首次订立特许经营合同之日起 15 日内，向商务主管部门备案，并规定了备案的程序及备案时应当提交的文件、资料。商务主管部门收到特许人提交的符合规定的文件、资料后，应当予以备案，通知特许人，并将备案的特许人名单在政府主管部门网站上公布并及时更新。

特许人备案主要有三个作用，一是便于商务主管部门及时了解、掌握特许人的有关情况，有针对性地对特许经营活动进行规范、监督；二是有助于潜在的投资者了解特许人的基本情况，做出恰当的投资决策；三是有利于形成对特许人的社会监督，防止欺诈和不实宣传。

3. 规定了特许人的信息披露制度

特许人的信息披露，对于保证受许人及时、全面、准确地了解、掌握有关情况，在充分占有信息的基础上做出适当的投资决策，防止上当受骗，非常关键。因此，有特许经营立法的国家，都把信息披露作为核心制度。

《条例》借鉴国际通行做法，专设“信息披露”一章，明确规定特许人应当建立并实行完备的信息披露制度，在订立特许经营合同之日前至少 30 日，以书面形式向受许人提供有关信息和特许经营合同文本，并明确规定了特许人应当提供的信息内容。《条例》还对特许人提供的信息应当真实、完整、准确，不得遗漏有关信息或提供虚假信息做出了明确规定。

4. 规范了特许经营合同的基本内容

特许经营合同是明确特许人和受许人之间权利义务关系的依据。特许经营活动在实践中出现的不少问题和纠纷，与特许经营合同不够规范有直接关系。为此，《条例》从三个方面做了规定，具体包括：

第一，特许人和受许人应当采用书面形式订立特许经营合同，并明确了特许经营合同应当包括的主要内容。

第二，规定特许人和受许人应当在特许经营合同中约定，受许人在合同订立后一定期限内，可以单方解除合同，这也是借鉴其他国家的所谓“冷静期”的做法。

第三，规定除受许人同意的情况外，特许经营合同约定的特许经营期限应当不少于 3 年。

5. 规定了特许人和受许人的行为规范

针对特许经营活动本身的特点及实践中存在的主要问题，重点对特许人的行为规范做了规定。比如，特许人应当向受许人提供特许经营操作手册；特许人应按照合同约定的用途使用向受许人收取的推广、宣传费用；特许人在推广、宣传活动中不得有欺骗、误导的行为等。

对受许人的行为规范，《条例》也做了相应规定，主要是受许人未经特许人同意，不得向他人转让特许经营权；受许人不得向他人泄露或允许他人使用特许人的商业秘密。

6. 明确了法律责任

为了保证各项制度切实得以落实，《条例》对特许人不具备相应条件从事特许经营活动、特许人未依照规定向商务主管部门备案、特许人违反有关行为规范及违反信息披露要求等违法行为，均规定了明确、严格的法律责任。

从《条例》规定的法律责任的种类看，除没收违法所得、罚款等行政处罚以外，对构成犯罪的，还要依法追究刑事责任。特别值得注意的是，《条例》针对特许经营活动的特点，规定对特许人的违法行为可以予以公告，通过社会舆论和市场的压力，促使特许人依法办事，改正违法行为。

考虑到特许经营活动中的民事责任问题应当通过民事法律来解决，而民法通则、合同法等有关民事法律对民事责任的承担都有规定，因此，《条例》所主要规定的法律责任主要是违反管理性要求所应当承担的行政责任。

9.2 特许经营中的知识产权保护

9.2.1 商标权

1. 商标的定义、分类与作用

（1）商标的定义。商标是指生产经营者在其商品或服务项目上使用的、由文字和图形等组合构成的、具有显著特征的、便于识别商品或服务来源的专用标记。商标具有以下几个特征：

- 商标是商品和服务上使用的标记。
- 商标是用来区别商品或服务来源的标记。
- 商标是由文字、图形、字母、数字、三维标志和颜色组合构成的，具有显著性。

注册商标是指由国家商标局核准注册的商标。我国实行商标注册原则，经过商标注册申请并得到国家商标局批准后，商标权人即享有注册商标的专有权，有权排斥其他人在同类商品上使用相同或者类似的商标。

（2）商标的分类。按照商标的组成或使用方式，商标有多种分类方法（见表 9-1）。按商标的组成来分，商标可以分为文字商标、图形商标、组合商标；按商标的用途来分，商标可以分为商品商标、服务商标、集体商标；按商标使用人对商标的使用动机来分，商标可以分为联合商标、防御商标、证明商标等类别。

表 9-1　商标的分类

分类方式	商标类别	定　义	举　例
按商标的组成分类	文字商标	由相对规范的数字、字母和文字组成，具有显著性的特征	3721、DELL、搜狐
	图形商标	由平面或立体图构成的商标	
	组合商标	由数字、字母、文字、图形及颜色组合形成	Windows98
按商标的用途分类	商品商标	商品生产者或经营者为将自己生产或经营的商品与他人生产或经营的商品区别开来而使用的标志	可口可乐、康师傅
	服务商标	提供服务的经营者为将自己提供的服务与他人提供的服务区别开来而使用的标志	肯德基、麦当劳、Holiday Inn
	集体商标	社团、协会或其他合作组织，用以表示组织或其成员身份的标志	中国新华书店协会的“新华书店”商标

（续表）

分类方式	商标类别	定　义	举　例
按商标使用人对商标的使用动机分类	联合商标	同一商标所有人在自己相同商品上注册了几个近似的商标。可预先明确商标类似范围，便于判断近似与否	全聚德公司注册了全聚德、全德聚、聚全德、聚德全、德全聚、德聚全等商标
	防御商标	同一商标所有人在非同种和非类似的商品上注册了同一个商标。目的是获得跨行业保护	五粮液集团注册了一粮液、二粮液等“数字粮液”商标
	证明商标	对商品或服务的来源、原料、制作方法、质量、精密度或其他特点具有保证意义的标志。一般由商会或其他团体申请注册，申请人对商标的指定商品或服务具有检验能力，并负保证责任，又称保证商标	绿色食品标志，纯羊毛标志

（3）商标的作用。从商标的定义可知，商标有区别商品或服务出处的作用，可以促进生产者或经营者提高产品或服务的质量。对企业来说，商标的使用有利于市场竞争和广告宣传，并且商标是商誉的基础和载体，是企业的无形财产。

2．特许经营中的商标使用形式

特许经营中的商标使用形式，可以根据商标使用许可是否具有排他性的特点，分为独占使用许可和一般使用许可两种。

（1）独占使用许可是指特许人许可一个受许人在规定的地区和约定的商品或服务上独家使用其商标。在规定的范围内，特许人不得再许可第三人使用其商标，而且特许人自己使用也要受到限制。独占使用许可具有极强的排他性，享有独占使用权的受许人可以在规定的范围内禁止他人使用与该商标相同或近似的商标。如果他人实施了侵权行为，受许人除禁止其使用以外，还可以要求赔偿损失。

（2）一般使用许可是指特许人允许不同的受许人同时使用同一商标。享有一般使用许可权的受许人，不享有其他受许人使用该商标的禁止权。如果非受许人对该商标实施了侵权行为，应由特许人向商标管理机构申请查处或直接向司法机关进行控告。

另外，在特许经营发展过程中，特许人和受许人还需要注意，不要侵犯他人的商标或商号权，宁波“永和豆浆”商号侵权案，就是一个典型的侵犯他人商号权的案例。

宁波“永和豆浆”商号侵权案

2005 年 8 月 24 日，上海弘奇公司授权赵某设立“永和豆浆”加盟店，特许经营体系包括“永和 YUNGHO 及图”之商标、字号、匾牌等。当年 10 月，赵某成立了“宁波市海曙鼎香餐厅”。赵某认为其具有在店面招牌上使用“永和豆浆”进行宣传的合法权利，遂在该餐厅店面招牌上突出使用了“永和豆浆”字样，同时标识了“永和 YUNGHO 及图”等商标。

2006 年 5 月，宁波市海曙永和豆浆店将海曙鼎香餐厅告上法庭，宁波永和经营者洪加富认为，该授权加盟店在店面招牌中标注与其真实字号不符的“永和豆浆”字号，侵犯了宁波“永和”的个体工商户名称权，实施不正当竞争。宁波市中级人民法院受理此案后认为，“宁波市海曙永和豆浆店”依法享有名称权；原告以其最具代表性的“豆浆”食品与其“永和”字号名称相连，即以“永和豆浆”作为店面招牌使用，符合国家关于在饮食、服务等领域名称可以适当简化的相关规定，受到法律的保护。

2006年8月，市中院对宁波市海曙永和豆浆店诉宁波市海曙鼎香餐厅案正式宣判，判令海曙鼎香餐厅经营者立即停止在店面招牌上使用“永和豆浆”，并赔偿经济损失5万元，同时限期在报纸上刊载致歉声明。对于这一判决，海曙鼎香餐厅的代理人当庭表示不服要上诉。

2006年9月14日浙江省高院受理此案，并于同年10月18日公开开庭进行了审理。省高院在审理中认为，尽管赵某在本案中取得了“永和 YUNGHO 及图”组合商标的使用权，但该商标系商品商标，并不能在服务类别使用，更不能在店面招牌上擅自使用。而“永和豆浆”字样是洪加富作为个体工商户早在1997年6月27日设立“宁波市海曙永和豆浆店”即开始使用的字号，经过多年经营，洪加富的“永和豆浆”在当地享有一定的知名度。赵某与洪加富系同一地区的同行业经营者，赵某擅自将他人餐饮店名称中起标识作用的字号在餐厅店面招牌上突出使用，易引起消费者误认为是他人的商品，赵某的上述行为损害了宁波市海曙永和豆浆店的名称权，构成了不正当竞争。

浙江省高院终审认定，赵某应该依法承担停止侵害、赔礼道歉、赔偿损失的民事责任。省高院同时认为，宁波市中级人民法院考虑洪加富的名称权在当地的声誉以及迄今为止赵某侵权行为的持续时间、后果等因素，综合确定的赵某的赔偿数额基本合理，认定事实清楚，适用法律正确，实体处理并无不当，遂驳回赵某上诉，维持原判。

3. 特许经营中的商标保护

（1）商标注册及有效性。未经注册的商标被人假冒或抢注，对特许经营体系的损害将十分严重。因此特许经营中的商标，应该是注册商标。同时特许人有义务保持注册商标的有效性，按期进行续展。

（2）常见商标侵权行为及处理。在特许经营方面，商标侵权行为主要表现为以下几种情况：

- 未经商标持有人的许可，在同一种商品或类似商品上使用与其注册商标相同或相近似的商标。
- 销售侵犯注册商标专用权的商品的。
- 伪造、擅自制造他人注册商标标识或销售伪造、擅自制造品又投入市场的。
- 未经商标注册人同意，更换其注册商标标识或销售伪造、擅自制造品有投入市场的。
- 受许人未经特许人许可，超出许可范围使用商标。

- 特许经营合同期满或提前终止，受许人仍继续使用特许人的注册商标的。

针对上述情况，特许人可以向工商行政管理部门投诉，请求工商行政管理部门进行处理。认定为侵权的，责令侵权人立即停止侵权行为，没收、销毁侵权产品和专门用于制造侵权产品和伪造注册商标的工具，并可以处以罚款。特许人也可以直接向法院提起诉讼，同时申请法院责令其立即停止侵权，查封侵权产品等措施，并赔偿损失。

9.2.2 商号权

1. 商号的基本概念

商号也称企业字号，是指企业为进行经营活动在注册登记时用以表明自己企业的名称。《企业名称登记管理实施办法》规定，企业名称应当由行政区划、字号、行业、组织形式依次组成。企业名称中除字号以外都是通用词汇，不具有独特性，只有字号是独特的，在一定区域范围内字号是不能相同的。在特定条件下，如一些历史悠久的老字号企业、全国性公司、外商投资企业的字号在全国范围内享有专用权。

2. 特许经营中的商号使用

目前，我国尚无关于商号许可使用的法律规定。在实际操作中，如果特许人的商号与注册商标的文字内容一致，从保护商标专用权的角度考虑，特许人不应该允许受许人注册特许人的商号，而且应该在特许经营合同中约定，如果受许人私自注册了特许人的商号，可认定为严重违约，并可以立即终止特许经营合同。

如果特许人的商号和注册商标不一致，从特许经营体系的推广来说，特许人可以考虑允许受许人将特许人的商号在当地进行注册，但由于同一县级行政区划内不能有相同字号的企业注册，因此不可能所有的受许人都可以注册特许人的商号。此外，特许经营合同终止后，特许人无法要求受许人变更商号，因为受许人的商号是经工商行政主管部门核准的，是合法有效的。如果特许人想在该行政区划内成立直营的连锁企业，就无法再使用本企业的商号，为企业的发展留下了障碍。因此，是否允许受许人注册特许人的商号，需考虑是否对特许人商誉、加盟商关系管理、直营连锁的发展等方面有不利之处。

3. 特许经营中的商号保护

我国法律规定，企业只能在其所在注册的行政区划内享有独占权，可能并不能在全国范围内限制其他企业使用企业字号。因此，特许经营企业要保护自己的商号，主要有两种方式。一种方式是将企业字号注册为商标，以通过《中华人民共和国商标法》的相关规定来达到保护商号的目的。另一种方式是在特许授权过程中，特许人可以采用在特许经营合同中约定的方式来限制受许人的行为，以达到保护商号的目的。

9.2.3 专利权

1. 专利权的基本概念

专利权是指法律赋予专利人对其获得专利的发明创造在一定范围内依法享有的专有权利。一项技术要成为专利，必须具备三个条件：新颖性、创造性、实用性。新颖性是指世界上没有过的；创造性是指其技术水平超过了以前的技术水平；实用性是指其技术可以在产业上使用。

专利分为发明专利、实用新型专利和外观设计专利。其中，发明专利的保护期是20年，实用新型和外观设计专利的保护期是10年。

2. 特许经营中的专利权应用与保护

专利权被授予后，任何单位和个人未经专利人许可，不得为生产经营目的制造、销售其专利产品，或者使用其专利方法，以及使用、销售依照该专利方法直接获得的产品。

特许经营权往往包含若干项专利权或技术秘密，但并非所有特许经营权都包含专利权和专有技术。如果特许经营权包含专利权或专有技术，可能会涉及对专利及专有技术的改进。《中华人民共和国合同法》规定：当事人可以按照互利的原则，在技术转让合同中约定后续改进技术成果的分享方法。没有约定或约定不明的，可以签订补充协议。不能达成补充协议的，按照合同有关条款或交易习惯确定。仍不能确定的，一方后续改进的技术成果，其他各方无权分享。

B公司侵犯专利权案

A公司是一家从事有关环保工程的特许经营企业，其中的核心技术——M已申请了国家专利。2015年5月A公司与B公司签订了特许经营协议，授予B公司其核心技术——M的使用权，期限为2年。2017年5月，合同到期，双方未达成协议续约，故合同自动解除。但A公司后来发现，B公司在合同到期后继续使用M技术承揽工程，对A公司造成了很大损失。在与B公司协商未果的情况下，A公司向法院提起诉讼。本案中，根据《中华人民共和国专利法》，“除本法另有规定外，任何单位或个人未经特许人许可，都不得实施其专利，即不得为生产经营目的制造、使用、许诺销售、销售、进口其专利产品，或者使用其专利方法，以及使用、许诺销售、销售、进口依照该专利方法直接获得的产品”。B公司在特许经营合同期满的情况下仍继续使用A公司的专利，属于侵犯专利权的行为，应当承担法律责任。

9.2.4　著作权

1. 著作权的基本概念

著作权有狭义和广义之分，狭义的著作权指的是各类作品的作者依法享有的人身和财产方面的权利，广义的著作权还包括作品传播者、出版者、表演者、录音录像制品制作者和广播电视节目的制作者依法享有的权利。《中华人民共和国著作权法》所称的作品主要包括：

- 文字作品；
- 口述作品；
- 音乐、戏剧、曲艺、舞蹈、杂技艺术作品；
- 美术、建筑作品；
- 摄影作品；
- 电影作品和类似摄制电影的方法创作的作品；
- 工程设计图、产品设计图、地图、示意图等图形作品和模型作品；
- 计算机软件；
- 法律、行政法规规定的其他作品。

2. 特许经营中的著作权应用与保护

我国对于作品采用自动保护原则，作品一经产生，不论是否发表，只要具备了独创性并能以有形形式复制，即受到法律保护。

作品的著作权属于著作权人所有。著作权人包括：①作者；②其他依《中华人民共和国著作权法》享有著作权的公民、法人或者其他组织。

《中华人民共和国著作权法》规定著作权包括人身权和财产权两个方面。著作人身权是作者基于作品依法享有的以人身权益为内容的权利，具有以下几个特点：

（1）法人和非法人团体在一定条件下也可以视为作者，享有著作权。

（2）著作人身权具有一定专属性，通常不得转让、继承和放弃。

（3）著作人身权不会因作者的生命结束或法人的灭失而消失。

（4）著作人身权主要包括发表权、署名权、修改权、保护作品完整权。

著作财产权是著作权人依法享有的使用、许可他人使用其作品及获得报酬的权利，主要包括复制权、发行权、出租权、展览权、放映权、信息网络传播权、改编权。

在特许经营中，著作权主要体现在特许经营操作手册、VI 手册等文字作品，以及设计图案、绘画、雕塑等美术作品、摄影作品、计算机软件中。

9.2.5 商业秘密

1. 商业秘密的基本概念

商业秘密是指不为公共所知悉、能为权利人带来经济利益、具有实用性并经权利人采取保密措施的技术信息和经营信息。

2. 特许经营中的商业秘密应用与保护

对于特许人而言，要确保自己的商业秘密得到合法的保护，应采取严密的保密措施，比如，在特许经营合同中明确确定商业秘密的范围，签订严谨的商业秘密保护条款和协议。对于受许人而言，应当对列入商业秘密保护条款的内容进行审查。若特许人故意扩大商业秘密的保护范围，会使受许人的权益受到影响。

商业秘密侵权案例

F 公司是专门从事餐饮的特许经营商，其特色食品 M 味道奇佳，深受广大消费者的喜爱，市场销量很大。E 公司与 F 公司签订特许经营合同，期满后，双方未对合同的续订达成一致，合同终止。但 E 公司随后将 M 食品的配方出售给 N 公司，进行生产，销向市场。被 F 公司发现后，三方协商未果，F 公司决定将 E 公司和 N 公司诉至法院。本案中，F 公司的 M 食品配方属于商业秘密的范围。E 公司在合同期满后出售配方和 N 公司购买配方、生产 M 食品的行为属于侵权行为，应当承担相应的法律责任。

9.3 特许经营合同

狭义的特许经营合同专指特许经营主合同。广义的特许经营合同指特许人和受许人之间签订用于规定双方权利义务、确定双方特许经营关系的所有法律契约，包括特许经营主合同和特许经营辅助合同。特许经营主合同规定特许经营双方的主要权利和义务、特许经营权的内容、特许期限、特许地域、特许费用、违约责任、合同解除等所有重要内容。特许经营辅助合同一般包括商标使用许可协议、软件许可与服务协议、市场推广与广告基金管理办法、保证金协议等。

特许经营合同是特许经营体系赖以存在和发展的基础和关键，它关系到特许经营双方的切身利益，同时它也是解决特许经营纠纷的根本依据。

9.3.1 特许经营合同的特征与分类

1. 特许经营合同的特征

（1）特许经营合同是诺成、要式、双务、有偿合同。特许经营合同的诺成性表现为特许人与受许人双方意思表示一致即可成立。其要式性体现在特许经营合同通常要求采取书面形式，而且需要统一格式。其双务性体现在合同双方当事人均负有一定义务，双方的权利与义务具有对应性。其有偿性体现为特许经营合同双方互为支付对价，即特许人提供有关知识产权、商业秘密、实用技术等的使用权，而受许人则应向特许人支付一定的费用。

（2）特许经营合同具有格式合同性质。格式合同，又称标准合同、定型化合同，是指当事人一方预先拟定合同条款，对方只能表示全部同意或不同意的合同。对于格式合同的非拟定条款的一方当事人而言，要订立格式合同，就必须全部接受合同条件，否则就不订立合同。现实生活中的车票、船票、飞机票、保险单、提单、仓单、出版合同等都是格式合同。

格式合同具有节约交易时间、事先分配风险、降低经营成本等优点，但同时存在诸多弊端。由于格式合同限制了合同自由原则，格式合同的拟定方可以利用其优越的经济地位，制定有利于自己而不利于消费者的合同条款。例如，拟定方为自己规定免责条款或限制责任的条款等。

在特许经营实践中，由于特许经营合同的复杂性和统一管理的需要，通常都采用格式合同方式订立。特许人凭借所处的优势地位，事先拟定合同条款。由于特许加盟申请人对特许人的知识产权具有一定的依赖性，为了获得所需的特许经营资格，几乎很难通过与特许人的谈判而改变合同的主要条款，只能完全或基本上接受所有条款。

2. 特许经营合同的分类

对应不同的特许经营授权加盟模式，特许经营合同可以分为单体特许经营合同、区域特许经营合同、特许经营代理权合同等类型。

（1）单体特许经营合同。单体特许经营合同是典型意义上的特许经营合同，适用于单店特许授权模式即特许人直接发展单店加盟商的情况。它包含了特许经营合同的基本要素，合同的当事人是特许人和受许人（特许权的直接使用者），法律关系相对简单。

（2）区域特许经营合同。根据区域特许加盟模式，区域特许经营合同还可以分为区域开发特许经营合同、二级特许经营合同、复合模式特许经营合同、混合模式特许经营合同等类型。其特点是特许人授予受许人的不是一个开设单店的权利，而是在一定的区域范围内受许人自己开设或（和）再授予第三者开设多家单店的权利。相对于单体特许经营合同，区域特许经营合同特别是涉及二级特许、复合模式特许、混合模式特许，合同内容比较复杂。

（3）特许经营代理权合同。特许经营代理权合同的特点是，合同主体一方是特许权的所有者，另一方是经授权在特定区域销售特许权的代理商，代理商以特许权所有者的名义发展加盟商，并收取代理费或服务费。

9.3.2 订立特许经营合同的基本原则

1. 保护无形资产的原则

特许经营的核心是知识产权的转让，本质是一种权利的集中许可。这种权利的集中许可常常是一个特许人面对数个受许人的，因此保护无形资产不被侵权和滥用并非易事。无形资产包括商标、专利、经营理念、经营模式、形象设计、广告设计、技术标准及商誉等众多内容，在特许经营中占有举足轻重的地位，因此保护知识产权等无形资产是特许经营合同的首要任务。

2. 管理制度契约化原则

特许经营中的运营管理制度、督导制度、培训制度等各项管理制度是保证特许经营体系正常运营的基础。为了能使管理制度得到有效执行，必须将它们列入合同进行约束。只有这样，特许体系的内部管理制度才能变成具有法律约束力的合同条款，对受许人才具有法律的约束力。

3. 持续性原则

要使各加盟店规范化运作、有序经营，必须保证特许经营合同的稳定性和持续性。随意变更特许经营合同会使受许人无所适从，导致整个特许经营体系的混乱。因此在订立合同时，需要一个对预期的判断，而不要频繁地修改和更换合同。

4. 灵活性原则

由于外界环境总是瞬息万变的，只有适应并应对市场的这种变化才能更好地发展特许经营体系。此外，总部的经营思路、管理制度也会随着时间的变化而做出调整，这就要求特许经营合同有一定的灵活性，不断地发展和完善。

9.3.3 特许经营合同主要条款设计

1. 特许经营合同的一般性条款

（1）专门术语定义。特许经营合同涉及许多法律、管理和技术方面的专业问题，对专门术语如非独占许可、特许业务、加盟金等进行定义可以使当事人双方明确对专门术语的理解，减少双方纠纷。

（2）合同纠纷解决方式和司法管辖权。合同纠纷解决方式通常有两种：诉讼和仲裁。当事人双方可以在合同中约定采取何种方式和司法管辖权在哪个行政区域。其中，仲裁的方式比较灵活，双方可以在合同中约定仲裁条款，或者在发生争议之前或之后签订仲裁协议，自愿将争议交给双方所同意的仲裁机构进行仲裁。特许人一般在制定特许经营合同时，都会争取在特许人所在地进行仲裁和诉讼。

（3）合同的终止。一方或双方当事人破产、公司合并或不可抗力等都可能使当事人不能履行义务，双方可以约定提前终止合同。通常合同会规定合同终止后的有关事项处理，如归还特许经营操作手册、机密文件和专利资料，取消商业名称的登记，转移、销毁或归还带有特许人商业标志的招牌和材料等。

（4）违约责任。主要约定特许人和受许人各自在不同情况下违约时所应承担的责任。

（5）冷静期约定。《商业特许经营管理条例》第十二条规定，特许人和受许人应当在特许经营合同中约定，受许人在特许经营合同订立后一定期限内，可以单方解除合同。

2. 特许经营合同的特殊性条款

（1）特许经营授权的内容。说明该特许权的授予对象、内容、时间期限等，以及合同续签等事项。

（2）加盟店所在地点或区域范围。说明加盟店的具体地址和要求，以及加盟店地址的变更办法、程序、条件等。

（3）特许经营费用。主要说明应交纳的特许经营费用的名称、内容、数额、交纳的具体办法，以及未交付的惩罚措施等。

（4）特许人的权利。主要说明特许人的对受许人收取特许经营费、监督、管理等权利。

（5）特许人的义务。主要说明特许人在开店前后所应尽的义务，如信息披露、培训、开店指导、商品配送、广告宣传等义务。

（6）受许人的权利。主要包括受许人有权使用特许人授予的特许权，获得特许人的支持、指导和帮助等权利。

（7）受许人的义务。包括按规定支付特许经营费用、按合同要求经营加盟店、维护特许人的商标及声誉、接受特许人的监督和管理、保护商业秘密等义务。

（8）当事人的关系。本条款的目的在于说明受许人应该是一个独立的缔约方，除合同另有规定外，特许人或受许人都不能以对方的代理人或代表人的身份展开活动，或者承担对方的各项债务及相关财产责任。未经特许人的许可，受许人不得为他方的债务提供保证。

（9）合同权益的转让。本条款主要说明受许人转让该合同时的条件、程序、交纳给特许人的费用等有关特许经营合同的转让事宜。

（10）特许人保留的权利。本条款主要阐明并确认特许人关于其特许权内容的权利，如在受许人确认及同意的条件下，特许人有权随时修改和补充其按合同授权受许人使用的特许经营体系模式，以及合同有效期内对特许经营体系所做的任何及所有修改应归特许人所有，并以特许人名义就该改进部分取得相应知识产权等。

（11）保护商业秘密和竞业禁止条款。特许经营的核心是无形资产的许可使用，其中对经营诀窍、技术秘密等内容都很重要。所以一般特许经营合同都会规定在整个合同期间和合同期满后的一段时间内，受许人不得将其所知悉的商业秘密向他人、组织、公司透露。

为了防止受许人知晓特许经营的技术秘密、经营诀窍后独立开展特许业务，损害特许人的利益，特许经营合同中往往约定竞业禁止条款。例如，受许人在本合同有效期内及有效期满后 10 年内不得从事与特许人业务有竞争性的经营活动。

9.4 特许经营信息披露

信息披露制度亦称公示制度，起源于资本市场，原来主要是针对企业在证券的发行、上市、交易过程中，按照法律的规定将相关信息公开的制度。其设置的目的在于使投资者在获得充分的信息后能对投资做出理性分析。特许经营中的信息披露也是为了使潜在的受许人对想要加盟的特许经营体系有一个充分的了解和认识，以在此基础上做出决策。

9.4.1 特许经营信息披露的意义

在特许经营中，特许人往往不需要花费大量的资金用于产品的销售，只用建立起自己的特许体系，并通过大力发展加盟商队伍，就可以不断地获取加盟费和特许权使用费，实现低成本扩张，加盟者会成为特许人进行规模扩张的工具。在特许经营发展的初期阶段，会有一些不怀好意的特许人经常通过夸大其词的描述来引诱投资者加盟其特许体系，投资者一旦被其吸引而付出加盟费及其他费用后，才发现所购买的特许经营一文不值，感到上当受骗。

通过特许经营的信息披露，解决了受许人与特许人信息不对称的问题，可以让投资者在进行投资决策前获得关于特许人及特许体系充分的相关信息，使投资者在知情的基础上做出理性的投资判断，从而最有效地保护受许人的合法权益，防范受许人落入特许经营的陷阱。

因此，特许经营信息披露的意义有以下几点。

1. 投资者进行理性投资决策的前提

投资者为了自身投资利益，应有权了解特许人的能力，知道特许人的基本信息。虽然投资者可以通过各种途径，自行收集各种信息，但往往是不全面的，甚至是扭曲的。在特许经营中，只有在投资者被赋予了知情权，强制特许人披露对评价潜在投资风险和利益至关重要的信息，披露对同其他投资进行有意义的比较至关重要的信息，披露对进一步调查特许经营机会至关重要的信息，才会使投资者获得充分的自我保护，在知情的情况下做出投资判断。

2. 出于保护弱者的内在要求

在特许经营法律关系中，特许人和受许人之间的权利义务关系是通过由特许人事先起草的格式合同来约定的，合同双方往往实力悬殊，合同条款更多的是作为强者的特许人的意志体现的。受许人加入特许经营的期望是想借特许人的品牌、商标、声誉、经营模式、专有技术等来弥补自身资金有限、经验不足等缺陷，并得到特许人定期的指导、帮助、信息提供、培训服务、大规模的商品或原材料采购和广告宣传，从而获得节省费用、降低风险的好处。但是，有些特许人只看重加盟费和为加盟店提供原材料所赚取的利润，完全不顾为加盟店提供相应的服务和帮助，特许人的义务只流于条款形式而无实质内容，使受许人的合法权益受损。因此，有必要通过信息披露，建立保护合同当事人弱者一方的制度，使缔约双方能够建立在相对公平与公正的法律关系之上。

3. 维持特许人与受许人之间信任关系的需要

同一特许经营体系内的特许人与受许人实际形成了一荣俱荣、一损俱损的事业共同体。只有存在这种信任关系，各自才能为对方的成功提供应有的服务，从而达到双赢的目标。这种信任关系的建立，离不开双方的彼此了解，其中很重要的一方面是特许人的信息披露。

4. 政府进行特许经营市场监管的重要方式

特许经营的主管机关通过对特许人披露的信息资料进行监督和审查，保证特许人的良好状况，接受社会大众的监督，促进特许经营市场的健康发展。所以，信息披露是干预特许经营、进行特许经营市场监管的重要方式。

9.4.2　特许经营信息披露的内容

1.《商业特许经营管理条例》对特许经营信息披露内容的规定

《商业特许经营管理条例》第二十二条规定，特许人应当向受许人提供以下信息：

（1）特许人的名称、住所、法定代表人、注册资本额、经营范围及从事特许经营活动的基本情况。

（2）特许人的注册商标、企业标志、专利、专有技术和经营模式的基本情况。

（3）特许经营费用的种类、金额和支付方式（包括是否收取保证金及保证金的返还条件和返还方式）。

（4）向受许人提供产品、服务、设备的价格和条件。

（5）为受许人持续提供经营指导、技术支持、业务培训等服务的具体内容、提供方式和实施计划。

（6）对受许人的经营活动进行指导、监督的具体办法。

（7）特许经营网点投资预算。

（8）在中国境内现有的受许人的数量、分布地域及经营状况评估。

（9）最近 2 年的经会计师事务所审计的财务会计报告摘要和审计报告摘要。

（10）最近5年内与特许经营相关的诉讼和仲裁情况。

（11）特许人及其法定代表人是否有重大违法经营记录。

（12）国务院商务主管部门规定的其他信息。

2.《商业特许经营信息披露管理办法》对信息披露内容的规定

商务部颁发的《商业特许经营信息披露管理办法》第五条对特许人进行信息披露应当包括的内容有更加详细的规定。

《商业特许经营信息披露管理办法》（摘录）

第五条　特许人进行信息披露应当包括以下内容：

（一）特许人及特许经营活动的基本情况。

1. 特许人名称、通信地址、联系方式、法定代表人、总经理、注册资本额、经营范围以及现有直营店的数量、地址和联系电话。

2. 特许人从事商业特许经营活动的概况。

3. 特许人备案的基本情况。

4. 由特许人的关联方向被特许人提供产品和服务的，应当披露该关联方的基本情况。

5. 特许人或其关联方过去2年内破产或申请破产的情况。

（二）特许人拥有经营资源的基本情况。

1. 注册商标、企业标志、专利、专有技术、经营模式及其他经营资源的文字说明。

2. 经营资源的所有者是特许人关联方的，应当披露该关联方的基本信息、授权内容，同时应当说明在与该关联方的授权合同终止或提前终止的情况下，如何处理该特许体系。

3. 特许人（或其关联方）的注册商标、企业标志、专利、专有技术等与特许经营相关的经营资源涉及诉讼或仲裁的情况。

（三）特许经营费用的基本情况。

1. 特许人及代第三方收取费用的种类、金额、标准和支付方式，不能披露的，应当说明原因，收费标准不统一的，应当披露最高和最低标准，并说明原因。

2. 保证金的收取、返还条件、返还时间和返还方式。

3. 要求被特许人在订立特许经营合同前支付费用的，该部分费用的用途以及退还的条件、方式。

（四）向被特许人提供产品、服务、设备的价格、条件等情况。

1. 被特许人是否必须从特许人（或其关联方）处购买产品、服务或设备及相关的价格、条件等。

2. 被特许人是否必须从特许人指定（或批准）的供货商处购买产品、服务或设备。

3. 被特许人是否可以选择其他供货商及供货商应具备的条件。

（五）为被特许人持续提供服务的情况。

1．业务培训的具体内容、提供方式和实施计划，包括培训地点、方式和期限等。

2．技术支持的具体内容、提供方式和实施计划，包括经营资源的名称、类别及产品、设施设备的种类等。

（六）对被特许人的经营活动进行指导、监督的方式和内容。

1．经营指导的具体内容、提供方式和实施计划，包括选址、装修装潢、店面管理、广告促销、产品配置等。

2．监督的方式和内容，被特许人应履行的义务和不履行义务的责任。

3．特许人和被特许人对消费者投诉和赔偿的责任划分。

（七）特许经营网点投资预算情况。

1．投资预算可以包括下列费用：加盟费；培训费；房地产和装修费用；设备、办公用品、家具等购置费；初始库存；水、电、气费；为取得执照和其他政府批准所需的费用；启动周转资金。

2．上述费用的资料来源和估算依据。

（八）中国境内被特许人的有关情况。

1．现有和预计被特许人的数量、分布地域、授权范围、有无独家授权区域（如有，应说明预计的具体范围）的情况。

2．现有被特许人的经营状况，包括被特许人实际的投资额、平均销售量、成本、毛利、纯利等信息，同时应当说明上述信息的来源。

（九）最近 2 年的经会计师事务所或审计事务所审计的特许人财务会计报告摘要和审计报告摘要。

（十）特许人最近 5 年内与特许经营相关的诉讼和仲裁情况，包括案由、诉讼（仲裁）请求、管辖及结果。

（十一）特许人及其法定代表人重大违法经营记录情况。

1．被有关行政执法部门处以 30 万元以上罚款的。

2．被追究刑事责任的。

9.4.3 特许经营信息披露的注意事项

1．信息披露形式和时间规定

《商业特许经营管理条例》第二十一条规定："特许人应当在订立特许经营合同之日前至少 30 日，以书面形式向受许人提供本条例第二十二条规定的信息，并提供特许经营合同文本。"因此，特许经营信息披露必须是以书面形式并且在特许经营合同订立前至少 30 天进行。

2. 披露信息必须真实、准确、完整

《商业特许经营管理条例》第二十三条规定："特许人向受许人提供的信息应当真实、准确、完整，不得隐瞒有关信息，或者提供虚假信息。特许人向受许人提供的信息发生重大变更的，应当及时通知受许人。特许人隐瞒有关信息或者提供虚假信息的，受许人可以解除特许经营合同。"

3. 信息披露过程中的商业秘密保护

《商业特许经营管理条例》规定，特许人只对受许人有特许经营信息披露的义务。但由于信息披露是在受许人决定加盟之前进行的，有的意向加盟者可能在特许人进行信息披露之后不加盟特许人的特许经营体系，这样可能造成特许人的商业秘密泄漏。因此，在进行信息披露前，特许人有必要与潜在受许人签订保密协议，以便对特许人的商业秘密进行保护。

思考

（1）特许经营涉及的法律法规主要有哪些？

（2）《商业特许经营管理条例》的关键要点有哪些？

（3）为什么说知识产权的许可使用是特许经营的核心？

（4）特许经营中必须处理好哪些知识产权问题？

（5）特许经营合同的重要性体现在哪些方面？特许经营合同分为哪几类？

（6）特许经营合同条款主要包括哪些内容？

（7）特许经营信息披露的具体内容是什么？为什么要重视特许经营的信息披露？

案例分析

识破"加盟"骗局 创业者起诉获赔 18 万元

加盟连锁经营模式在国内得到了迅猛发展，然而，加盟项目诈骗的新闻屡见报端，骗人招数繁多，令人防不胜防。上海市杨浦区人民法院审理了一起特许经营合同纠纷，被告画艺服饰公司因未尽信息披露义务，提供虚假信息，被判退赔加盟商王欣共计 18 万元。

特许加盟遭遇"假大空"公司

两年前，王欣打算通过加盟的形式开一家服装店。偶然间，他了解到画艺服饰公司的加盟信息，并决定加盟。

2013 年 6 月，王欣与画艺服饰公司签订了《画艺服饰加盟合作合同》。合同内页"公

司介绍”一栏载明：画艺（国际）服饰集设计、生产、销售于一体……注册资金 280 万元美元，公司坐落在服装名镇陈桥镇，占地面积 25 000 多平方米，厂房面积 15 000 多平方米……资信等级 AAA 企业，并与美国、法国、西班牙等国际集团开展项目合作……

合同签订后，王欣向画艺服饰公司支付了包括品牌使用费、全套物资配置费、品牌及供货保证金等在内的加盟费用共计 33.6 万元。但经营不久，王欣就发现貌似“高大上”的公司是一家名副其实的“假大空”公司，宣传中的大部分信息都是虚假的。被欺骗的王欣一怒之下，将画艺服饰公司告至法院。

对簿公堂，合同双方各执一词

法庭上，王欣举证证明了画艺服饰公司真实注册资本只有 20 万元，但是其提供的营业执照上表明注册资本金为 120 万元，在其宣传册上更是夸大为 280 万元美元。

根据画艺服饰公司提供的商标注册证显示，“画艺（国际）服饰”这一商标注册人为画艺服饰公司。但经过调查，该注册商标实际是由南京一家投资公司注册，授权画艺服饰公司独占使用。

庭审中，画艺服饰公司承认，名为“画艺（国际）服饰”这家公司并不存在，对该公司投资方、注册资金、占地面积、资信等级的介绍也属于子虚乌有。

王欣认为，双方签订了特许经营合同，但画艺服饰公司隐瞒事实，提供虚假注册资金信息、商标信息，并虚构公司成立信息。而且，在实际履行过程中，画艺服饰公司也未能按照合同约定的质量要求进行装修、提供货品，不能按时供货，未提供督导、人员培训等义务。王欣请求法院依照《商业特许经营管理条例》判令，解除《画艺服饰加盟合作合同》，返还保证金、货款、装修及开业配置费共计 23 万元，并承担违约金 5 万元。

画艺服饰公司辩称，与王欣订立的合同是加盟合作合同，但合作的表征更加强一点，合同性质应当被认定为合作合同，而不是特许经营合同，不应适用《商业特许经营管理条例》。即便王欣认为公司未履行义务，也应先书面要求履行义务。现在王欣没有进行书面通知，直接要求解除合同，显然没有相关依据。

依法审理，法院判决解约赔付

经审理，法院认为《画艺服饰加盟合作合同》是双方真实意思表示，也没有违反法律规定，合法有效。该合同约定，画艺服饰公司将其拥有的“画艺（国际）服饰”品牌、商标标识、品牌标识包装等经营资源许可给王欣使用，画艺服饰公司进行统一管理、组织培训，王欣支付一定的品牌连锁加盟合作费用等，符合《商业特许经营管理条例》规定的特许经营合同的基本特征。因此，法院认定双方签订的《画艺服饰加盟合作合同》属于特许经营合同。

《商业特许经营管理条例》第二十二条、第二十三条规定，特许人应向被特许人提供特许经营基本情况、注册商标等真实、准确、完整的信息，以保护被特许人在决定是否投资特许经营项目之前获得特许人的必要信息，以预测投资风险，防止商业欺诈。特许人提供虚假信息的，被特许人可以解除特许经营合同。

法院查明，画艺服饰公司未履行信息披露义务，向王欣提供了虚假信息，对王欣的经营产生了实质影响，因此王欣要求解除合同的诉讼请求法院予以支持。

综合考虑王欣实际损失、合同的履行情况、当事人的过错程度及预期利益等因素，法院判令画艺服饰公司支付王欣货款、保证金、违约金、装修及开业配置费共计 18 万元。

问题：

（1）通过以上案例，你认为企业开展特许经营应该注意哪些法律问题？

（2）如果你准备以加盟方式进行创业，以上案例能给你哪些启发？

实训

企业实训

（1）为本企业起草或优化特许经营合同。

（2）审视本企业在开展特许经营的过程中存在哪些法律方面的问题或风险。

课堂实训

尝试为某家计划开展特许经营的企业起草一份特许经营合同。或者联系一家处于发展初期的特许经营企业，分析其特许经营合同存在的问题。

附　录

附录 A　特许经营合同范本

特许经营合同范本

甲方（特许人）：
住所：
法定代表人：

乙方（受许人）：
住所：
法定代表人：

双方本着自愿、平等、公平和诚实信用原则，经过充分友好协商，签订本商业特许经营合同如下，以兹共同遵守。

第一部分　总则

第一条　定义

除非本合同条款另有特别说明，本合同中使用的字词与表述的含义如下：

“特许经营体系”，是指甲方的特许经营体系，其特征包括但不限于注册商标、商号、专利和专有技术、产品经营模式等。

“加盟店”，是指乙方在认同并同意遵守特许经营体系的基础上，获得甲方授权而设立的从事特许经营活动的经营实体，包括但不限于个人独资企业、合伙企业及公司等。

“特许标志”，是指与特许经营体系相关的识别符号，包括但不限于注册商标、商号、招牌（店铺标志）、特有的外部与内部设计（装修、装饰、颜色配置、布局、家具等）、制服、广告等。

"特许产品"，是指带有特许标识的所有商品及服务，包括但不限于原料、配料、成品及服务品种、方式等。

"经营手册"，是指由甲方制定的指导加盟店经营的各类书面操作资料，一般包括加盟店招募手册、店务操作手册、产品制作手册、营业手册、员工培训手册等。

"直接特许"，即甲方将特许经营权直接授予乙方，乙方按照本合同的约定设立加盟店，开展经营活动，未经甲方事先书面同意，不得转授特许经营权。

"区域特许"，即甲方将指定区域内的特许经营权授予乙方，乙方按照合同约定设立加盟店，开展经营活动，未经甲方事先书面同意，不得转授特许经营权。

"复合区域特许"，即甲方将指定区域内的特许经营权授予乙方，乙方既可按照本合同的约定设立加盟店，开展经营活动，也可在特许区域内将特许经营权再授予其他申请人。

"特许区域"，是指甲方授予乙方特许经营权的区域。

"营业地"，是指乙方依照合同条款约定，获准开设加盟店的住所。

"建筑物"，是指营业地所在的建筑物。

第二条　特许经营授权

一、甲方拥有特许经营体系，经营范围：______，甲方依照本合同的约定，授予乙方特许经营权。

二、甲方授予乙方的特许经营权性质：

☐ 直接特许

☐ 区域特许

☐ 复合区域特许

三、乙方获准行使的特许经营权在特许区域内：

☐ 具有独占性

☐ 不具有独占性

第三条　期限

一、本合同期限为_____年，从______年_____月_____日起至_____年____月____日，双方可根据本合同的约定提前终止或续期。

二、乙方要求对本合同续期的，应至少在本合同期限届满前提前___个月向甲方书面提出。甲方同意的，与乙方签订续期合同。

三、甲、乙双方约定：本合同的续期条件为___________________________________。

第四条　特许区域与营业地

一、乙方获准行使特许经营权的区域为：中国_____省（市）_____县______（区）东至____、西至_____、南至______、北至______的区域。（见附件2：特许区域附图）。

二、乙方仅有权在前款所述的特许区域内开设生产和销售特许产品或提供服务的加盟店。本合同签订时的加盟店的地址为___________。

三、加盟店的面积为____________。

第五条　特许经营费

一、加盟费：

乙方应向甲方一次性支付加盟费人民币____元，该笔款项应在本合同签订后____日内支付。

除因甲方违反本合同第四十六条约定或双方另有约定外，乙方不得要求返还加盟费。

二、特许权使用费：

在本合同有效期内，乙方可选择按照_____标准在□每月/□每年_______日前向甲方支付特许权使用费。

三、保证金：

1. 乙方应在本合同签订后日内支付人民币______元作为保证金，以确保本合同的完全正当履行。

2. 遇乙方欠款不付或本合同约定的任何违约情形，甲方可要求从保证金中抵充，不足部分，仍有权要求乙方继续偿付。乙方应在收到甲方书面通知后____日内补足保证金并缴足欠款。

四、其他约定的费用：_________________________________。

五、本条所述之特许经营费采用______方式支付，甲方收到乙方支付的上述任何款项后，均应开具收款凭证。

第二部分　信息披露及商业秘密保护

第六条　信息披露

一、双方当事人承诺严格按照《商业特许经营管理条例》及相关法律法规的规定，在签订本合同前30天及时向对方披露有关特许经营的基本信息资料。

二、在本合同有效期内，甲方应及时向乙方披露有关授予乙方使用的注册商标、商号、专利或其他特许经营体系所发生的重大变化、所涉及的诉讼或仲裁及其他对乙方有重大影响的信息。

三、在本合同有效期内，乙方应及时向甲方披露所涉及的诉讼或仲裁及其他对甲方有重大影响的信息。

四、甲方故意提供虚假信息或隐瞒重要信息，或在本合同签订时不符合法律、法规关于特许人资格的强制性规定致使乙方遭受经济损失的，乙方有权解除本合同，要求甲方返还加盟费、保证金及其他约定的费用，并有权要求其赔偿所造成的损失。

五、乙方故意提供虚假信息或隐瞒重要信息，或者在本合同签订时不符合法律、法规关于受许人资格的强制性规定致使甲方遭受经济损失的，甲方有权解除本合同，乙方已支付的保证金不予返还，并有权要求其赔偿所造成的损失。

第七条 商业秘密的保护

一、在本合同有效期内及终止后，乙方及其雇员未经甲方书面同意，不得披露、使用或允许他人使用其所掌握的甲方的商业秘密。

二、乙方承诺采取必要的防范措施，保护甲方披露的信息资料。

三、双方如未签订本合同或本合同未生效，不论原因如何，双方承诺对对方披露的所有信息承担保密义务。

第三部分 加盟店的开业

第八条 设立加盟店的形式

一、乙方以自身名义经营加盟店的，加盟店视为乙方本身，享有本合同所载明的权利，承担本合同载明的义务。加盟店作为独立的法律主体进行活动，独立核算、自担风险、自负盈亏。

二、除以乙方名义经营加盟店之外，乙方以任何经济组织形式设立加盟店的，必须在加盟店开业前的____日内，由乙方向甲方出具经加盖公章并由股东或投资人共同签字的承诺函，承诺乙方及其股东或投资人的行为受本合同约束，并愿意连带承担本合同项下乙方的所有义务并享有相应的权利。乙方如未出具本承诺函的，甲方有权不授予乙方特许经营权。

第九条 商号的使用

甲方□允许/□不允许乙方将注册商标用作加盟店商号使用。如允许乙方使用，甲方应提供书面授权文件，以配合乙方进行加盟店名称变更登记手续。

第十条 加盟店的经营资格

乙方须保证加盟店符合法律、法规关于经营资格的强制性或禁止性要求，取得消防许可证、环保许可证、食品卫生许可证等相关许可证，并具有经营特许经营体系项下经营活动的合法资格。

第十一条 加盟店的开业指导

甲方应对乙方目标市场的考察调研、加盟店的选址、营业地的装修布置、人员的聘用等加盟店筹备工作提供必要的协助和指导。

第十二条 加盟店的开业培训在加盟店开业前，甲方应对乙方或其指定的承担加盟店管理职责的人员进行培训，通过考核后上岗，以确保乙方能够独立运营加盟店。

第十三条 特许经营体系的提供

甲方应在本合同签订之日起______日内，向乙方提供代表特许经营体系营业象征的书面资料，包括经营模式及相关管理制度、门店样式、店堂布局方案、会计系统、产品质量标准、产品质量监测制度及经营手册等，已确保乙方顺利开展加盟店的运营。乙方应予书面签收。

第十四条　加盟店开业时间

乙方应保证在本合同签订之日起__________日内正常开业，经甲方书面同意延期的除外。

第十五条　加盟店开业的条件

加盟店开业须符合以下条件：

一、加盟店已取得营业执照或企业法人营业执照及相关许可证照。

二、营业地建筑物的装修经特许人验收合格。

三、乙方已按本合同约定履行开业前的所有义务。

四、加盟店符合《经营手册》规定的其他标准。

第四部分　特许产品的提供和配送

第十六条　除特许产品及为保证特许经营品质必须由甲方或者甲方指定的供应商提供的货物外，对于其他货物，甲方可以规定其应当达到的质量标准，提出若干供应商供乙方选择，但甲方不得强行要求乙方接受其货物供应；双方另有约定的除外。

第十七条　加盟店经营所需之特许产品均由甲方或甲方指定供应商供应及配送，若加盟店需增售不属甲方或其指定供应商供应的产品，须事先向甲方提出书面申请，并经甲方书面同意；未经甲方书面同意，不得向其他供应商采购或自行制造。

第十八条　乙方向甲方或其指定供应商采购特许产品，须提前____天以传真、电话或电子邮件形式通知甲方或其指定供应商所需产品的数量和规格，以便甲方或其指定供应商及时调配物资，满足乙方需求。

第十九条　甲方或其指定供应商应在收到乙方要求维修甲方或其指定供应商供应的设备通知之日起____日内进行维修。维修累计____次不能排除设备故障的，甲方或其指定供应商应负责为乙方更换新设备。

第二十条　甲方应对所提供的特许产品质量负责，如因质量问题造成乙方损失的，甲方应承担赔偿责任；乙方因此向第三方赔付的，有权向甲方追偿。甲方对其指定供应商的产品质量承担保证责任。

第二十一条　加盟店销售特许产品应当遵循甲方指定的统一零售价，不得擅自降低或抬高零售价，双方另有约定的除外。

第五部分　监督、培训与指导

第二十二条　为确保特许经营体系的统一性和产品、服务质量的一致性，甲方有权按照合同约定对加盟店的经营活动进行监督。

第二十三条　加盟店应当保持完整、准确的交易记录，在每月____日前向甲方递交上月的总营业收入的财务报表。

第二十四条　甲方应当在不影响加盟店正常营业的前提下，定期或不定期对加盟店的经营活动进行辅导、检查、监督和考核。乙方应当遵循甲方或其委派的督导员在特许经营过程中的建议和指导。

第二十五条　甲方有权定期或不定期检查和审核加盟店的交易记录等文件。

第二十六条　在本合同有效期内，甲方每年应对乙方或其指定的承担加盟店管理职责的人员提供不少于____次的统一培训。

第二十七条　在本合同有效期内，甲方应持续地对加盟店提供开展特许经营所必需的营销、服务或技术上的指导，并向加盟店提供必要的协助。

第六部分　知识产权的授予与使用

第二十八条　甲方按照本合同约定，许可乙方使用以下知识产权：

□ 注册商标。

注册商标名称：__________，商标注册证编号：__________，核定使用商品或服务项目：_______________ 。

甲方应与乙方另行签订《商标使用许可合同》作为本合同的从合同，并在《商标使用许可合同》签订之日起三个月内，由□甲方/□乙方向工商行政管理部门办理备案手续。

□ 专利。

专利名称：_______，专利证编号：__________，专利内容：______________。

甲方应与乙方另行签订《专利实施许可合同》作为本合同的从合同，并在《专利实施许可合同》签订之日起三个月内，由□甲方/□乙方向知识产权主管部门办理备案手续。

□ 其他。

第二十九条　在本合同有效期内，甲方应确保注册商标的有效性，并及时办理注册商标的续展手续。

第三十条　乙方应按照《商标使用许可合同》的约定和经营手册的规定规范使用注册商标或特许标识，不得以任何形式和方法扩大注册商标或特许标识的使用范围，未经甲方许可，不得与其他商标、商号或标识组合使用。

第三十一条　乙方不得以任何方式制作、使用或申请在相同类别注册与甲方注册商标或特许标识相同或近似的商标标识。

第三十二条　特许标识或注册商标的所有权和著作权归甲方所有，本合同终止后，甲方有权无条件收回。

第三十三条　乙方除为特许经营目的之外，不得为其他任何目的使用特许标识，也不得在本合同终止后继续使用注册商标或特许标识。

第七部分　加盟店的统一运营

第三十四条　乙方认可并同意遵守甲方特许经营体系有关标准和统一性的规定。

第三十五条　乙方在加盟店的运营过程中，须严格遵守本合同约定和经营手册规定的统一运营标准，未经甲方书面许可，不得做任何变更；双方另有约定的除外。

第八部分　消费者投诉的处理

第三十六条　乙方应遵守甲方统一制定的服务和质量保证承诺，自觉维护消费者的合法权益，并在加盟店内设置监督电话。

第三十七条　乙方对消费者的投诉应当及时处理，对造成消费者权益损害的，应及时采取补救措施。

第三十八条　因加盟店原因使消费者直接向甲方投诉的，对确有瑕疵而直接向消费者偿付的，甲方有权向乙方追偿。

第九部分　广告宣传与促销

第三十九条　甲方发布广告宣传、向乙方提供促销支持，必须严格遵守法律、法规的相关规定。

第四十条　甲方在每次推出广告宣传或促销推广活动之前，应将有关活动资料通知乙方，以便乙方能于活动前做适当准备。

第四十一条　乙方可自行策划并实施针对特许区域市场特点的广告宣传或促销推广活动，但必须获得甲方事先书面同意，并在甲方指导下进行。

第十部分　合同的变更和解除

第四十二条　在本合同签订后_____日内，乙方有权单方解除本合同。甲方与乙方经协商一致，可变更本合同相关条款。

第四十三条　在本合同有效期内，甲方经乙方事先书面同意，可将本合同项下的全部或部分权利、义务转让给第三方，但应书面通知乙方，且应保证第三方无条件接受并承诺继续履行本合同项下的所有条款。

第四十四条　乙方经甲方事先书面同意，可将本合同项下的全部或部分权利、义务转让给第三方，但应保证第三方无条件接受并承诺继续履行本合同项下的条款。

在转让之日起____年内，甲、乙双方在特许区域内须遵守本合同关于商业秘密保护和竞业限制的约定。

第四十五条　甲方有下列行为之一的，乙方有权书面通知其更正，甲方应在接到通知后的____日内更正，逾期未更正的，乙方有权书面通知单方解除合同，解除合同的通知在到达甲方时生效：

一、未按本合同约定向乙方提供本合同第十三条所述代表特许经营体系营业象征的书面资料。

二、未按本合同约定履行加盟店开业前及经营过程中的培训、技术指导义务。

三、强行要求乙方接受除专卖商品及为保证特许经营品质的货物以外的其他货物供应。

四、累计____次延迟配送特许产品或维修设备，或者因延迟配送特许产品或维修设备造成乙方重大损失。

五、因生产或销售的特许产品存在缺陷或严重质量问题，被质监部门处罚。

六、________________________________。

第四十六条　甲方有下列行为之一的，乙方有权书面通知单方解除合同，解除合同的通知在到达甲方时生效：

一、在本合同签订时不符合法律、法规关于特许人资格的强制性规定致使乙方遭受经济损失的。

二、未按本合同约定在签订本合同前和特许经营过程中按法律、法规规定披露相关信息或故意披露虚假信息致使乙方遭受经济损失的。

三、本合同签订时不具备或者本合同有效期内丧失注册商标或其他特许标识的所有权或使用权。

四、因产品质量问题引起大量投诉并被主要媒体曝光，品牌形象和价值及企业商誉受到严重损害的。

第四十七条　乙方有下列行为之一的，甲方有权书面通知其更正，乙方应在接到通知后____日内更正，逾期未更正的，甲方有权书面通知单方解除合同，解除合同的通知在到达乙方时生效：

一、超过本合同约定的期限未符合开业条件或未开业。

二、未按本合同约定支付相关费用。

三、未经甲方事先书面同意擅自销售或提供非特许产品或服务。

四、未经甲方事先书面同意擅自变更或扩大注册商标或特许标识的使用范围，或擅自变更加盟店特有的外部与内部设计。

五、拒绝参加甲方组织的初始的或后续的培训。

六、因管理和服务问题引起大量投诉或被主要媒体曝光批评，严重损害特许经营体系的商誉。

七、未经甲方事先书面同意擅自全部或部分转让本合同。

八、侵犯（包括但不限于泄露）商业秘密。

九、故意向甲方陈述错误的或误导性的信息。

十、____________________________________。

第十一部分　违约责任

第四十八条　甲方不履行或不完全履行本合同项下的任何义务，乙方有权书面通知其更正，甲方应在接到通知后_____日内更正，逾期未更正的，甲方应向乙方支付违约金。

如逾期未更正超过_____日，则乙方有权以____________________方式追究甲方责任。

第四十九条　乙方逾期支付本合同项下的任何款项，应按每天逾期款项的_____‰支付违约金。逾期超过____天的，甲方有权解除本合同，保证金不予返还。

第五十条　乙方不履行或不完全履行本合同项下的任何义务，甲方有权书面通知其更正，乙方应在接到通知后______日内更正，逾期未更正的，乙方应向甲方支付违约金。

如逾期未更正超过_________日，则甲方有权以___________________方式追究乙方责任。

第五十一条　如由于乙方的过错对第三方造成侵权或其他经济损失，则乙方应当自行承担赔偿责任。如甲方对外偿付的，则可向乙方进行追偿。

第五十二条　乙方未履行或未完全履行合同终止后的义务的，甲方有权要求其履行义务，并有权要求其赔偿因此造成的损失。

第十二部分　合同终止后双方的权利义务

第五十三条　本合同终止后，乙方应立即停止使用注册商标、特许标识及其他与特许经营体系有关的任何标识。

第五十四条　乙方获准使用甲方注册商标作为加盟店商号的，应在本合同终止后____日内向原登记部门申请名称变更或者注销登记。

第五十五条　乙方应在本合同终止之日起____日内返还甲方为履行本合同而提供的所有物品，包括文件及其副本或任何复制品。

第五十六条　本合同终止后，除甲方接收外，乙方应按甲方要求撤换营业地所有特许经营体系特有的内外部设计、装修、装饰、颜色配置、布局、家具、设备，或者清除注册商标、特许标识及其他与特许经营体系有关的任何标识。

第五十七条　乙方应在本合同终止之日起____日内向甲方支付本合同约定的所有应付费用。

第五十八条　剩余特许产品的处理。

甲乙双方约定，本合同终止之日存在的全部完好无损、尚在保质期内、可以再次使用或销售的剩余特许产品的处理方式为 ____________________________。

第五十九条　竞业限制

乙方在本合同有效期内以及合同期满后_____年内，除约定的加盟店外，不得自己经营或与他人合作经营与甲方特许经营体系内容相同或类似的业务。

第十三部分　不可抗力

第六十条　任何一方由于不可抗力且自身无过错造成的部分或不能履行本合同的义务将不视为违约，但应在条件允许下采取必要的补救措施，以减少不可抗力造成的损失。遇有不可抗力的一方，应尽快将事件的情况以书面形式通知对方，并在事件发生的合理时间内，提交不能履行或者部分不能履行本合同以及需要延期履行的理由的证明。

第十四部分　其他约定

第六十一条　本合同部分条款的无效，不影响其他条款及本合同的效力。

第六十二条　联系信息与送达

合同一方按照本合同约定向另一方送达的任何文件、回复及其他任何联系，必须用书面形式，且采用挂号邮寄或直接送达的方式，送达本合同所列另一方的地址或另一方以本条所述方式通知更改后的地址。

第六十三条　本合同适用中华人民共和国法律、法规和规章。

第六十四条　如果产生有关本合同的存在、效力、履行、解释、终止的争议，甲方与乙方应协商解决，协商不成的，采取以下______________________________方式解决。

第六十五条　本合同的附件_____________、从合同_______（如有）、经营手册是本合同不可分割的组成部分，与本合同具有同等法律效力。

第六十六条　本合同自双方签字或盖章之日起生效，一式两份，双方各执一份，具同等法律效力。

第六十七条　甲方应将本合同签订情况报甲方所在地商务主管部门和乙方所在地商务主管部门备案。

甲方：　　　　　　　　　　**乙方：**

授权代表：　　　　　　　　**授权代表：**

日期：　　　　　　　　　　**日期：**

附录 B 商业特许经营管理条例

商业特许经营管理条例

第一章 总则

第一条 为规范商业特许经营活动，促进商业特许经营健康、有序发展，维护市场秩序，制定本条例。

第二条 在中华人民共和国境内从事商业特许经营活动，应当遵守本条例。

第三条 本条例所称商业特许经营（以下简称特许经营），是指拥有注册商标、企业标志、专利、专有技术等经营资源的企业（以下称特许人），以合同形式将其拥有的经营资源许可其他经营者（以下称受许人）使用，受许人按照合同约定在统一的经营模式下开展经营，并向特许人支付特许经营费用的经营活动。

企业以外的其他单位和个人不得作为特许人从事特许经营活动。

第四条 从事特许经营活动，应当遵循自愿、公平、诚实信用的原则。

第五条 国务院商务主管部门依照本条例规定，负责对全国范围内的特许经营活动实施监督管理。省、自治区、直辖市人民政府商务主管部门和设区的市级人民政府商务主管部门依照本条例规定，负责对本行政区域内的特许经营活动实施监督管理。

第六条 任何单位或者个人对违反本条例规定的行为，有权向商务主管部门举报。商务主管部门接到举报后应当依法及时处理。

第二章 特许经营活动

第七条 特许人从事特许经营活动应当拥有成熟的经营模式，并具备为受许人持续提供经营指导、技术支持和业务培训等服务的能力。

特许人从事特许经营活动应当拥有至少 2 个直营店，并且经营时间超过 1 年。

第八条 特许人应当自首次订立特许经营合同之日起 15 日内，依照本条例的规定向商务主管部门备案。在省、自治区、直辖市范围内从事特许经营活动的，应当向所在地省、自治区、直辖市人民政府商务主管部门备案；跨省、自治区、直辖市范围从事特许经营活动的，应当向国务院商务主管部门备案。

特许人向商务主管部门备案，应当提交下列文件、资料：

（一）营业执照复印件或者企业登记（注册）证书复印件；

（二）特许经营合同样本；

（三）特许经营操作手册；

（四）市场计划书；

（五）表明其符合本条例第七条规定的书面承诺及相关证明材料；

（六）国务院商务主管部门规定的其他文件、资料。

特许经营的产品或者服务，依法应当经批准方可经营的，特许人还应当提交有关批准文件。

第九条　商务主管部门应当自收到特许人提交的符合本条例第八条规定的文件、资料之日起 10 日内予以备案，并通知特许人。特许人提交的文件、资料不完备的，商务主管部门可以要求其在 7 日内补充提交文件、资料。

第十条　商务主管部门应当将备案的特许人名单在政府网站上公布，并及时更新。

第十一条　从事特许经营活动，特许人和受许人应当采用书面形式订立特许经营合同。

特许经营合同应当包括下列主要内容：

（一）特许人、受许人的基本情况；

（二）特许经营的内容、期限；

（三）特许经营费用的种类、金额及其支付方式；

（四）经营指导、技术支持以及业务培训等服务的具体内容和提供方式；

（五）产品或者服务的质量、标准要求和保证措施；

（六）产品或者服务的促销与广告宣传；

（七）特许经营中的消费者权益保护和赔偿责任的承担；

（八）特许经营合同的变更、解除和终止；

（九）违约责任

（十）争议的解决方式；

（十一）特许人与受许人约定的其他事项。

第十二条　特许人和受许人应当在特许经营合同中约定，受许人在特许经营合同订立后一定期限内，可以单方解除合同。

第十三条　特许经营合同约定的特许经营期限应当不少于 3 年。但是，受许人同意的除外。

特许人和受许人续签特许经营合同的，不适用前款规定。

第十四条　特许人应当向受许人提供特许经营操作手册，并按照约定的内容和方式为受许人持续提供经营指导、技术支持、业务培训等服务。

第十五条　特许经营的产品或者服务的质量、标准应当符合法律、行政法规和国家有关规定的要求。

第十六条　特许人要求受许人在订立特许经营合同前支付费用的，应当以书面形式向受许人说明该部分费用的用途以及退还的条件、方式。

第十七条　特许人向受许人收取的推广、宣传费用，应当按照合同约定的用途使用。推广、宣传费用的使用情况应当及时向受许人披露。

特许人在推广、宣传活动中，不得有欺骗、误导的行为，其发布的广告中不得含有宣传受许人从事特许经营活动收益的内容。

第十八条　未经特许人同意，受许人不得向他人转让特许经营权。

受许人不得向他人泄露或者允许他人使用其所掌握的特许人的商业秘密。

第十九条　特许人应当在每年第一季度将其上一年度订立特许经营合同的情况向商务主管部门报告。

第三章　信息披露

第二十条　特许人应当依照国务院商务主管部门的规定，建立并实行完备的信息披露制度。

第二十一条　特许人应当在订立特许经营合同之日前至少 30 日，以书面形式向受许人提供本条例第二十二条规定的信息，并提供特许经营合同文本。

第二十二条　特许人应当向受许人提供以下信息：

（一）特许人的名称、住所、法定代表人、注册资本额、经营范围及从事特许经营活动的基本情况；

（二）特许人的注册商标、企业标志、专利、专有技术和经营模式的基本情况；

（三）特许经营费用的种类、金额和支付方式（包括是否收取保证金以及保证金的返还条件和返还方式）；

（四）向受许人提供产品、服务、设备的价格和条件；

（五）为受许人持续提供经营指导、技术支持、业务培训等服务的具体内容、提供方式和实施计划；

（六）对受许人的经营活动进行指导、监督的具体办法；

（七）特许经营网点投资预算；

（八）在中国境内现有的受许人的数量、分布地域以及经营状况评估；

（九）最近 2 年的经会计师事务所审计的财务会计报告摘要和审计报告摘要；

（十）最近 5 年内与特许经营相关的诉讼和仲裁情况；

（十一）特许人及其法定代表人是否有重大违法经营记录；

（十二）国务院商务主管部门规定的其他信息。

第二十三条　特许人向受许人提供的信息应当真实、准确、完整，不得隐瞒有关信息，或者提供虚假信息。

特许人向受许人提供的信息发生重大变更的，应当及时通知受许人。

特许人隐瞒有关信息或者提供虚假信息的，受许人可以解除特许经营合同。

第四章　法律责任

第二十四条　特许人不具备本条例第七条第二款规定的条件，从事特许经营活动的，由商务主管部门责令改正，没收违法所得，处 10 万元以上 50 万元以下的罚款，并予以公告。

企业以外的其他单位和个人作为特许人从事特许经营活动的，由商务主管部门责令停止非法经营活动，没收违法所得，并处 10 万元以上 50 万元以下的罚款。

第二十五条　特许人未依照本条例第八条的规定向商务主管部门备案的，由商务主管部门责令限期备案，处 1 万元以上 5 万元以下的罚款；逾期仍不备案的，处 5 万元以上 10 万元以下的罚款，并予以公告。

第二十六条　特许人违反本条例第十六条、第十九条规定的，由商务主管部门责令改正，可以处 1 万元以下的罚款；情节严重的，处 1 万元以上 5 万元以下的罚款，并予以公告。

第二十七条　特许人违反本条例第十七条第二款规定的，由工商行政管理部门责令改正，处 3 万元以上 10 万元以下的罚款；情节严重的，处 10 万元以上 30 万元以下的罚款，并予以公告；构成犯罪的，依法追究刑事责任。

特许人利用广告实施欺骗、误导行为的，依照广告法的有关规定予以处罚。

第二十八条　特许人违反本条例第二十一条、第二十三条规定，受许人向商务主管部门举报并经查实的，由商务主管部门责令改正，处 1 万元以上 5 万元以下的罚款；情节严重的，处 5 万元以上 10 万元以下的罚款，并予以公告。

第二十九条　以特许经营名义骗取他人财物，构成犯罪的，依法追究刑事责任；尚不构成犯罪的，由公安机关依照《中华人民共和国治安管理处罚法》的规定予以处罚。

以特许经营名义从事传销行为的，依照《禁止传销条例》的有关规定予以处罚。

第三十条　商务主管部门的工作人员滥用职权、玩忽职守、徇私舞弊，构成犯罪的，依法追究刑事责任；尚不构成犯罪的，依法给予处分。

第五章 附则

第三十一条　特许经营活动中涉及商标许可、专利许可的，依照有关商标、专利的法律、行政法规的规定办理。

第三十二条　有关协会组织在国务院商务主管部门指导下，依照本条例的规定制定特许经营活动规范，加强行业自律，为特许经营活动当事人提供相关服务。

第三十三条　本条例施行前已经从事特许经营活动的特许人，应当自本条例施行之日起 1 年内，依照本条例的规定向商务主管部门备案；逾期不备案的，依照本条例第二十五条的规定处罚。

前款规定的特许人，不适用本条例第七条第二款的规定。

第三十四条　本条例自 2007 年 5 月 1 日起施行。

附录C 商业特许经营备案管理办法

商业特许经营备案管理办法

第一条 为加强对商业特许经营活动的管理，规范特许经营市场秩序，根据《商业特许经营管理条例》（以下简称《条例》）的有关规定，制定本办法。

第二条 在中华人民共和国境内（以下简称中国境内）从事商业特许经营活动，适用本办法。

第三条 商务部及省、自治区、直辖市人民政府商务主管部门是商业特许经营的备案机关。在省、自治区、直辖市范围内从事商业特许经营活动的，向特许人所在地省、自治区、直辖市人民政府商务主管部门备案；跨省、自治区、直辖市范围从事特许经营活动的，向商务部备案。

商业特许经营实行全国联网备案。符合《条例》规定的特许人，依据本办法规定通过商务部设立的商业特许经营信息管理系统进行备案。

第四条 商务部可以根据有关规定，将跨省、自治区、直辖市范围从事商业特许经营的备案工作委托有关省、自治区、直辖市人民政府商务主管部门完成。受委托的省、自治区、直辖市人民政府商务主管部门应当自行完成备案工作，不得再委托其他任何组织和个人备案。

受委托的省、自治区、直辖市人民政府商务主管部门未依法行使备案职责的，商务部可以直接受理特许人的备案申请。

第五条 任何单位或者个人对违反本办法规定的行为，有权向商务主管部门举报，商务主管部门应当依法处理。

第六条 申请备案的特许人应当向备案机关提交以下材料：

（一）商业特许经营基本情况。

（二）中国境内全部被特许人的店铺分布情况。

（三）特许人的市场计划书。

（四）企业法人营业执照或其他主体资格证明。

（五）与特许经营活动相关的商标权、专利权及其他经营资源的注册证书。

（六）符合《条例》第七条第二款规定的证明文件。

在2007年5月1日前已经从事特许经营活动的特许人在提交申请商业特许经营备案材料时不适用于上款的规定。

（七）与中国境内的被特许人订立的第一份特许经营合同。

（八）特许经营合同样本。

（九）特许经营操作手册的目录（须注明每一章节的页数和手册的总页数，对于在特许系统内部网络上提供此类手册的，须提供估计的打印页数）。

（十）国家法律法规规定经批准方可开展特许经营的产品和服务，须提交相关主管部门的批准文件。

外商投资企业应当提交《外商投资企业批准证书》，《外商投资企业批准证书》经营范围中应当包括“以特许经营方式从事商业活动”项目。

（十一）经法定代表人签字盖章的特许人承诺。

（十二）备案机关认为应当提交的其他资料。

以上文件在中华人民共和国境外形成的，需经所在国公证机关公证（附中文译本），并经中华人民共和国驻所在国使领馆认证，或者履行中华人民共和国与所在国订立的有关条约中规定的证明手续。在香港、澳门、台湾地区形成的，应当履行相关的证明手续。

第七条　特许人应当在与中国境内的被特许人首次订立特许经营合同之日起 15 日内向备案机关申请备案。

第八条　特许人的以下备案信息有变化的，应当自变化之日起30日内向备案机关申请变更：

（一）特许人的工商登记信息。

（二）经营资源信息。

（三）中国境内全部被特许人的店铺分布情况。

第九条　特许人应当在每年 3 月 31 日前将其上一年度订立、撤销、终止、续签的特许经营合同情况向备案机关报告。

第十条　特许人应认真填写所有备案事项的信息，并确保所填写内容真实、准确和完整。

第十一条　备案机关应当自收到特许人提交的符合本办法第六条规定的文件、资料之日起 10 日内予以备案，并在商业特许经营信息管理系统予以公告。

特许人提交的文件、资料不完备的，备案机关可以要求其在 7 日内补充提交文件、资料。备案机关在特许人材料补充齐全之日起 10 日内予以备案。

第十二条　已完成备案的特许人有下列行为之一的，备案机关可以撤销备案，并在商业特许经营信息管理系统予以公告：

（一）特许人注销工商登记，或因特许人违法经营，被主管登记机关吊销营业执照的。

（二）备案机关收到司法机关因为特许人违法经营而做出的关于撤销备案的司法建议书。

（三）特许人隐瞒有关信息或者提供虚假信息，造成重大影响的。

（四）特许人申请撤销备案并经备案机关同意的。

（五）其他需要撤销备案的情形。

第十三条　各省、自治区、直辖市人民政府商务主管部门应当将备案及撤销备案的情况在 10 日内反馈商务部。

第十四条　备案机关应当完整准确地记录和保存特许人的备案信息材料，依法为特许人保守商业秘密。

特许人所在地的（省、自治区、直辖市或设区的市级）人民政府商务主管部门可以向通过备案的特许人出具备案证明。

第十五条　公众可通过商业特许经营信息管理系统查询以下信息：

（一）特许人的企业名称及特许经营业务使用的注册商标、企业标识、专利、专有技术等经营资源。

（二）特许人的备案时间。

（三）特许人的法定经营场所地址与联系方式、法定代表人姓名。

（四）中国境内全部被特许人的店铺分布情况。

第十六条　特许人未按照《条例》和本办法的规定办理备案的，由设区的市级以上商务主管部门责令限期备案，并处 1 万元以上 5 万元以下罚款；逾期仍不备案的，处 5 万元以上 10 万元以下罚款，并予以公告。

第十七条　特许人违反本办法第九条规定的，由设区的市级以上商务主管部门责令改正，可以处 1 万元以下的罚款；情节严重的，处 1 万元以上 5 万元以下的罚款，并予以公告。

第十八条　国外特许人在中国境内从事特许经营活动，按照本办法执行。香港、澳门特别行政区及台湾地区特许人参照本办法执行。

第十九条　相关协会组织应当依照本办法规定，加强行业自律，指导特许人依法备案。

第二十条　本办法由商务部负责解释。

第二十一条　本办法自 2012 年 2 月 1 日起施行。2007 年 5 月 1 日施行的《商业特许经营备案管理办法》（商务部 2007 年第 15 号令）同时废止。

附录 D　商业特许经营信息披露管理办法

商业特许经营信息披露管理办法

第一条　为维护特许人与被特许人双方的合法权益，根据《商业特许经营管理条例》（以下简称《条例》），制定本办法。

第二条　在中华人民共和国境内开展商业特许经营活动适用本办法。

第三条　本办法所称关联方，是指特许人的母公司或其自然人股东、特许人直接或间接拥有全部或多数股权的子公司、与特许人直接或间接地由同一所有人拥有全部或多数股权的公司。

第四条　特许人应当按照《条例》的规定，在订立商业特许经营合同之日前至少30日，以书面形式向被特许人披露本办法第五条规定的信息，但特许人与被特许人以原特许合同相同条件续约的情形除外。

第五条　特许人进行信息披露应当包括以下内容：

（一）特许人及特许经营活动的基本情况。

1. 特许人名称、通信地址、联系方式、法定代表人、总经理、注册资本额、经营范围以及现有直营店的数量、地址和联系电话。

2. 特许人从事商业特许经营活动的概况。

3. 特许人备案的基本情况。

4. 由特许人的关联方向被特许人提供产品和服务的，应当披露该关联方的基本情况。

5. 特许人或其关联方过去2年内破产或申请破产的情况。

（二）特许人拥有经营资源的基本情况。

1. 注册商标、企业标志、专利、专有技术、经营模式及其他经营资源的文字说明。

2. 经营资源的所有者是特许人关联方的，应当披露该关联方的基本信息、授权内容，同时应当说明在与该关联方的授权合同中止或提前终止的情况下，如何处理该特许体系。

3. 特许人（或其关联方）的注册商标、企业标志、专利、专有技术等与特许经营相关的经营资源涉及诉讼或仲裁的情况。

（三）特许经营费用的基本情况。

1. 特许人及代第三方收取费用的种类、金额、标准和支付方式，不能披露的，应当说明原因，收费标准不统一的，应当披露最高和最低标准，并说明原因。

2. 保证金的收取、返还条件、返还时间和返还方式。

3. 要求被特许人在订立特许经营合同前支付费用的，该部分费用的用途以及退还的条件、方式。

（四）向被特许人提供产品、服务、设备的价格、条件等情况。

1．被特许人是否必须从特许人（或其关联方）处购买产品、服务或设备及相关的价格、条件等。

2．被特许人是否必须从特许人指定（或批准）的供货商处购买产品、服务或设备。

3．被特许人是否可以选择其他供货商以及供货商应具备的条件。

（五）为被特许人持续提供服务的情况。

1．业务培训的具体内容、提供方式和实施计划，包括培训地点、方式和期限等。

2．技术支持的具体内容、提供方式和实施计划，包括经营资源的名称、类别及产品、设施设备的种类等。

（六）对被特许人的经营活动进行指导、监督的方式和内容。

1．经营指导的具体内容、提供方式和实施计划，包括选址、装修装潢、店面管理、广告促销、产品配置等。

2．监督的方式和内容，被特许人应履行的义务和不履行义务的责任。

3．特许人和被特许人对消费者投诉和赔偿的责任划分。

（七）特许经营网点投资预算情况。

1．投资预算可以包括下列费用：加盟费；培训费；房地产和装修费用；设备、办公用品、家具等购置费；初始库存；水、电、气费；为取得执照和其他政府批准所需的费用；启动周转资金。

2．上述费用的资料来源和估算依据。

（八）中国境内被特许人的有关情况。

1．现有和预计被特许人的数量、分布地域、授权范围、有无独家授权区域（如有，应说明预计的具体范围）的情况。

2．现有被特许人的经营状况，包括被特许人实际的投资额、平均销售量、成本、毛利、纯利等信息，同时应当说明上述信息的来源。

（九）最近 2 年的经会计师事务所或审计事务所审计的特许人财务会计报告摘要和审计报告摘要。

（十）特许人最近 5 年内与特许经营相关的诉讼和仲裁情况，包括案由、诉讼（仲裁）请求、管辖及结果。

（十一）特许人及其法定代表人重大违法经营记录情况。

1．被有关行政执法部门处以 30 万元以上罚款的。

2．被追究刑事责任的。

（十二）特许经营合同文本。

1．特许经营合同样本。

2．如果特许人要求被特许人与特许人（或其关联方）签订其他有关特许经营的合同，应当同时提供此类合同样本。

第六条　特许人在推广、宣传活动中，不得有欺骗、误导的行为，发布的广告中不得含有宣传单个被特许人从事商业特许经营活动收益的内容。

第七条　特许人向被特许人披露信息前，有权要求被特许人签署保密协议。

被特许人在订立合同过程中知悉的商业秘密，无论特许经营合同是否成立，不得泄露或者不正当使用。

特许经营合同终止后，被特许人因合同关系知悉特许人商业秘密的，即使未订立合同终止后的保密协议，也应当承担保密义务。

被特许人违反本条前两款规定，泄露或者不正当使用商业秘密给特许人或者其他人造成损失的，应当承担相应的损害赔偿责任。

第八条　特许人在向被特许人进行信息披露后，被特许人应当就所获悉的信息内容向特许人出具回执说明（一式两份），由被特许人签字，一份由被特许人留存，另一份由特许人留存。

第九条　特许人隐瞒影响特许经营合同履行致使不能实现合同目的的信息或者披露虚假信息的，被特许人可以解除特许经营合同。

第十条　特许人违反本办法有关规定的，被特许人有权向商务主管部门举报，经查实的，分别依据《条例》第二十六条、第二十七条、第二十八条予以处罚。

第十一条　本办法由中华人民共和国商务部负责解释。

第十二条　本办法自 2012 年 4 月 1 日起施行。原《商业特许经营信息披露管理办法》（商务部令 2007 年第 16 号）同时废止。

参考文献

1．张涛，数字化转型成果凸显 第三代特许经营时代来临[N]. 中国商报，2018-5-9（7）.

2．李飞. 钻石图定位法[M]. 北京：经济科学出版社，2006.

3．李飞，王高. 中国零售业发展历程[M]. 北京：社会科学文献出版社，2006.

4．Robert T. Justis，Richard J. Judd. 特许经营管理（第三版）[M]. 北京：清华大学出版社，2005.

5．斯蒂芬•P. 罗宾斯. 组织行为学（第七版）[M]. 北京：中国人民大学出版社，1997.

6．斯蒂芬•P. 罗宾斯. 管理学（第四版）[M]. 北京：中国人民大学出版社，1997.

7．迈克尔•波特. 竞争战略[M]. 北京：华夏出版社，1997.

8．迈克尔•波特. 竞争优势[M]. 北京：中国财政经济出版社，1988.

9．张玉卿，庞正中. 国际特许经营指南[M]. 北京：法律出版社，2002.

10．佚名. 福奈特绩效支持打开沟通新渠道[J]. 培训，2017（8）：45-46.

11．中国连锁经营协会. 律师解析特许经营[M]. 中国商业出版社，2004.

12．何易. 特许经营法律问题研究[M]. 北京：中国方正出版社，2004.

13．肖朝阳. 特许经营法律实务[M]. 北京：中信出版社，2003.

14．王贵斌. 特许经营合同案例分析[M]. 北京：中国工商出版社，2004.

15．李维华. 特许经营理论与实务[M]. 北京：机械工业出版社，2005.

16．黄勤南. 知识产权法学[M]. 北京：中国政法大学出版社，2003.

17．宋华. 日本 7-11 为顾客提供最大的便利[M]. 北京：中国人民大学出版社，2001.

18．俞浪复. 麦当劳店铺管理手法[M]. 沈阳：辽宁科学技术出版社，2002.

19．安德鲁 J. 谢尔曼. 特许经营手册[M]. 北京：机械工业出版社，2005.

20．最高人民法院. 识破“加盟连锁”骗局 创业者起诉获赔 18 万元[DB/OL].中国法院网，2016-4-28.

21．来伊份股份有限公司官网（https://www.laiyifen.com/）。

本书案例索引

章　节	案例名称
第 1 章	从中国特许加盟展看特许经营中国的发展现状
	美特斯邦威的虚拟经营
	可口可乐的特许经营之路
	IGA 的四重角色
	迪斯尼的品牌授权
	美国胜家——商业特许经营鼻祖
	从特许经营开始——象王渠道开发策略
第 2 章	钱大妈——社区生鲜小店连锁
	百年老店恒源祥
	某幼教机构特许经营可行性分析报告目录
	7-Eleven——区域集中发展的典范
	星巴克的中国发展战略
	馍小庆——从十年十店到两年百店的战略突破
第 3 章	美宜佳——基于发展战略的组织变革
	某特许经营企业采购部门职能说明书示例
	某特许经营企业采购管理流程示例
	来伊份：基于全渠道平台的组织体系
第 4 章	同城酒库——如何做到 95%的门店盈利
	北京华联大型综合超市展店标准
	星巴克的物业标准
	真功夫——细节才是标准化
	麦当劳不同营业时期的作业流程
	派的岗位观察检查表
	肯德基全球第五次换标
	某特许专卖店 SI 系统规范
	名创优品为什么发展这么快？
第 5 章	轻资产快速扩张的华住酒店集团
	肯德基的“不从零开始”策略

（续表）

章　节	案例名称
第5章	赛百味的区域发展代理制
	麦当劳的联合广告基金制度
	三大外资便利店逐鹿中国市场
第6章	黑奥秘——做好门店赋能、扩张水到渠成
	某图书零售企业特许经营申请表（部分）
	肯德基的选址策略
	谭木匠——让产品和店面说话
第7章	21世纪不动产升级培训体系为“C21大学”
	百福控股成立立体化人才培养基地
	麦当劳汉堡大学
	福奈特：在线绩效支持打开沟通新渠道
	麦当劳汉堡大学培训课程体系
	麦当劳餐厅初级小时工的训练规划
	肯德基的多层次培训体系
第8章	麦当劳的经营理念与运营管理策略
	某企业连锁专卖店人员作业情况检查表
	正念与创新——瑜舍瑜伽连锁成功密码
	肯德基——立足中国，融入生活
	罗森便利——多项监管确保食品安全
第9章	花70万元买商标，“喜茶”为何要更名？
	宁波“永和豆浆”商号侵权案
	B公司侵犯专利权案
	商业秘密侵权案例
	识破“加盟”骗局 创业者起诉获赔18万元